TEOLOGIA DO DOMÍNIO E USOS DE DEUS NA POLÍTICA

João Décio Passos (Org.)

TEOLOGIA DO DOMÍNIO E USOS DE DEUS NA POLÍTICA

EDITORA
IDEIAS&
LETRAS

1ª impressão

Rua Oliveira Alves, 164
Ipiranga – São Paulo/SP
Cep: 04210-060
Televendas: 0800 777 6004
Editorial: (11) 3862-4831
vendas@ideiaseletras.com.br
www.ideiaseletras.com.br

Este livro foi publicado pelo Programa de Pós-Graduação em Ciência da Religião, da PUC-SP, com o apoio do Programa de Apoio à Pós-Graduação da CAPES (Coordenação de Aperfeiçoamento de Pessoal do Ensino Superior).

Dados Internacionais de Catalogação na Publicação (CIP)
de acordo com o ISBD

T314 Teologia do Domínio e Usos de Deus na Política / organizado por João Décio Passos. - São Paulo : Ideias & Letras, 2025.
368 p. ; 16cm x 23cm. - (Sociopolítica)

Inclui índice e bibliografia.
ISBN: 978-65-87295-94-7

1. Filosofia. 2. Teologia. 3. Política. I. Passos, João Décio. II. Título. III. Série.

CDD 100
2025-2290 CDU 1

Elaborado por Odilio Hilario Moreira Junior - CRB-8/9949

Índices para catálogo sistemático:
1. Filosofia 100
2. Filosofia 1

Sumário

Autores/as 07

Introdução 09

PARTE I **21**

Presença e expansão da teologia do domínio

Teologia do Domínio: conceitos e fontes 23
Eliseu Pereira

"A ameaça fantasma": vetores formativos para teologias de domínio contemporâneas 43
Samuel Araújo

"O ataque dos clones": expansões e transformações nas teologias de domínio 71
Samuel Araújo

Teologia do domínio: religião e Igreja evangélica na arena pública 111
Ed René Kivtz

As teologias da guerra e a direita cristã no Brasil 135
Magali Cunha

PARTE II **161**

Hermenêuticas do domínio de Deus

Fundamentalismo, inerrância e poder: a base da hermenêutica da teologia do domínio 165
Edson M. Nunes Jr. e Petterson Brey

Leituras cristofascistas do poder 187
Glair Arruda

Os domínios colonizadores de Deus 211
Gil N. Estefani André

Uma cosmovisão integrista 233
João Décio Passos

PARTE III **249**
Os Messias e seus Reinos

Os muitos sionismos judaicos 253
Pietro Nardella-Dellova

Sionismo cristão: uma versão da teologia do domínio 267
Marina dos Santos Correa

Messianismo e extrema direita 295
Ricardo Hida

"Eu fui salvo por Deus para fazer a América grande de novo!" 331
- o messianismo de Donald Trump
Rodrigo Serveli e Petterson Brey

Glossário 359
Índice remissivo 363

Autores/as

Ed René Kivtz é mestre em Ciência da Religião pela UMESP e fundador do Instituto Galileia.

Edson M. Nunes Junior é doutor em Letras (Estudos Judaicos) pela Universidade de São Paulo (USP).

Eliseu Pereira é mestre e doutor em Teologia pela PUC-PR.

Gil N. Estefani André é mestre e doutorando em Filosofia Política pela UNIFESP.

Glair Arruda é doutora em Ciência da Religião pela PUC-SP e atua na área editorial.

João Décio Passos é doutor em Ciências Sociais e Livre-docente em Teologia pela PUC-SP. Professor Associado na mesma Universidade.

Magali Cunha é doutora em Ciência da Comunicação, com estágio de pós-doutorado em Comunicação e Política, e pesquisadora do ISER.

Marina dos Santos Correa é doutora e pós-doutoranda em Ciências da Religião pela PUC-SP. Realizou estágios de pós-doutorado na UMESP e UFS.

Petterson Brey é doutor em Teologia, pós-doutorando em Ciência da Religião pela PUC-SP e doutorando em Filosofia pela UNIFESP.

Pietro Nardella-Dellova é doutor em Ciências Jurídicas e Sociais pela UFF e em Ciência da Religião pela PUC-SP.

Ricardo Hida é comunicador, mestre e doutorando em Ciência da Religião pela PUC-SP.

Rodrigo Serveli é mestre em teologia e doutorando em Ministério pelo Fuller Theological Seminary, Pasadena, CA, USA.

Samuel Araújo é mestre e doutorando e Ciência da Religião pela PUC-SP.

Introdução

Sejam fecundos, multipliquem-se, encham e submetam a terra... (Gn 1, 28)

Digno é o Cordeiro que foi morto de receber o poder, a riqueza, a sabedoria, a força, a honra, a glória e o louvor (Ap 5,12)

A chamada *Teologia do Domínio* (TD) ganha espaço nas redes digitais, em amplos segmentos das confissões evangélicas e se apresenta como uma narrativa de fundamentação e interpretação do poder político de significativa expressão na conjuntura atual, contando com apoio de numerosa parcela da população. A afirmação do poder de Deus sobre o mundo não constitui nenhuma novidade para as tradições monoteístas; além de compor seus credos oficiais, atua na consciência de seus adeptos como valor e convicção inabalável, apesar dos abalos advindos da cultura e da sociedade modernas. O avanço da fé no poder político de Deus nos espaços públicos digitais e confessionais, bem como nos espaços institucionais de poder, provoca surpresas e reações críticas em setores ilustrados das Igrejas cristãs históricas e da parte de analistas políticos. Para os adeptos e militantes nos encontraríamos no momento do julgamento divino e da solução das contradições históricas produzidas pela cultura e instituições modernas secularizadas, laicas e ateias que demarcaram progressivamente o ocidente, em todas as suas dimensões e estruturações. A mudança desse modelo civilizacional constituiria uma missão urgente para os cristãos. A luta entre o poder de Deus e o poder secularizado estaria em marcha através dos fiéis seguidores de Deus, assegurados por modelos por Ele próprio oferecidos, disponíveis em narrativas e personagens bíblicos. Assim como nos tempos bíblicos, Deus deve continuar no comando da história por meio de seus representantes. Um poder estabelecido em nome de Deus e por meio dele deverá transformar o conjunto da sociedade: os valores e as práticas, as mentalidades e as instituições. O mundo e a história humana compõem uma totalidade governada por um único e verdadeiro Deus e somente a Ele deverá conformar-se por meio daqueles que confessam seu poder e se colocam a seu serviço.

O projeto divino historicamente encarnado seria, assim, a solução política para todas a crises que persistem na história ocidental e que chegam a um momento crucial, quando se pode definir com nitidez as causas e os inimigos a serem enfrentados. A TD é parte das tendências políticas atuais que assumem a ruptura e não a continuidade da rota moderna que trouxe a humanidade até aqui, ao menos a partir do epicentro do chamado ocidente. Ela participa da construção concomitante da crise que abala o mundo globalizado e sua gestão e das saídas que vão sendo elaboradas. A implantação do poder de Deus na história passa pela ação dos homens de fé, por projetos de poder que devem restaurar os poderes corrompidos e falidos moral e politicamente e, por conseguinte, por líderes escolhidos, convictos e fortes para empreitar esta tarefa salvadora. Sobre o esquema de fundo, *crise-líder-salvação*, a TD se eleva e se expressa com nomenclaturas, enredos e personagens locais pelo ocidente afora. Para a perspectiva moderna, estaríamos vivenciando o retorno de uma visão superada pela consciência gestada no movimento da chamada modernidade e pelas instituições jurídicas e políticas do Estado laico, além de um retrocesso obscurantista que colocaria em risco as construções e conquistas básicas da sociedade laica e do regime democrático.

O entusiasmo e o medo do domínio público de Deus crescem em seus respectivos territórios, por certo, como a expressão mais radical das polarizações políticas que avançam pelo planeta afora na fase atual da globalização. Unidade ou pluralidade sociopolítica e religiosa? Poder secular ou poder religioso? Democracia ou teocracia? Integrismo ou laicidade? Até bem pouco, estas interrogações soariam na geopolítica ocidental como delírios ou coisa de mentes retrógradas e desacreditadas. No entanto, estão agora colocadas a público para os que querem ouvi-las ou sob a complacência de muitos profissionais políticos – modernos? – atuantes nos parlamentos e até mesmo sob a ignorância dos intelectuais crentes no triunfo definitivo da filosofia política secularizada que sustentou uma real ordem moderna. Contudo, a presença, a atração e o alcance político de um fundamento religioso do poder parecem exigir a rendição de posturas teóricas e metodológicas de viés iluminista e positivista, que não consideraram o fator religioso como atuante nas construções sociopolíticas do passado ocidental recente e, sobretudo, na conjuntura atual. Dentro do pacote dos retrocessos políticos e civilizacionais que se encontram em marcha na conjuntura global atual, a TD é mais um ingrediente que assume seu posto com a sustentação de segmentos cristãos, particularmente por confissões evangélico-pentecostal. Não se trata de uma estratégia nova e desconhecida da crítica social. Ao contrário, a pergunta pela função ideológica da narrativa religiosa permanece indispensável. O que a TD esconde de real interesse e a quem ela serve como justificativa transcendente: fundante, absoluta e normativa?

Embora *Teologia do domínio* seja um termo genérico e difuso que abriga tendências, leituras, camadas históricas, grupos e sujeitos mais ou menos radicais, como será conferido nas reflexões a seguir, pretende designar um fenômeno político-religioso atual concreto, tendência que reafirma a legitimidade e a urgência de uma retomada dos fundamentos religiosos do poder e da vida social em geral, contando para tanto com conteúdos e modelos revelados por Deus presentes em passagens bíblicas. O termo utilizado no singular esconde tendências diversas de um movimento militante desencadeado nos EUA em fins do século passado, que teve e tem como objetivo recolocar as bases cristãs da vida social como um todo, contando com a participação política dos cristãos da esfera da família ao do partido político (nominadamente, partido republicano), de formação por meio de escolas e de pregações missionárias e de ocupação de postos dentro dos aparelhos estatais. Trata-se de um projeto de recristianização da sociedade estadunidense que foi tomando corpo por meio de líderes evangélicos nas últimas décadas e que assume formas semelhantes no território nacional.

Até bem pouco tempo a afirmação do domínio divino sobre o mundo estaria reduzida aos ambientes religiosos regidos por hermenêuticas fundamentalistas merecedoras de pouca atenção de estudiosos, tanto de teólogos quanto de pensadores modernos, seja pela fragilidade das interpretações bíblicas, seja pela impotência política dos propósitos. De fato, na contramão do Estado laico e da laicidade, as tendências defendem uma nova ordem política que busca em supostos modelos já revelados por Deus os fundamentos autênticos para a condução da sociedade em crise, uma vez que a ausência de Deus na esfera pública estaria na raiz de todos os problemas. Um conjunto de valores pautados em fontes reveladas por Deus deveria ser afirmado e retomado por governos de perfil religioso judaico-cristão.

A convicção da vigência de uma crise que beira o caos é a justificativa imediata da TD. Independente de dados reais, as crises são construídas juntamente com as propostas de salvação. E, nesse caso, a dimensão da crise é sempre proporcional à dimensão da salvação oferecida. Somente um governo comandado por Deus poderá salvar a humanidade – o mundo e a nação – dessa condição gerada pelos inimigos de Deus, que recebem em cada contexto nomes próprios. A percepção e os propósitos da TD dividem a história entre o antes e o depois das configurações sociais, políticas, jurídicas e culturais modernas secularizadas (ateias). As crises políticas teriam, portanto, raízes religiosas e a retomada desta dimensão abandonada pelo ocidente seria a única salvação. O dualismo entre as esferas religiosa (cristã) e secular seria a raiz de todas as crises que se estendem pelo ocidente e que atingem hoje seu ápice. A superação desse dualismo com uma civilização capaz de reintegrar a totalidade da vida social constitui a grande meta e deve ser colocada em marcha pelos sujeitos cristãos.

Esta convicção pode parecer um exagero por conceder às representações e narrativa religiosas um lugar por demais relevante no processo histórico atual; um canto de cisne sem condições de qualquer concretização histórica. Não seria uma fantasia de mentes fanáticas? Contudo, se situada em seu *zitz im leben*, a sociedade digital em seu lugar político, os projetos de extrema direita em seu lugar econômico, a atual fase do capitalismo globalizado, sua relevância vai se mostrando inequívoca. Se para as consciências modernas estaríamos diante de um delírio de fanáticos, para um número incontável de crentes e de políticos que os representam, ainda que para além de convicções reais, a história está sob o comando divino e não há outra estratégia de salvação da história a não ser a religiosa, assim como outra fonte legítima de poder. Os líderes religiosos políticos e os líderes políticos religiosos se afinam em torno dessa percepção e desse projeto sem escrúpulos democráticos e vão transformando suas convicções teocráticas (polo oposto e antídoto da democracia) em narrativas cada vez mais naturais no espaço público. Por um bom tempo, os crentes, na estabilidade dos princípios democráticos e, por conseguinte, na cosmovisão laica das coisas públicas, viraram o rosto para esse dado histórico ou sequer tomaram ciência de sua existência. E se mostra sintomático que a maioria dos analistas da crise atual da democracia não considere o fator religioso como variável importante para compreender o fenômeno. Deus estaria morto com suas teologias políticas? Ou é da vivacidade de seu poder que a própria democracia vem sendo sufocada, em vários contextos sufocada até a morte?

Deus e seu Reino vão emergindo dos subterrâneos da história ocidental, ganhando força, agilidade e naturalidade em determinadas conjunturas políticas. Já não se trata de uma convicção religiosa restrita a territórios confessionais ou a uma religiosidade popular geral persistente no fundo do imaginário cultural ocidental, mas de uma real "teoria política" que sustenta propósitos, projetos e governos atuais. Ao lado das filosofias políticas modernas, a teologia política entra na cena do poder público como fundamentação dos poderes instituídos, que deverão se implantar rompendo com os valores e estruturas vigentes nos modelos democráticos construídos nos últimos séculos. Nos palanques e nas redes sociovirtuais, assim como nos espaços oficiais do poder, ela é bradada como saída para a crise que avança pelo mundo e que está prestes a destruir os valores e instituições mais sagrados que estruturam a sociedade, a começar da família e da nação. A certeza de que os valores cristãos revelados por Deus são traduzidos imediatamente em modelos históricos de organização social e política sustenta roteiros e pautas dos "teólogos do domínio" nas conjunturas onde atuam, e escondem sob o manto da imutabilidade os processos históricos em que foram construídos, as afinidades com os conservadorismos econômico-políticos e os interesses das classes dominantes. Os que se afirmam salvadores das nações em crise precisam de uma fonte onipotente que os sustente em seus propósitos e projetos e justifique todas as exceções no exercício de seus governos. Nada mais antigo e previsível. Os poderes prepotentes se escondem sob a ideologia da onipotência divina que os escolhe e ampara. A TD traz de volta o que, certamente, não chegou a desaparecer das consciências religiosas mais fiéis e tradicionais.

O desconforto diante da teologia política cada vez mais naturalizada traz consigo interrogações que rompem com certos parâmetros teóricos. Parece certo afirmar que a fé no poder absoluto de Deus, causa dos fenômenos naturais e dos fatos históricos, jamais esteve fora das tradições religiosas monoteístas, embora tenha sofrido modulações no decorrer do tempo, ao menos no campo das ideias teológicas e filosóficas. Negar essa convicção constituiria uma heresia para todas elas. A discussão propriamente teológica sobre a questão não será enfrentada nas reflexões que virão a seguir, embora possa ser o cerne da cosmovisão que sustenta a TD. Aos teólogos a história reserva uma luta inevitável sobre a concepção do Deus Todo-poderoso, um acerto de contas para o qual o próprio cristianismo oferece a base mais sólida, quando nasceu crendo no Filho de Deus (Deus) morrendo na cruz.

O mais desconcertante, no entanto, pode advir da percepção de uma espécie de retorno do que não foi. O poder de Deus permaneceu vivo – latente ou patente – no âmago da sociedade secularizada e, por conseguinte, paralelo ao poder democrático com suas bases teóricas laicas. O povo crente não teria superado a consciência teocrática que no passado milenar estruturou o conjunto da sociedade? O fato é que a fé no poder político de Deus sempre viva na consciência crente vazou para o espaço público regido pelos regimes democráticos, instituídos sem princípios teológicos, ao menos explícitos e nominais. O Todo-poderoso saiu das bolhas confessionais e retomou o espaço das coisas públicas por meio dos que, crendo na universalidade de seu poder, operam na sequência que vai da crise à salvação, contando com a mediação necessária dos escolhidos de Deus. Eis o novo fantasma que ronda o ocidente de norte a sul e se encarna em líderes de extrema direita.

É verdade que os regimes democráticos negociaram com Deus e mantiveram com Ele boas relações, em nome de princípios basilares do próprio Estado laico: a pluralidade, a tolerância e a liberdade religiosa. O poder divino foi respeitado e, em muitos casos, assumido como um pressuposto sem atuação direta nos processos políticos, embora mostrasse com naturalidade sua presença em símbolos religiosos. Esse Deus enquadrado nas regras democráticas foi sempre desejado e querido pelo povo crente. Líderes políticos declaradamente ateus nunca gozaram da aprovação popular e, em muitos casos, tiveram que se render ao religioso, ao menos na retórica e no rito, para ampliar suas bases eleitorais.

Nas conjunturas políticas atuais, o povo crente no poder de Deus tem levado seus líderes aos poderes legislativo e executivo e buscado recriar um regime exercido em nome de Deus a partir de determinadas pautas supostamente fundamentadas em modelos revelados e contidos na Bíblia. Como será analisado, não se trata de um enredo tão original como possa parecer, sobretudo às consciências modernas. Ao contrário, ele reedita as velhas posturas teocráticas gestadas e reproduzidas pela milenar cristandade. O domínio de Deus acompanhou a história da constituição do ocidente e jamais a abandonou por completo, mesmo quando as democracias foram sendo implantadas progressivamente em seus domínios políticos e culturais. No momento em que os limites da civilização moderna ficam cada vez mais expostos, pressionados pela nova era digital, que já se encontra econômica e tecnicamente instalada, e social e politicamente em convulsão, o fundamento absoluto do poder se apresenta como salvação histórica com suas traduções políticas e institucionais. A TD é a ponta sensível desse grande iceberg que parece ter repentinamente invertido de posição na grande ressaca da maré histórica hoje em ebulição. A TD repete com seus refrões a crise dos valores e padrões democráticos e mata a pauladas seus aparatos institucionais e aparelhos burocráticos.

O choque entre as cosmovisões políticas secularizada e religiosa avança na cena pública das nações modernizadas em pontos diversos do ocidente. Nesse quadro, a TD encena simbolicamente os choques econômicos entre blocos pobres e ricos, o choque geopolítico entre multilateralismo e isolamento, o choque político entre democracia e autocracias, entre mundo histórico e virtual e entre extrema direita e ideologias políticas liberais. Assim encaixada, terá fôlego relativamente longo, ainda que traduzida em pressupostos religiosos nem sempre explícitos e em enredos e personagens locais. Enquanto houver crise real/construída, haverá o clamor por salvação por meio de um líder forte autorizado a romper com as regras e a ordem estabelecida. Clamores e estratégias de tempos passados que encontram solo fecundo e trânsito livre nas redes sociovirtuais; ambiente paralelo ao mundo dos consensos clássicos e modernos que recria os populismos, na medida em que possibilita a legítima conexão direta entre os líderes e seus seguidores. O fato é que os seguidores se tornam eleitores e oferecem uma nova dinâmica de "base política" para os seus líderes, desde onde estão autorizados a romper com a democracia, em nome da salvação urgente da nação. No fundo da empreitada disruptiva o Todo-poderoso oferece a base metafisica, mas de forma concreta oferece os enredos para os seus eleitos exercerem o poder em seu nome.

Embora evitem conceitos no singular, as reflexões aqui expostas são aproximações em certa medida simples sobre o fenômeno deveras complexo das relações políticas atuais que afinam religião e poder político em conjunturas e frentes globais e locais; não são mais que pontuações sobre teologia do domínio. Elas estão estruturadas em três eixos principais que se esforçam por captar as dinâmicas estruturantes do fenômeno. O primeiro eixo apresenta um mapeamento da TD com seus modelos, expressões e construções históricas, o segundo delineia sobre aspectos hermenêuticos do domínio histórico de Deus, e o terceiro expõe a perspectiva salvadora messiânica que demarca os perfis de lideranças atuais.

Cada parte vem recheada de questões clássicas e atuais, de elementos teóricos e empíricos. As redes sociovirtuais oferecem o solo fértil onde o domínio divino se eleva como presença cada vez mais natural. O fundamentalismo é apresentado com a hermenêutica que permite acessar narrativas do domínio de Deus na política. O neocalvinismo afigura como paradigma um tanto esquecido, porém transversal na TD. O messianismo é afirmado como perfil dos líderes que se apresentam como mediadores de Deus em territórios e governos atuais. Os sionismos são descritos como estratégia concreta do domínio político de Deus a partir do Israel moderno.

As reflexões estão estruturadas a partir de algumas afirmações que permitem caracterizar a TD: a longa temporalidade da perspectiva do domínio de Deus na história ocidental, a sobrevivência da fé no Todo-poderoso nos tempos modernos, a multiplicidade de matrizes que formularam a teologia política no decorrer do tempo, a adaptação do domínio de Deus na hermenêutica fundamentalista/pentecostal, a rejeição dos valores e instituições modernas secularizadas como decadência, a acentuada politização do domínio divino por meio de líderes de extrema direita, o ambiente digital como lugar de reprodução das crenças dominionistas e a afirmação e expansão da crença como versão religiosa dos populismos digitais. São afirmações que perpassam as reflexões, ora de modo implícito, ora de modo explícito, não têm a pretensão de resumir ou esgotar a lógica da TD e nem mesmo de elaborar uma sistematização completa; visam apenas indicar suas tendências em meio à diversidade e à complexidade. O leitor observará a frequente retomada de conceitos e de fontes por parte dos diferentes autores. Se se trata por um lado de uma inevitável repetição, tendo em vista o caráter de coletânea do livro, significa, por outro lado, a exposição dos lugares históricos e teóricos comuns e estruturantes da TD. A especificidade de cada olhar completa o conjunto composto pelos conteúdos comuns que vão sendo visitados e interpretados. A relativa autonomia de cada capítulo permite ao leitor escolher o texto a partir da abordagem que julgar mais adequada ao seu foco de interesse, podendo contar com a ferramenta conceitual oferecida pelo Glossário ao final do livro. Acreditamos que as idas e vindas sobre os conteúdos comuns da TD podem ser uma contribuição ao leitor que busca compreender e apreender o fenômeno no conjunto ou em alguma das partes.

Os diversos capítulos/autores apresentam aspectos que compõem a diversidade dessa teologia política coletiva que ganha força e visibilidade no espaço público. O conjunto e as partes nasceram na dinâmica de um processo de investigação que se encontra em curso e, por essa razão, é germinal e inconcluso. Como tudo o que tem vida midiática e se retroalimenta nas conjunturas políticas, a TD se mostra como movimento em permanente transformação e como elaborações diversificadas. Capturar este movimento por meio de conceitos e de formulações claras e distintas é um desafio metodológico para todo pesquisador. Cientes deste limite os autores oferecem suas contribuições com abordagens e estilos diversos.

Os textos aqui oferecidos tomaram forma no âmbito do grupo "religião e política" do Programa de Pós-graduação em Ciências da Religião da PUC-SP. O trabalho em equipe permitiu os mapeamentos, as problematizações e as formulações que ora vêm a público nessa coletânea. Os estudos não escondem seu lugar acadêmico de nascença, nem seus conceitos e formulações que foram elaboradas. São formulações que buscam evidenciar o que constitui a tão falada e pouco estudada TD. Sem este trabalho em equipe o presente resultado não seria possível, tendo em vista, sobretudo, o ineditismo do objeto na comunidade acadêmica. Somos gratos a todas e todos pelo trabalho dedicado e persistente que gerou esta coletânea tão original quanto provisória. Como foi enunciado nos subtítulos, são apenas pontuações sobre uma tendência político-religiosa ao mesmo tempo real e complexa, antiga e atual. Agradecemos também a parceria com a Editora Ideias e Letras, que assumiu prontamente a publicação das reflexões, convencida de sua relevância para a compreensão do momento histórico.

A escatologia intramundana acompanha o ocidente como graça ou como desgraça e, de tempos em tempos, apresenta-se como saída para as crises que colocam em risco a vida de indivíduos e grupos. Nestes momentos, nada mais seguro que a certeza de que *Deus está no comando*.

PARTE I

Presença e expansão da teologia do domínio

Hoje as nações que não possuem uma liderança cristã estão caminhando sob a influência de presidentes cristãos, congressistas, e outros líderes-chaves no governo.

Johnny Enlow

As instituições piraram nesta nação. Mas há uma instituição que não pirou. E esta nação só pode contar com essa instituição agora. É a Igreja de Jesus. Chegou a nossa hora. É o momento de a Igreja ocupar a nação.

Damares Alves

Teologia do Domínio: conceitos e fontes

Eliseu Pereira

A TD se tornou assunto popular no Brasil nos últimos anos, mas isso não significa que o assunto seja novo. O fenômeno tem pelo menos 50 anos de desenvolvimento nos EUA, principalmente a partir da eleição de Ronald Reagan em 1980 e da conquista do Partido Republicano pela Direita Cristã. No Brasil, o tema começou a ser abordado em artigos científicos desde os anos 1990, mas seus efeitos se tornaram visíveis apenas a partir do Governo de Dilma Rousseff (PEREIRA, 2023, p. 149). Como o assunto é complexo e tem muitas variantes, sua popularização pode complicar mais do que ajudar.

Por isso, meu objetivo neste capítulo é apresentar os conceitos principais da TD, bem como suas principais fontes, organizados em duas seções correspondentes. Na primeira seção, apresento os conceitos predominantes em duas tradições cristãs: na tradição calvinista, apresento o reconstrucionismo cristão, o pressuposicionalismo, a teonomia e a doutrina das esferas; na tradição evangélica e pentecostal, apresento a própria TD, o dominionismo e a Doutrina dos Sete Montes. Na segunda seção, apresento os principais autores sobre o tema: na tradição calvinista, Rousas J. Rushdoony, Gary North e Greg Bahnsen, e, na tradição evangélica e pentecostal, apresento Francis Schaeffer e C. Peter Wagner. Essas duas tradições confluíram para formar o fenômeno religioso-político chamado em geral de TD e desenvolvê-lo até seu estágio atual.

1. Conceitos

1.1. Tradição calvinista

Reconstrucionismo Cristão

O "reconstrucionismo" é qualificado como "cristão" para distinguir de outros sentidos de reconstrucionismo na história dos EUA. O primeiro sentido se refere ao projeto de reconstrução do Sul dos EUA após a Guerra Civil dos anos 1861-65. O segundo sentido se refere à luta pelos direitos humanos dos anos 1960. O Reconstrucionismo Cristão se refere à missão dada por Deus à igreja para reconstruir a nação com base na lei bíblica. Por lei bíblica, entenda-se todas as leis do Antigo e do Novo Testamento, indistintamente. A própria palavra "reconstrução" indica o sentido e o alvo dessa ideologia: pressupõe que algo estava "construído", foi "des-truído" e agora precisa ser "re-construído". O que estava construído era a nação cristã, conforme estabelecida pelos Pais Fundadores. Essa nação foi destruída pelo humanismo secular e agora precisa ser reconstruída pelos verdadeiros cristãos.

O pai do Reconstrucionismo Cristão é o pastor presbiteriano Rousas J. Rushdoony (1916-2001), de ascendência armênia, que escreveu extensamente sobre o assunto a partir dos anos 1960. Sua obra magna, *Institutas da Lei Bíblica* (1973), em 3 volumes, apresenta uma exposição detalhada dos Dez Mandamentos e de sua aplicação à sociedade moderna. Rushdoony chegou à conclusão de que a sociedade estava tão decaída que não havia solução a não ser a reconstrução por meio da igreja com base na lei bíblica. O termo "reconstrução" foi adotado pela primeira vez em 1965. Segundo Julie Ingersoll (2017, p. 1), o principal objetivo dos reconstrucionistas é "a transformação completa de todos os aspectos da cultura sob a autoridade do direito bíblico, que, segundo eles, abarca todas as áreas da vida".

O projeto de reconstrução da nação inclui duas etapas: na etapa de curto prazo, os cristãos devem se alistar para votar e concorrer a cargos públicos visando a transformação da sociedade; na etapa de longo prazo, os cristãos devem assumir a educação de seus filhos, por meio do *homeschooling* ou de escolas cristãs, a fim de formar uma geração com nova mentalidade (CLARKSON, 1994-b, p. 5). Para Rushdoony, a educação dos filhos é tarefa exclusiva da família. Se a família levar a sério a educação de seus filhos, em breve surgirá uma geração de pessoas aptas a ocupar cargos estratégicos e empreender a reconstrução da nação.

Segundo Howard Phillips (*apud* CLARKSON, 1994-a, p. 6), um militante e discípulo de Rushdoony, o Reconstrucionismo Cristão "forneceu aos líderes [cristãos evangélicos] a autoconfiança intelectual" para a ação política. Clarkson acrescenta que o Reconstrucionismo Cristão forneceu um programa positivo aos conservadores, porque, até então, eles cumpriam meramente "o papel de reacionários, apenas dizendo não ao modernismo e ao liberalismo". À medida que a Direita Cristã foi conquistando espaço, ela se serviu do fundamento teórico e programático fornecido pelo Reconstrucionismo Cristão.

Pressuposicionalismo

O método apologético pressuposicional, desenvolvido por Abraham Kuyper e Cornelius Van Til, estabelece que não existe neutralidade no modo de conhecer. Segundo Van Til: "Não há estratégia filosófica eficiente, exceto esta: desafiar os perdidos em termos da revelação de Deus na Bíblia [...]: por qual padrão o ser humano pode conhecer alguma verdadeiramente? Pela Bíblia, e somente pela Bíblia" (*apud* CLARKSON, 1994-a, p. 2). Para Rushdoony e North, Van Til fez a parte negativa, ou seja, desconstruiu as afirmações baseadas em fundamentos falsos, mas ele não avançou para reconstruir ou dizer como uma nação estabelecida sobre a lei de Deus deveria funcionar. Portanto, para os reconstrucionistas, eles estavam complementando o trabalho de Van Til ou continuando a partir de onde ele parou.

Segundo esse método, a verdade é acessada não por evidências (evidencialismo), mas por pressupostos (pré + supor). Esses pressupostos têm apenas duas fontes: a palavra revelada de Deus ou a razão humana. Considerando que o ser humano está decaído em pecado (doutrina calvinista da depravação total) e, portanto, em estado de rebelião contra Deus, tudo que procede da razão humana é falso e contrário a Deus. Sendo assim, ou a pessoa conhece a verdade a partir das lentes da Bíblia ou não conhece coisa alguma. Os pressupostos refletem a cosmovisão da pessoa. A razão humana não tem autonomia para acessar a verdade. Toda pretensa autonomia humana é idolátrica. Tudo que não se baseia na Bíblia é pecaminoso. É importante ressalvar que Van Til jamais aderiu ao reconstrucionismo. Foram os reconstrucionistas que adotaram seu método e o levaram às consequências extremas.

Teonomia

A palavra teonomia foi criada a partir do grego e significa literalmente "lei de Deus" (*theos* + *nomos*). A palavra teocracia (governo de Deus) é evitada por causa de suas diversas expressões históricas, mas, quando usada, é sinônima de teonomia. Para os reconstrucionistas, a fonte de toda lei é o "deus" daquela determinada sociedade. Portanto, se a lei do país não é baseada na Bíblia, ela será necessariamente baseada em um ídolo colocado no lugar de Deus e, portanto, é pecaminosa e ofensiva à santidade de Deus. "Não há alternativa a não ser teonomia ou autonomia", disse Van Til (*apud* BAHNSEN, 1994, p. 1).

A aplicação do método pressuposicional ao Reconstrucionismo Cristão levou à teonomia, ou seja, a Bíblia é o único regulador de todas as áreas da vida. A lei de Moisés não era apenas para o antigo Israel, mas para todos os povos, em todos os tempos e em todos os lugares. O único fundamento válido para reconstruir a nação é a lei bíblica, ou seja, toda a lei de Deus como consta na Bíblia toda — Antigo e Novo Testamento — aplicada literalmente. A menos que o Novo Testamento revogue expressamente uma lei do Antigo Testamento, ela continua válida (BAHNSEN, 1994, p. 3). Todas as instituições do país e todas as áreas da vida em sociedade devem refletir a lei de Deus.

Em uma nação reconstruída, não deve haver, portanto, sistema prisional, porque os crimes não-capitais serão solucionados mediante castigo físico, restituição ou escravidão, conforme o caso (CLARKSON, 1994-a, p. 2). As prisões são provisórias apenas enquanto o criminoso aguarda a sentença final. Os crimes (pecados) de sequestro, estupro, assassinato, blasfêmia, apostasia, heresia, bruxaria, adultério, homossexualidade, aborto e que tais serão punidos com a morte por apedrejamento, enforcamento, fogueira ou espada, conforme determina a lei de Deus para cada caso. Gary North prefere o método do apedrejamento, porque as pedras são de baixo custo, tem em todo lugar e o castigo é aplicado por toda a comunidade, o que tem efeito pedagógico para todos (CLARKSON, 1994-a, p. 1, 2). Uma excentricidade do teonomismo literalista é que não diz nada sobre lesbianismo, porque não há texto bíblico específico sobre relação sexual entre mulheres (PHELAN, 2015).

A implicação prática é que a democracia e suas instituições devem ser substituídas por uma elite teocrática capaz de impor a lei bíblica como interpretada pelos próprios reconstrucionistas (CLARKSON, 1994-a, p. 1). Em uma nação reconstruída, não há sindicatos, leis de direitos civis e escolas públicas. As mulheres devem cuidar apenas das tarefas domésticas. Os homens não cristãos não têm direito à cidadania e estão sujeitos à pena de morte.

Doutrina das esferas

A doutrina das esferas também é uma adaptação de Abraham Kuyper e Cornelius Van Til. Segundo essa doutrina, Deus criou apenas três instituições: família, igreja e Estado, nesta ordem. Cada uma dessas instituições tem sua própria jurisdição e autonomia em relação às outras, porém todas são submissas à lei de Deus. Elas devem funcionar em cooperação umas com as outras e jamais ferir a autonomia das demais (INGERSOLL, 2015, p. 20).

Com base nessa doutrina, os reconstrucionistas estabelecem o papel da família, da igreja e do Estado. Em uma sociedade reconstruída, cada patriarca exerce o governo de sua família e nenhum patriarca está submisso aos demais. Juntos eles formam a igreja e o Estado. A família tem a incumbência de educar seus filhos e cuidar do seu sustento em uma economia de livre mercado. A igreja tem seu governo próprio e sua função principal é reforçar a lei de Deus, julgar questões disciplinares e prestar assistência eventual aos necessitados. O Estado deve cumprir a lei de Deus e se ater às suas funções divinamente estabelecidas, principalmente a defesa e a justiça. A igreja e o Estado não podem interferir na autoridade patriarcal. A sociedade reconstruída privilegia o governo local em detrimento do governo federal. O Estado deve ser mínimo em todos os sentidos, sem Banco Central, sem Receita Federal, sem escolas públicas e sem sistema de saúde. Se qualquer das três esferas falhar ou exorbitar de suas funções, elas devem ser repreendidas, punidas e corrigidas.

A doutrina das esferas tem muitas implicações para a nação reconstruída. Com base nela, os reconstrucionistas são contra a educação pública, por exemplo, e contra a intervenção do Estado na economia (CLARKSON, 1994-b, p. 5). A legítima educação é aquela provida pela família ou, eventualmente, pela igreja. Segundo o Reconstrucionismo Cristão, o secularismo é uma religião, portanto a educação pública é equiparada ao doutrinamento de uma falsa religião promovida pelo Estado. Quando os pais cristãos enviam seus filhos para a escola pública, eles estão permitindo que o Estado os doutrine em uma falsa religião. Se a escola ensina a teoria da evolução e não o criacionismo, os pais estão sendo coniventes com a mentira e serão julgados por isso. Quando o Estado promove o bem-estar social, de fato, ele está usurpando o lugar de Deus na vida das pessoas, como um pretenso Salvador.

Para muitos observadores da TD, o mais assustador é a ideia de que a igreja deve governar o Estado. Mas isso não é verdade. A doutrina das esferas estabelece a separação (autonomia) entre família, igreja e Estado, mas não no sentido do moderno Estado laico, porque as três esferas devem estar sujeitas à lei de Deus. O Estado laico não tem lugar numa nação reconstruída porque ou ele está submisso à lei de Deus ou é inimigo de Deus. Portanto, o objetivo dos reconstrucionistas não é que a igreja assuma o controle do Estado, mas que o Estado esteja submisso à lei de Deus. E isso, idealmente, deve acontecer, não mediante um golpe ("de cima para baixo") ou revolução, mas mediante a educação de pessoas para exercerem as funções de Estado de acordo com a lei de Deus. Alguns reconstrucionistas acreditam que, quando a sociedade chegar neste estágio, as pessoas se submeterão voluntariamente à lei de Deus. Mesmo assim, observa Clarkson (1994-a, p. 5), em algum momento, a maioria irá impor sua vontade sobre a minoria, portanto, a violência coercitiva é incontornável. Além disso, nunca houve tal caso de reconstrução em toda a história.

1.2. Tradição evangélica e pentecostal

Teologia do Domínio

A expressão TD surgiu em meados dos anos 1980, quando os reconstrucionistas se encontraram com os televangelistas e principais pastores dos EUA e aproveitaram o sucesso da chamada Direita Cristã (McVICAR, 2015, p. 198). Até os anos 1980, o Reconstrucionismo Cristão estava se desenvolvendo furtivamente mediante o trabalho de Rushdoony, Bahnsen e North e demais discípulos. Por seu radicalismo, o reconstrucionismo se manteve oculto, mas, independentemente disso, muito material foi produzido em forma de livros, boletins, fitas de áudio, palestras e grupos de estudo.

A partir da eleição de Reagan, a Direita Cristã alcançou grande visibilidade, especialmente por meio dos televangelistas e pastores de grandes igrejas. A partir de então, os reconstrucionistas passaram a participar com frequência de programas de grande audiência, como o *Club 700*, de Pat Robertson, ou *Verdades que Transformam*, de D. James Kennedy. Nesse encontro de Reconstrucionismo Cristão e Direita Cristã, houve uma fertilização cruzada. O Reconstrucionismo forneceu o embasamento teórico que a Direita Cristã precisava e essa proveu a estrutura política que havia conquistado no Partido Republicano. O resultado foi a politização dos pentecostais e carismáticos (CLARKSON, 1994-b, p. 1-2).

A base bíblica da TD foi elaborada por Rushdoony nas *Institutas da Lei Bíblica*, a partir de Gênesis 1.28: "E Deus os abençoou e lhes disse: Sede fecundos, multiplicai-vos, enchei a terra e *sujeitai--a*; *dominai sobre* os peixes do mar, sobre as aves dos céus e sobre todo animal que rasteja pela terra" (ARA, ênfase acrescentada) (McVICAR, 2015, p. 4). Segundo os dominionistas, os seres humanos perderam o direito de exercer domínio sobre a Terra após o pecado e a expulsão do paraíso. Porém, Jesus restaurou esse direito aos seus discípulos, o que se confirma pela Grande Comissão, conforme a interpretação reconstrucionista: "Vão por todo o mundo e façam de todas as nações discípulas" (Mt 28.18-19). Observe a alteração de sentido: não "fazer discípulos de todas as nações", mas "fazer de todas as nações discípulas". A partir da TD, o alvo da igreja deixa de ser a evangelização de pessoas e passa a ser o controle das nações, submetendo-as a tudo que Jesus ordenou. Os cristãos são o novo povo de Deus e os únicos aptos a exercerem o domínio da sociedade.

Dominionismo

O termo dominionismo foi criado por Sara Diamond, socióloga, em 1995, para se referir à "tendência política crescente na Direita Cristã", "influenciada pelo Reconstrucionismo Cristão" (BERLET, 2008). A partir de então, o termo foi popularizado por Diamond, Frederick Clarkson e Chip Berlet, jornalistas investigativos, os primeiros pesquisadores do tema nos EUA. A transição de uma igreja apolítica para uma igreja militante política causou muita estranheza nos EUA e despertou a curiosidade de estudiosos e jornalistas. Na percepção de Diamond, a chave da nova pregação na Direita Cristã era o domínio. Como a expressão "Teologia do Domínio" não era clara para a opinião pública, eles optaram pelo termo "dominionismo", que tem conotação mais política. Em síntese, TD e dominionismo são sinônimos, destacando apenas o foco religioso ou político.

Os dominionistas alegam que os termos TD ou dominionismo foram criados pela mídia para hostilizar a participação dos cristãos na política. Mas é bem documentado que eles pretendem sempre agir abaixo do radar, ou seja, furtivamente, sem declarar suas intenções até que tenham assumido o controle do partido, dos conselhos municipais, a maioria nos parlamentos estaduais e federais, dos tribunais das diversas instâncias, especialmente da Suprema Corte. Esse método de ação furtiva explica a ascensão vertiginosa da Direita Cristã como poderosa força política nos EUA (CLARKSON, 1994, p. 5).

Sobre as características do dominionismo, Clarkson (2005) aponta três principais: nacionalismo cristão, supremacia religiosa e visão teocrática (teonomia). Deve-se também levar em conta o pós-milenismo, o aliancismo (*covenantalism*) e o revisionismo. O pós-milenismo tomou o lugar do pré-milenismo, visando convencer os cristãos a abandonarem a passividade e o pessimismo, se engajarem nas questões políticas e conquistarem todas as áreas da sociedade para o Reino de Deus. Segundo a doutrina do aliancismo, a relação de Deus com a humanidade é governada por alianças, mediante as quais Deus abençoa ou pune um povo. Assim, epidemias ou tragédias são consideradas julgamentos de Deus contra um povo ímpio. Por fim, o revisionismo histórico visa reconstruir a história dos EUA como nação cristã — chamada de "história providencial". O mito dos EUA como nação cristã, juntamente com o "destino manifesto" e o "excepcionalismo" são fundamentais para a propagação do Reconstrucionismo Cristão (CLARKSON, 1994-a, p. 3).

Doutrina dos Sete Montes

A Doutrina dos Sete Montes tem sua origem em Loren Cunningham, fundador da Jocum, e Bill Bright, fundador da Cruzada Estudantil e Profissional para Cristo. Segundo o testemunho deles, em 1975, ambos tiveram o mesmo sonho na mesma noite, no qual Deus lhes orientou a adotar uma nova estratégia de evangelização dos povos — conquistar as setes áreas estratégicas da sociedade:

família, religião, educação, mídia, lazer, negócios e governo. Porém, apenas 25 anos depois, em 2000, Cunningham compartilhou essa visão com Lance Wallnau, que percebeu imediatamente seu grande potencial e começou a divulgá-la como "visão dos sete montes" (WALLNAU, 2010, p. 177). Em 2007, Johnny Enlow, discípulo de Wallnau, publicou o livro *A Profecia das Sete Montanhas: desvendando a próxima revolução de Elias*. Por fim, o próprio Wallnau lançou, em 2013, o livro *Invadindo Babilônia: o mandato dos sete montes*, em coautoria com Bill Johnson, com artigos de diversos apóstolos.

A Doutrina dos Sete Montes simplificou e popularizou ainda mais o Reconstrucionismo Cristão para o grande público acostumado às mídias sociais e textos curtos de fácil e rápida compreensão. As obras dos reconstrucionistas são eruditas e massivas, por isso lidas apenas em um círculo acadêmico mais restrito. Mais tarde, a TD se tornou mais compreensível para o público das igrejas e dos programas de televisão. O dominionismo colocou a TD ao alcance do público não cristão. Nesse sentido, a Doutrina dos Sete Montes levou as teses reconstrucionistas e dominionistas ao seu estágio mais simples e prático. A questão é: em qual área você foi chamado por Deus para conquistar o Reino de Deus? Essa formulação simples contribuiu para propagar a doutrina pelo mundo, favorecida especialmente pela estrutura em rede da Nova Reforma Apostólica.

2. Fontes

Nesta seção, apresento os principais autores do Reconstrucionismo Cristão e da TD. Naturalmente, outros nomes poderiam ser incluídos neste grupo, mas os escolhidos são suficientes para demonstrar o surgimento e o desenvolvimento dessas ideologias por todos os ramos do cristianismo. Rousas J. Rushdoony é o autor principal e mentor dos demais. Gary North é o articulador economista e político; Greg Bahnsen é o articulador filosófico e apologético do movimento; Francis Schaeffer é o articulador filosófico e político, principalmente entre os evangélicos moderados; e C. Peter Wagner é o articulador teológico e eclesial, principalmente entre os pentecostais e neopentecostais.

2.1. Tradição calvinista

Rousas John Rushdoony (1916-2001)

Rushdoony é o pai do Reconstrucionismo Cristão. Sua família era cristã ortodoxa na Armênia há séculos e sempre havia um ou outro membro no sacerdócio. Eles migraram para os EUA em 1916 fugindo dos conflitos com os turcos durante a Primeira Guerra Mundial. Seguindo a tradição da família, Rushdoony estudou teologia, foi ordenado pastor presbiteriano e, em seguida, foi atuar como missionário entre povos originários no estado de Nevada. Depois de alguns anos servindo na reserva indígena, Rushdoony aceitou um convite para ser pastor de uma igreja presbiteriana na Califórnia, onde ficou por pouco tempo. Ele se desligou da igreja, atuou como pesquisador por um tempo e, depois, foi convidado para ministrar cursos em uma sociedade de senhoras em troca de um pequeno salário. Nessa altura, Rushdoony obteve apoio para avançar seus ideais e criou a Fundação Calcedônia em 1965, em Vallecito, Califórnia (CLARKSON, 1994-a, p. 4). A obra *Institutas da Lei Bíblica*, cujo título evoca intencionalmente as *Institutas da Religião Cristã*, de Calvino, foi lançada em 1973 e se tornou a base do Reconstrucionismo Cristão. Rushdoony foi um prolífico autor e um dos principais defensores do *homeschooling* nos EUA (McVICAR, 2015, p. 20 *et passim*).

Gary North (1942-2022)

North conheceu a obra de Rushdoony e acabou se tornando seu genro. Ele se especializou em economia liberal, associado à escola austríaca e ao Instituto Mises. North trabalhou com Rushdoony durante um tempo, mas depois separou-se do sogro, criou o Instituto para Economia Cristã (ICE) e a editora Dominion Press, tornando-se um polo rival dentro do Reconstrucionismo Cristão em Tyler, Texas. Enquanto Rushdoony pensava em estratégias de longo prazo, North adotou métodos agressivos de divulgar o Reconstrucionismo nas organizações de base para acelerar o processo de formação de discípulos aptos ao projeto reconstrucionista. Como economista liberal, North previa que a economia dos EUA estava destinada ao caos e que os cristãos deveriam estar preparados para aproveitar a ocasião para assumir o controle do país (McVICAR, 2015, p. 82 *et passim*).

Sua principal contribuição é a coleção *Biblical Blueprints*, em 10 volumes, em parceria com outros autores, na qual apresenta planos de ação para diferentes áreas, como economia, família, divórcio, educação, governo, ação política e relações internacionais. Seu livro *Introdução à Economia Cristã* articula o Reconstrucionismo Cristão com a economia liberal e é considerado obra fundamental do Reconstrucionismo Cristão, ao lado de *Institutas da Lei Bíblica*, de Rushdoony, e *Teonomia em Ética Cristã*, de Bahnsen.

Greg Bahnsen (1948-1995)

Bahnsen também conheceu a obra de Rushdoony e estudou com Van Til. Ele se tornou pastor e teólogo presbiteriano. Sua tese de doutorado publicada sob o título *Teonomia em Ética Cristã* (600 páginas) é uma das obras fundamentais do Reconstrucionismo Cristão. Na tese, Bahnsen defende a aplicação literal de toda a lei de Deus a cada esfera da vida em sociedade em qualquer país. A obra causou polêmica entre os seminários presbiterianos e acabou prejudicando a carreira acadêmica de Bahnsen. Ele morreu precocemente, aos 47 anos, mas deixou uma obra vasta para o Reconstrucionismo Cristão e foi um dos principais mentores da segunda geração de reconstrucionistas, como Kenneth Gentry, James B. Jordan, David Chilton e Gary DeMar (McVICAR, 2015, p. 128, 156, 160).

2.2. Tradição evangélica e pentecostal

Francis Schaeffer (1912-1984)

Schaeffer estudou com Van Til, seguindo a linha mais ortodoxa do calvinismo. Ele conheceu profundamente a obra de Rushdoony, mas depois adotou postura mais moderada. Ele rejeitava a aplicação literal das leis do Antigo Testamento na sociedade moderna. Nos anos 1950, Schaeffer e sua família se mudaram para a Suíça, onde fundaram a comunidade L'Abri, com o objetivo de debater a fé cristã com os visitantes. A trilogia de Schaeffer — *A Morte da Razão*, *O Deus que se Revela* e *O Deus que Intervém* — projetou-o nos EUA e na Europa como um brilhante pensador e palestrante.

Porém, a principal contribuição de Schaeffer para o dominionismo foi o livreto *Um Manifesto Cristão*, lançado em 1981, no qual ele convocava os cristãos ao engajamento político. O *Manifesto* está na origem da pauta moral, que marcou a militância dos cristãos estadunidenses contra aborto, homossexualidade e feminismo ao longo dos anos 1980 e 1990. O *Manifesto* se tornou o manual da Direita Cristã e de diversas organizações conservadoras, como a *Rescue Operation*, que, nos anos 1990, chegaram à prática de atentados contra clínicas e assassinatos de profissionais que praticavam aborto (DIAMOND, 1995, p. 246s).

C. Peter Wagner (1930-2016)

Wagner era um professor do Seminário Teológico Fuller que se interessou pelos métodos de crescimento de igreja dos pentecostais. A partir dos anos 1990, ele se dedicou a divulgar doutrinas como crescimento da igreja, oração, batalha espiritual, demônios territoriais etc., que vieram a configurar o neopentecostalismo — a terceira onda pentecostal.

A partir do ano 2000, Wagner se dedicou a promover a Nova Reforma Apostólica, uma rede de apóstolos e profetas de todo o mundo interligada por uma hierarquia de apóstolos verticais, horizontais e de mercado. A novidade aqui são os apóstolos de mercado, pessoas que Deus vai levantar em diferentes setores da economia para produzir riqueza e transferir para a igreja a fim de financiar o projeto de dominação. Para Wagner, a dominação ainda não está concluída, porque os apóstolos de mercado ainda não ocuparam seus lugares.

A principal contribuição de Wagner para a TD foi dar-lhe um novo impulso e escopo. O impulso se refere ao fato de que, enquanto os principais líderes da Direita Cristã estavam evitando falar em domínio, Wagner assumiu explicitamente a TD. Quanto ao escopo, Wagner foi responsável por unificar os sentidos de domínio espiritual e domínio político, como se pode observar, por exemplo, na linguagem dos apoiadores de Donald Trump e de Jair Bolsonaro. Por fim, C. Peter Wagner foi o principal responsável por levar a TD para além dos EUA, por meio das redes internacionais de apóstolos, que agregam líderes de megaigrejas de todo o mundo.

Considerações finais

Após apresentar os principais conceitos relacionados à TD e suas principais fontes, julgo cumprido o objetivo deste capítulo.

Porém, como se pode perceber, o fenômeno é complexo, especialmente porque envolve religião e, a meu ver, as ciências sociais têm limitações para lidar adequadamente com o tema. Por um lado, se o cientista social não é religioso, ele não entende o alcance da religião na vida dos religiosos. Por outro lado, se o cientista é religioso, ele não tem o distanciamento crítico necessário para analisar a religião, seja a sua própria, seja a religião de outro grupo. O fato é que a TD chegou ao Brasil e vai demandar esforço multidisciplinar, tanto da academia quanto da mídia e da sociedade, sem subestimar, mas também sem superestimar o fenômeno.

Pensando nisso, e após ler diversos livros e artigos sobre o tema nos últimos anos, achei por bem oferecer algumas indicações bibliográficas a quem deseja aprofundar a pesquisa. São livros e sites, a maioria em inglês, que oferecem uma visão geral sobre o Reconstrucionismo Cristão e a TD nos EUA. Espero que a experiência deles nos ajude a evitar erros e encontrar novos caminhos para nossa democracia.

Livros:

American Theocracy: The Peril and Politics of Radical Religion, Oil, and Borrowed Money in the 21st Century (2006), de Kevin Phillips, ex-estrategista do Partido Republicano.

Blueprint for theocracy: The Christian Right's Vision for America, examining a radical "worldvision" and its roots (2014), de James C. Sanford, doutor em História.

Building God's Kingdom: Inside the World of Christian Reconstruction (2015), de Julie J. Ingersoll, doutora em Ciências da Religião.

Christian Coalition: dreams of restoration, demands for recognition (1997), de Justin Watson, doutor em Ciências da Religião.

Christian Reconstruction: R. J. Rushdoony and American Religious Conservatism (2015), de Michael J. McVicar, doutor em Teologia.

Dominion Theology: Blessing or Curse? de Thomas Ice e H. Wayne House, ex-dominionistas, escrevem em defesa do pré-milenismo.

Eternal hostility: struggle between theocracy and democracy (1997), de Frederick Clarkson, um dos primeiros jornalistas a pesquisar a Teologia do Domínio nos EUA.

Jesus e John Wayne: como o evangelho foi cooptado por movimentos culturais e políticos, de Kristin Du Mez, doutora em História.

Jesus Republicano: como a direita reescreveu os evangelhos, de Tony Keddie, doutor em História.

Poder evangélico: Cómo los grupos religiosos están copando la política en América (2020), de Ariel Goldstein, doutor em Ciências Sociais.

Roads to Dominion: Right-Wing Movements and Political Power in the United (1995), Sara Diamond, doutora em Sociologia, uma das primeiras a estudar a Teologia do Domínio nos EUA.

The religious right: the assault on tolerance and pluralism in America (1994), de David Cantor, rabino, Doutor em História, publicado pela Anti-Defamation League.

Sites:

Political Research Association (https://politicalresearch.org/).

Religion Dispatches (https://religiondispatches.org/).

Right Wing Watch (https://www.rightwingwatch.org/).

Talk to Action (http://www.talk2action.org/).

Theocracy Watch (http://theocracywatch.org/).

Referências

BAHNSEN, G. "What is Theonomy?". *The Bahnsen Institute*, April/1994. Disponível em https://www.bahnseninstitute.com/

wp-content/uploads/2023/12/Bahnsen-Institute-What-Is--Theonomy-.pdf.

BERLET, C. "What is Dominionism? Palin, the Christian Right and Theocracy". *HuffPost*, 06/10/2008. Disponível em https://www.huffpost.com/entry/what-is-dominionism-palin_b_124037.

CLARKSON, F. "Christian Reconstructionism: religious right extremism gains influence – Part One". *The Public Eye*, March 1994-a, v. VIII, n. 1. Disponível em https://politicalresearch.org/sites/default/files/2018-10/March-1994.pdf.

______. "Christian Reconstructionism: religious right extremism gains influence – Part Two". *The Public Eye*, June 1994-b, v. VIII, n. 2. Disponível em https://politicalresearch.org/sites/default/files/2018-10/June-1994.pdf.

______. "The Rise of Dominionism: Remaking America as a Christian Nation". *Political Research Associates*, 05/Dec/2005. Disponível em https://www.politicalresearch.org/2005/12/05/the-rise-of-dominionismremaking-america-as-a-christian-nation.

DIAMOND, S. *Roads to Dominion: Right-Wing Movements and Political Power in the United States*. Nova Iorque: The Guilford Press, 1995.

INGERSOLL, J. *Building God's Kingdom: Inside the World of Christian Reconstruction*. Nova Iorque: Oxford University Press, 2015.

______. "The Christian Reconstruction Movement in U.S. Politics". Jan 2017. Disponível em DOI: 10.1093/oxfordhb/9780199935420.013.25.

MCVICAR, M. J. *Christian Reconstruction: R. J. Rushdoony and American Religious Conservatism*. Chapel Hill: The University of North Carolina Press, 2015.

PEREIRA, E. "Teologia do domínio". In: *Conservadorismo e religião no Brasil contemporâneo. Projeto História*. São Paulo, v. 76,

Jan-Abr. 2023, p. 147-173. Disponível em https://revistas.pucsp.br/revph/article/view/60331.

PHELAN, J. "Dominionism Takes Center Stage in America". 2/Set/2015. Disponível em https://www.laprogressive.com/science-and-religion-2/christian-reconstructionism.

WALLNAU, L. "The Seven Mountain Mandate". In: AHN, Ché (org.). *The Reformer's Pledge*. Shippensburg: Destiny Image Publishers, 2010.

"A ameaça fantasma": vetores formativos para teologias de domínio contemporâneas

Samuel Araújo

> Não há um único espaço de nosso mundo mental que possa ser hermeticamente selado em relação ao restante e não há um único centímetro quadrado, em todos os domínios de nossa existência, sobre os quais Cristo, que é soberano em tudo, não clame: "é meu!"
>
> *Abraham Kuyper*

A ideia de uma "Ameaça Fantasma" em *Guerra nas Estrelas* serve aqui como metáfora para aquilo que, a princípio, escapa dos olhares mais imediatos, mas que gradativamente se impõe como força estruturadora na história. No caso deste ensaio, essa "ameaça" corresponde às forças de uma teologia que reivindica a soberania divina sobre todas as esferas da vida social – uma "teologia do domínio" (TD), por assim dizer. Embora muitas vezes não seja reconhecida em sua complexidade, essa perspectiva encontra raízes em tradições reformadas, especialmente no neocalvinismo holandês, e reverbera até o presente, articulando-se a novas formas de religiosidade e práticas políticas.

Este primeiro texto busca exatamente desvendar essa base teológica inicial, mostrando como ela se constitui a partir de múltiplos fluxos históricos e intelectuais que, em diálogo (e por vezes em tensão) entre si, deram origem a uma poderosa ferramenta de legitimação religiosa e política. Organiza-se, assim, em três grandes movimentos:

Para abrir o caminho, tomamos emprestados recursos metodológicos de Michel Foucault e de Deleuze e Guattari, como "arqueologia dos discursos" e "agenciamento". Ao invés de enxergar a teologia como produção individual de autores iluminados, propõe-se compreender o discurso teológico enquanto resultado de um entrelaçamento dinâmico de forças históricas, sociais, institucionais e intelectuais. Esses conceitos nos ajudam a mapear como as ideias teológicas emergem, circulam e operam efeitos concretos, tornando-se, muitas vezes, dispositivos de poder na esfera pública.

A seguir, entramos no terreno do neocalvinismo holandês, percebendo-o pela contribuição de figuras como Guillaume Groen van Prinsterer, Abraham Kuyper e Herman Dooyeweerd. A partir de suas reflexões, consolida-se a noção de que o calvinismo não se limita a um conjunto de doutrinas salvíficas, mas abrange uma visão de mundo total, impactando política, cultura e sociedade. É nesse ponto que a ideia de "soberania das esferas" – segundo a qual Deus governa cada domínio da realidade – se revela central para o surgimento posterior das teologias do domínio.

Por fim, apresenta-se a migração das ideias neocalvinistas para os Estados Unidos, especialmente por meio da obra de Cornelius Van Til, que desenvolveu uma apologética pressuposicionalista. Van Til intensifica a ênfase na antítese entre fé cristã e secularismo, rejeitando qualquer suposta neutralidade do conhecimento e da vida pública. Essa posição reforça o impulso dominionista, ao sustentar que toda a sociedade deve se submeter aos pressupostos bíblicos, abrindo espaço para ulteriores desenvolvimentos reconstrucionistas e outras vertentes que clamam pela "reforma" – ou mesmo pela "conquista" – das instituições.

Com essa estrutura, o texto que se segue permite ao leitor perceber como as bases de uma TD se forjaram em discussões sobre soberania divina, limites do Estado, leis normativas para a cultura e a sociedade, tudo isso sempre envolvendo múltiplos agentes e discursos. Como numa jornada épica, esse "fantasma" inicial pode parecer distante, mas já aponta para as sementes de uma visão de mundo que, mais tarde, se tornaria explicitamente política e transformadora.

1. Agenciamentos teológicos

Ao tratar da formação de doutrinas e discursos teológicos, é frequente que o foco recaia sobre autores consagrados, sínodos oficiais ou estruturas eclesiásticas. Mesmo em trabalhos mais voltados às falas dos fiéis (leigos), dos usos da religião em seu cotidiano, há ainda a marca da representação, da semelhança e da identidade, a cristalização de um sujeito transcendental operando a teologia; uma interioridade cindida em relação ao exterior. Aqui, no entanto, se propõe que a teologia, enquanto produção de discursos sobre o divino, não é uma criação isolada de um sujeito, mas o resultado de um agenciamento que envolve comunidades religiosas, igrejas, instituições teológicas, textos sagrados e suas interpretações históricas, estruturas de poder, experiências de fé, modos de vida etc. Assim, a teologia não pertence a um autor, mas é uma prática discursiva que emerge de múltiplos atores conectados em um campo social e político.

Um agenciamento pode ser compreendido como um conjunto de elementos heterogêneos que se conectam e produzem efeitos sem depender de uma unidade essencial ou de um princípio organizador transcendente. Um agenciamento é relacional, dinâmico e produtivo, sempre em processo de reconfiguração. Parafraseando Deleuze e Guattari, uma teologia não é obra de um sujeito único nem se reduz a um objeto fixo; ela se compõe de elementos heterogêneos, de temporalidades diversas e de intensidades variáveis. Muitas vezes, ignora-se esse trabalho das forças em jogo e a exterioridade de suas conexões. Prefere-se fabricar uma instância transcendente que organize o movimento dessas forças. Em uma teologia, como em qualquer sistema de pensamento, há estruturas consolidadas, normas e delimitações, mas também fluxos de ruptura, desvios e processos de reconfiguração. As dinâmicas que atravessam esses fluxos podem gerar resistências, retenções e sedimentações, ou, ao contrário, acelerar deslocamentos, desestabilizar fronteiras e provocar transformações abruptas. Esse conjunto de relações – os percursos traçados, as forças em movimento e os ritmos que os modulam – constitui um agenciamento. Uma teologia é um agenciamento dessa natureza e, por isso, não pode ser reduzida a uma origem única ou a um centro definitivo (DELEUZE; GUATTARI, 2011).

Um agenciamento, todavia, como colocam os mesmos autores, é sempre "coletivo de enunciação" e "maquínico de desejo" (DELEUZE; GUATTARI, 2022, p. 147). Em um sentido tradicional (inspirado na linguística e na análise do discurso), um enunciado é o que é dito, o conteúdo de uma afirmação ou expressão. No entanto, para Deleuze e Guattari, o enunciado não pode ser separado daquilo que o faz existir – ele não é apenas uma frase ou um conjunto de palavras, mas uma força que emerge de uma multiplicidade de relações sociais, históricas e políticas. A enunciação, por sua vez, seria o ato pelo qual um enunciado ganha existência, mas sem pertencer a um sujeito individual. Enquanto na tradição linguística a enunciação é frequentemente vista como um ato subjetivo (alguém que fala ou escreve), Deleuze e Guattari deslocam esse foco para o campo social e maquínico da linguagem. Para eles, não há um sujeito fixo da enunciação, mas sim agenciamentos coletivos que produzem enunciados. Ou seja, a enunciação não pertence a um indivíduo (não há um "eu" ou um autor transcendente por trás dos discursos); ela emerge de relações, instituições, movimentos sociais, dispositivos de poder. Todo enunciado é produzido por um agenciamento coletivo, e não por um sujeito individual ou por um sistema abstrato de regras.

Agora, se o agenciamento coletivo de enunciação lida com a produção e circulação dos discursos, o agenciamento maquínico de desejo se refere à produção material e afetiva da realidade. Um agenciamento maquínico de desejo é a forma como o desejo se articula em fluxos e produz realidades materiais, sociais e simbólicas. Como coloca Sibertin-Blanc, o desejo é "a causa imanente ou a autoprodução da vida genérica do homem na unidade da natureza e da história" (SIBERTIN-BLANC, 2022, p. 17). Assim, o desejo não pertence a um sujeito fixo, mas circula e se agencia em múltiplas conexões. A sociedade, a economia, a política e a religião não são estruturadas por sujeitos conscientes, mas por processos de desejo que operam como máquinas. Uma máquina desejante sempre se conecta a outras máquinas, formando um campo de produção e não um sistema fechado.

Ora, é munido desses instrumentos que se empreende a escavação dos estratos que compõem a TD. Mais do que um sistema de crenças, a teologia é um campo de produção coletiva de enunciados e de desejo. Seu poder não reside na coerência doutrinária, mas na capacidade de agenciar subjetividades e práticas, moldando realidades sociais. Longe de se restringir a um discurso religioso, a teologia opera como um dispositivo de produção política e social. Não se trata apenas de um conjunto de doutrinas sistematizadas ou de um discurso formulado por sujeitos individuais, mas de um campo de forças onde discursos e desejos se entrelaçam, se reorganizam e produzem efeitos concretos no mundo.

Desse modo, a arqueologia, enquanto tentativa de descrição de discursos como práticas especificadas no elemento de um arquivo (FOUCAULT, 2020), não busca uma progressão linear do pensamento, mas as condições históricas que tornam um discurso possível; não busca a origem ou o autor de um discurso, mas as regras anônimas que o estruturam; não é uma hermenêutica, ou seja, não interpreta um sentido profundo ou oculto, mas descreve as relações que organizam os enunciados; trabalha com o conceito de arquivo, ou seja, o conjunto das práticas discursivas que delimitam o que pode ser dito e pensado em um determinado tempo.

O que se segue, portanto, não se trata, necessariamente, da exegese exaustiva de autores, da apresentação minuciosa de seus conceitos e ideias, nem mesmo da busca pelas raízes históricas de um pensamento ou prática – ainda que isso seja feito em alguma medida. Mas sim do traçar de tendências, dos fluxos que atravessam a TD e dos agenciamentos que a compõem. Mais do que uma análise das formulações isoladas de pensadores ou dos marcos institucionais que consolidam doutrinas, interessa-nos observar as forças que sustentam, propagam e modulam tais discursos. Trata-se de identificar os deslocamentos que permitem à TD operar em diferentes contextos, capturando subjetividades, reorganizando desejos e produzindo efeitos concretos no mundo. Dessa forma, o foco não recai sobre um cânone teológico fixo, mas sobre os mecanismos que tornam essa teologia operante, sobre os modos pelos quais ela se articula com outros dispositivos de poder e sobre as condições que possibilitam sua emergência e circulação.

2. Neocalvinismo holandês

A chamada teologia do domínio, enquanto fenômeno teológico e político contemporâneo, não pode ser compreendida sem levar em conta os fluxos que a constituem historicamente. Entre esses fluxos, um dos mais determinantes é o neocalvinismo holandês, uma corrente protestante reformada que, entre os séculos XIX e XX, estruturou uma cosmovisão cristã integral, expandindo o calvinismo para além da esfera eclesiástica e promovendo uma reconfiguração teológica da política, da cultura e da sociedade.

Entender o neocalvinismo não significa apenas traçar uma genealogia de ideias ou reconstruir a trajetória intelectual de seus principais representantes. Significa, antes, captar as forças que fizeram do calvinismo um discurso político e social, articulado com estruturas institucionais, dispositivos de poder e processos de subjetivação. O neocalvinismo deve ser analisado não como um sistema fixo de doutrinas, mas como um agenciamento teológico, que conecta ideias, práticas, instituições e formas de vida para produzir determinados efeitos no mundo.

O neocalvinismo foi um movimento teológico, cultural e político que buscou, por meio de um resgate da tradição calvinista, tão central para a história e constituição holandesa, fornecer respostas às transformações da modernidade, particularmente, os efeitos do Iluminismo e da Revolução Francesa e o liberalismo teológico,[1] reafirmando o papel do cristianismo reformado, isto é, calvinista, na sociedade.

Se há um eixo estruturador do neocalvinismo, ele pode ser sintetizado na ideia de que o calvinismo não é apenas uma confissão religiosa, mas uma cosmovisão abrangente, que reivindica a

---

1 O liberalismo teológico (também conhecido como teologia liberal ou protestantismo liberal) foi um movimento que surgiu entre os séculos XVIII e XIX, sobretudo dentro do protestantismo europeu, e se desenvolveu até o início do século XX e com desdobramentos até o presente. Ele buscava repensar e reformular a fé cristã à luz dos avanços intelectuais e culturais da época, notadamente as ideias Iluministas, a crítica histórica, o racionalismo e o progresso científico.

soberania de Deus sobre todas as esferas da existência. Esse princípio – chamado esferas de soberania – estabelece que cada domínio da vida social (família, educação, ciência, arte, política, economia etc.) deve operar autonomamente sob a autoridade divina, sem interferência indevida de outras esferas, especialmente do Estado.

Dessa matriz fundamental, derivam três grandes vetores que estruturam o neocalvinismo e, por conseguinte, a própria TD: (1) a crítica à incredulidade e à modernidade secularizada, (2) a articulação do calvinismo como sistema de vida integral e (3) a fundamentação filosófica e jurídico-política das esferas de soberania. Esses três vetores podem ser analisados a partir de três autores centrais do neocalvinismo: Guillaume Groen Van Prinsterer, Abraham Kuyper e Herman Dooyeweerd. Cada um deles não apenas desenvolveu reflexões específicas dentro desse campo, mas também foi responsável por consolidar dispositivos teológicos que, posteriormente, passaram a sustentar a TD.

Guillaume Groen Van Prinsterer entre a incredulidade e a revolução

O primeiro vetor do neocalvinismo está na interpretação da modernidade como um processo de incredulidade, isto é, como uma ruptura com a soberania de Deus que leva à dissolução da ordem social cristã. Essa tese é central na obra de Guillaume Groen Van Prinsterer (1801-1876), um historiador e político holandês que formulou uma teologia da história baseada na oposição entre fé e incredulidade.

Groen argumenta que a Revolução Francesa (1789) não foi um acidente da história, mas o resultado inevitável do avanço da incredulidade na Europa. Ele identifica a filosofia Iluminista como o principal dispositivo desse processo, pois, ao substituir a autoridade divina pela razão humana, ela destruiu a base religiosa da política e inaugurou uma era de relativismo moral e instabilidade social.

Assim, tendo a modernidade secularizado a política, eliminando sua fundamentação cristã; e sendo a Revolução Francesa uma consequência direta desse abandono da fé; a única resposta à crise moderna é a restauração da soberania de Deus sobre a política e a sociedade:

> A Revolução, tanto em suas diferentes escolas quanto em suas sucessivas manifestações históricas, é apenas a consequência, aplicação e desenvolvimento da incredulidade. Foi a teoria e prática do século XVIII. Uma vez que a incredulidade tomou o poder, toda uma série de falácias e atrocidades teve que ocorrer (PRINSTERER, 2010, p. 107).

Assim, Groen delineou a narrativa da crise da modernidade como uma crise de incredulidade, algo que justificaria, mais adiante, a necessidade de um cristianismo atuante na esfera política. Sua obra forneceu, portanto, uma matriz discursiva para a defesa de um "domínio cristão" como antídoto frente à secularização.

Num contexto de disputas e conflitos na Igreja Reformada Holandesa,[2] marcado pela crescente influência da teologia liberal e pelas ideias revolucionárias de separação entre religião e Estado, Groen – que advogava uma monarquia constitucional sob princípios cristãos e a ortodoxia calvinista – estabelece o Movimento

---

2 São dois momentos, especificamente: *Afscheinding* (separação) em 1834 e *Doleantie* (termo relacionado ao ato de lamentar-se, queixar-se) em 1886, culminando na fundação da Igreja Cristã Reformada Holandesa.

Antirrevolucionário.[3] Seu objetivo era promover o "retorno" da vitalidade e da expressão da Igreja no plano social e cultural, contrapondo-se às tendências secularizantes de seu tempo.

Abraham Kuyper e o calvinismo como sistema de vida

Se em Groen vemos um diagnóstico: o problema da modernidade como um colapso da soberania divina, em Abraham Kuyper (1837-1920) vemos a estruturação de um projeto de resposta a essa crise. Kuyper – teólogo, jornalista, político e primeiro-ministro da Holanda – compreende o calvinismo como um sistema de vida total, capaz de articular uma alternativa cristã à modernidade secular.

Pela liderança de Kuyper, o Movimento Antirrevolucionário, que já constava com um braço parlamentar, ganha status de Partido Antirrevolucionário (*Anti-Revolutionaire Partij* – ARP). A noção de um partido político cristão que se opusesse às ideias revolucionárias e liberais havia sido articulada pelo próprio Groen, mas é Kuyper quem dá desenvolvimento institucional e prático, chegando a ser Primeiro-Ministro da Holanda entre 1901 e 1905.

Conforme Kuyper, o calvinismo não seria apenas uma doutrina teológica, mas uma cosmovisão abrangente, com implicações para todas as esferas da vida. A ideia de soberania das esferas estabelece que cada domínio da sociedade deve funcionar autonomamente, sob a autoridade divina. Para Kuyper, a realidade estaria dividida em esferas ou áreas de competência (família, igreja, Estado, educação, artes, ciências etc.), cada uma com leis e finalidades

---

3 O lema do movimento se faz sugestivo aqui: "*God, Nederland em Oranje*" (Deus, a Holanda e a Casa de Orange). Cf.: https://www.trouw.nl/voorpagina/god-nederland-en-oranje~bea501c5/

próprias estabelecidas por Deus. Nenhuma esfera, portanto, deve suplantar ou dominar a outra; por exemplo, o Estado não tem o direito de intervir arbitrariamente na igreja, nas famílias ou na educação. Da mesma forma, a igreja não deve, em tese, controlar direta ou institucionalmente as questões de Estado. Todavia, as esferas se submetem, em última instância, à autoridade de Deus. Cada esfera tem uma autonomia relativa, mas não absoluta, pois cada esfera deve operar de acordo com princípios cristãos. Logo, cultura e política, por exemplo, não podem ser neutras, mas devem ser ordenadas segundo a soberania de Deus:

> A autoridade sobre os homens não pode originar-se de homens. Nem mesmo de uma maioria em oposição a uma minoria, pois a História mostra, quase em todas as páginas, que muitas vezes a *minoria estava certa*. E assim, a primeira tese calvinista de que *somente o pecado tornou indispensável a instituição de governos*, esta segunda e não menos momentosa tese é adicionada: *toda autoridade de governo sobre a terra origina-se somente da Soberania de Deus* (KUYPER, 2003, p. 90).

Kuyper fornece, assim, uma base para a ideia de "reforma cultural cristã", essencial para os movimentos contemporâneos que buscam um cristianismo ativo na política. A noção de que todas as esferas da vida devem ser cristianizadas estruturou a TD como um projeto social e político a partir das transformações que sofreu ao longo do tempo, como se verá à frente.

Herman Dooyeweerd e a filosofia cosmonômica

O terceiro vetor do neocalvinismo é a fundamentação filosófica da soberania das esferas, desenvolvida por Herman Dooyeweerd

(1894-1977). Se Kuyper articulou a necessidade de um cristianismo integral, Dooyeweerd forneceu a estrutura filosófica e jurídica para sua aplicação na política.

Kuyper foi o grande líder do neocalvinismo, desenvolvendo as articulações e *insights* iniciados por Groen. Mas, é com Dooyeweerd que vemos a emergência de um sistema de bio-cosmovisão exaustivo, rigoroso e sofisticado. Herman Dooyeweerd desenvolveu uma filosofia sistemática, nomeada de *filosofia da ideia cosmonômica*, isto é, leis criacionais que regem o universo. Influenciado por Kuyper, Calvino e Agostinho, mas em diálogo com o neokantismo e com a fenomenologia, de quem toma estrutura metodológica e ferramentas teóricas, todavia buscando não sintetizar pressupostos e submetê-las ao crivo bíblico, conforme a ortodoxia neocalvinista.

Dooyweerd critica o que considera o dogma da autonomia do pensamento racional, predominante na filosofia ocidental, que defende a independência da razão de pressupostos religiosos. Para Dooyeweerd, toda reflexão filosófica está enraizada em motivos religiosos básicos do coração humano. Ele propõe uma "crítica transcendental radical", que busca os fundamentos do pensamento a partir da revelação bíblica.

Dooyeweerd compreende a religião como o aspecto mais fundamental e central da existência humana. Ela não se limita a crenças, práticas ou instituições religiosas, mas é entendida como o status ontológico da humanidade em relação a Deus. Em outras palavras, a religião é a essência que define o ser humano, expressando sua relação direta e inescapável com o Criador:

> A autorrevelação de Deus, como Criador de todas as coisas, está inseparavelmente ligada à revelação do que os seres

> humanos são no seu relacionamento fundamental com o seu Criador. Ao revelar que a humanidade foi criada à imagem de Deus, Deus revelou a humanidade a ela mesma na unidade religiosa radical da existência do homem como criatura. Todo o significado do mundo temporal está *integralmente* (ou seja, *completamente*) atado e concentrado nessa unidade (DOOYEWEERD, 2015, p. 44).

Estando a humanidade, bem como todas as coisas, atadas nessa unidade ontológica radical, toda a produção humana é gestada por "motivos religiosos básicos", isto é, uma força motriz espiritual mais profunda que orienta e molda a cultura, o pensamento e a vida humana em uma determinada civilização. Esses motivos não são apenas ideias abstratas, mas refletem a maneira como as pessoas percebem e se relacionam com o mundo, a realidade e o divino. Todo o desenvolvimento cultural, social, político etc. acontece em rebeldia ou obediência ao Criador. De tal modo, há uma *antítese* – não teórica apenas, mas em termos religiosos, ontológicos – entre os motivos básicos religiosos do cristianismo e as forças motrizes espirituais pagãs e/ou seculares, inexistindo a possibilidade de síntese (DOOYEWEERD, 2015).

Dooyeweerd também desenvolve a noção de soberania das esferas kuyperiana. Enquanto em Kuyper, o conceito apontava a existência de esferas distintas de autoridade humana (família, igreja, escola, Estado etc.), cada uma com sua própria responsabilidade e poder, não devendo ser usurpado pelas demais esferas, Dooyeweerd elabora o conceito de modos ou aspectos modais. Dooyeweerd propôs que a realidade é composta de 15 modos ou aspectos modais que descrevem as diferentes facetas da existência e experiência. Cada aspecto é irredutível e tem suas próprias leis normativas. Enquanto as esferas em Kuyper são sociais, em Dooyeweerd, os modos são o fundamento ôntico e cosmológico. Como enumera o próprio Dooyeweerd:

> Nosso horizonte empírico temporal tem um aspecto numérico, um aspecto de movimento extensivo, um aspecto de energia no qual experimentamos as relações físico-químicas da realidade, um aspecto biótico, ou da vida orgânica, um aspecto de sentimento e sensação e um aspecto lógico, i.e., a forma analítica de distinção de nossa experiência temporal que se localiza no fundamento de todos os nossos conceitos e julgamentos lógicos. Em seguida, temos um aspecto histórico, no qual experimentamos o modo cultural de desenvolvimento de nossa vida social. Esse é seguido pelo aspecto de significação simbólica localizado no fundamento de todo o fenômeno linguístico empírico. Temos ainda o aspecto de intercurso social com suas regras de cortesia, bons modos, boa postura, moda e assim por diante. Esse modo experiencial é seguido pelos aspectos econômico, estético, jurídico, moral e, finalmente, pelo aspecto da fé ou crença (DOOYEWEERD, 2010, p. 55).

Dessa forma, os modos descrevem as diversas formas pelas quais a realidade é estruturada e experimentada. Cada modo é uma esfera de ordem normativa, com suas próprias leis e características. Daí as esferas de soberania não serem meras construções ou criações sociais, mas possibilidades de desenvolvimento e cultivo da própria Criação de Deus, com suas leis e estruturas, podendo, todavia, ter orientação de rebeldia ou submissão.[4]

---

4 Para um tratamento extensivo dos modos ou aspectos modais: DOOYEWEERD, Herman. *A new critique of theoretical thought.* Ontário, CN: Paideia Press, 1984.

O Estado, por exemplo, não pode ser reduzido a uma instituição meramente jurídica ou política; tem uma estrutura ontológica própria, que deve ser compreendida a partir de uma perspectiva filosófica que considera a totalidade da ordem criada. O Estado é soberano em sua própria área de atuação, mas não tem autoridade para intervir em outras esferas, como a família, a igreja ou as organizações educacionais. Esse princípio visa limitar o poder estatal e promover uma visão de pluralismo societal. Dooyeweerd critica tanto as concepções absolutistas do Estado, que concentram todo o poder na autoridade central, quanto as visões individualistas que reduzem a sociedade a um contrato entre indivíduos. Ele propõe uma via alternativa que reconhece a complexidade das estruturas sociais e a importância das comunidades intermediárias. Ele enfatiza que o Estado deve atuar como guardião da justiça pública, sendo responsável por assegurar a ordem legal e o bem comum. No entanto, ele deve respeitar os limites de sua competência, sem invadir a autonomia das outras esferas da sociedade. Para Dooyeweerd, toda autoridade humana é derivada da soberania de Deus. O Estado, portanto, não é uma entidade autônoma em sentido absoluto, mas uma instituição que deve operar sob os princípios da ordem divina revelada (DOOYEWEERD, 2014).

Ora, a exposição de tais autores e ideias, como já enunciado, não visa uma exegese exaustiva de suas obras, mas a explicitação da emergência e construção de um campo discursivo, do qual se servirá a dita teologia do domínio, posteriormente. O pensamento e a obra desses autores são, evidentemente, muito mais complexas, sofisticadas e repletas de camadas.[5]

---

5 E de tantos outros que poderiam ser alocados na tradição neocalvinista como Dirk Hendrik Theodoor Vollenhoven (1892–1978), Klaas Schilder (1890–1952), Herman Bavinck (1854–1921) etc.

O próprio neocalvinismo não pode ser reduzido a um corpo doutrinário fixo, mas pode ser igualmente compreendido como um agenciamento teológico e político, que produz discursos, práticas e instituições capazes de estruturar um projeto cristão para a sociedade. Seus três vetores principais – a crítica à modernidade secular, a ideia do calvinismo como sistema de vida e a soberania das esferas – formam fluxos fundamentais para a construção da TD. As teologias de domínio se apropriam da ideia de limitação do Estado para justificar a autonomia de instituições cristãs na política e na cultura. A fundamentação filosófica de Dooyeweerd é recepcionada como base para a defesa de um modelo cristão de governo e de sociedade. Se Groen diagnosticou a crise da modernidade, Kuyper formulou um projeto de restauração cristã e Dooyeweerd forneceu sua base filosófica e jurídica. Esses três autores refletem a estrutura de um campo discursivo que continua a operar e a se reconfigurar nos movimentos evangélicos contemporâneos.

Contudo, a transposição do neocalvinismo da Holanda para os Estados Unidos, com seus desdobramentos e adaptações no contexto do evangelicalismo e o surgimento de uma TD, propriamente dita, constitui um capítulo singular, que será explorado na sequência.

3. Neocalvinismo no Novo Mundo: a dobradiça vantiliana

A transposição do neocalvinismo dos Países Baixos para os Estados Unidos não foi meramente um transplante de ideias, mas um processo de reconfiguração teológica e cultural que encontrou terreno fértil nas dinâmicas religiosas e políticas estadunidenses. No centro desse movimento está Cornelius Van Til, cuja vida e obra desempenham um papel crucial como elo articulador entre a tradição reformada europeia e o contexto norte-americano. Sua influência foi determinante para a formação de duas vertentes calvinistas que serviram de base para uma TD evangélica contemporânea: o reformismo cultural de Francis Schaeffer e o reconstrucionismo teonomista de Rousas Rushdoony e Gary North.

Cornelius Van Til (1895-1987) nasceu na Holanda, em uma família pertencente à Igreja Cristã Reformada Holandesa, e imigrou para os Estados Unidos aos dez anos de idade. Sua formação teológica foi profundamente influenciada pela tradição reformada holandesa, especialmente pelo pensamento de Abraham Kuyper e Herman Bavinck. No entanto, Van Til desenvolveu uma abordagem própria, articulada no contexto do *Princeton Theological Seminary* e consolidada no *Westminster Theological Seminary*, onde lecionou apologética, dedicando-se à defesa da fé cristã (FRAME, 1993).

O nascimento do *Westminster*, fundado em 1929 por J. Gresham Machen (1881-1937) e outros professores que saíram de Princeton, está diretamente ligado às controvérsias com o liberalismo teológico, que levaram à emergência do movimento fundamentalista e impactaram o evangelicalismo estadunidense, culminando nos desdobramentos do chamado neoevangelicalismo, liderado por figuras como Carl F. H. Henry (1913-2003) e Billy Graham (1918-2018).[6] Machen também foi um dos fundadores da Igreja Presbiteriana Ortodoxa (OPC), uma dissidência da Igreja Presbiteriana dos Estados Unidos

---

6 Para um panorama desses movimentos relacionado ao tema deste livro veja: KIDD, Thomas S. *Who is an evangelical? The history of a movement in crisis.* New Haven; Londres: Yale University Press, 2019; MARSDEN, George M. *Fundamentalism and American culture.* Nova Iorque: Oxford University Press, 2006; MARSDEN, George M. *Reforming fundamentalism: Fuller Seminary and the new evangelicalism.* Grand Rapids, Mich: William B. Eerdmans, 1987.

(PCUSA), motivada pelas mesmas disputas teológicas, denominação na qual Van Til atou como pastor até o fim da vida.

Em *Christianity and Liberalism* (1923) Machen argumenta que o liberalismo teológico desfigurou o cristianismo ortodoxo a tal ponto que se tornou uma religião distinta (MACHEN, 1923). Seu texto tornou-se um clássico na defesa da chamada ortodoxia protestante, sendo amplamente utilizado entre diversas tradições evangélicas. Embora tenha mantido certa distância institucional dos fundamentalistas por divergências teológicas menores – postura também adotada por Van Til –, sua influência permaneceu inegável. Após a morte de Machen em 1937, Van Til consolidou-se como a figura mais proeminente da Igreja Presbiteriana Ortodoxa, ganhando crescente renome, muito além dos limites da denominação.

No que se refere ao estabelecimento de um campo discursivo que funciona como condição histórica de possibilidade para a construção da atual TD evangélica, três contribuições teóricas de Van Til se destacam, além de muitas outras que poderiam ser mencionadas e de sua própria influência pessoal: sua formulação sobre a graça comum, sua abordagem epistemológica singular e sua concepção de apologética.

A noção de graça comum, embora sistematizada por Abraham Kuyper, tem raízes que remontam a Agostinho, que, em *Cidade de Deus*, distingue entre a graça especial, voltada à salvação dos eleitos, e uma forma de graça preservadora, que impede a corrupção completa da sociedade humana ao manter certa ordem mesmo entre os não regenerados (AGOSTINHO, 2017). Tomás de Aquino, na *Summa Theologiae*, desenvolve a ideia de uma graça preveniente, pela qual mesmo os não regenerados podem realizar bens naturais e conhecer certas verdades racionais, sem, contudo, alcançar a salvação (AQUINO, 2010). João Calvino, em suas *Institutas da Religião Cristã*, aprofunda essa distinção ao afirmar que Deus concede dons naturais e discernimento aos descrentes, permitindo-lhes desenvolver conhecimento, cultura e estruturas sociais, embora a corrupção do pecado distorça a correta orientação desse conhecimento para a glória divina (CALVIN, 2008).

A formulação mais sistemática da doutrina surge com Abraham Kuyper, particularmente em sua obra *De Gemeene Gratie* (*Common Grace*), onde argumenta que a graça comum atua como um meio pelo qual Deus preserva a ordem social e intelectual na humanidade caída. Kuyper relaciona essa doutrina à sua concepção de soberania das esferas, sustentando que Deus governa diferentes áreas da vida (política, ciência, cultura) por meio dessa graça (KUYPER, 2015).

A partir da formulação kuyperiana, a doutrina da graça comum passou a ser debatida e recebeu diferentes interpretações dentro do pensamento reformado, resultando em quatro concepções principais: a primeira posição, defendida por Kuyper, Herman Bavinck e Valentine Hepp, sustenta que a graça comum opera na esfera da revelação natural, permitindo que crentes e descrentes compartilhem um conhecimento objetivo da realidade por meio da razão e da experiência. Dessa forma, a revelação natural se torna um ponto de contato entre ambos (DENNISON, 1993), enquanto a revelação especial, acessível apenas pela fé, pertence exclusivamente aos crentes. Essa abordagem foi sistematizada por Bavinck ao longo dos quatro volumes de *Reformed Dogmatics*, onde ele argumenta que a graça comum não apenas mantém a criação, mas também possibilita progresso cultural, científico e moral (BAVINCK, 2012). Contudo, essa visão foi criticada por Cornelius Van Til, que apontou que Kuyper e Bavinck ainda preservavam traços de uma epistemologia escolástica e kantiana, que não eliminava totalmente o dualismo entre o conhecimento regenerado e não regenerado (VAN TIL, 1972).

A segunda concepção, defendida por Herman Hoeksema e Henry Danhof, rejeita completamente a noção de graça comum. Em *Reformed Dogmatics*, Hoeksema argumenta que a graça de Deus só pode estar associada ao propósito redentor e, portanto, nega qualquer favor divino aos réprobos. Para ele, a lógica e as provas racionais da existência de Deus são universalmente acessíveis, mas a depravação total do pecador impede qualquer reconhecimento verdadeiro dessas verdades (HOEKSEMA, 2005). Van Til rejeitou essa abordagem, acusando Hoeksema de reduzir a providência divina a um determinismo absoluto, sem espaço para a distinção entre o decreto divino e a ação histórica de Deus (VAN TIL, 1972).

A terceira abordagem, denominada reconstrucionista por William D. Dennison, está associada a Klaas Schilder, Herman Dooyeweerd e D. H. Th. Vollenhoven. Para essa escola de pensamento, Deus é a pressuposição necessária para qualquer conhecimento verdadeiro, inclusive sobre as leis da criação (DENNISON, 1993). Essa visão enfatiza o coração humano como centro da atividade intelectual e sustenta que a disposição a favor ou contra Cristo influencia toda interpretação da realidade, incluindo a ciência e a cultura. Van Til se alinhou fortemente a essa posição, embora com ajustes importantes.[7]

A quarta posição, desenvolvida pelo próprio Van Til, alinha-se à terceira, mas introduz reformulações cruciais. Em *Common Grace and the Gospel*, Van Til rejeita a ideia de que a diferença entre crentes e descrentes se limita à explanação dos fatos, afirmando que há uma distinção desde o princípio de toda investigação consciente,

---

7 Para uma discussão mais detalhada veja: DOOYEWEERD, Herman. *Reformation and scholasticism in philosophy II.* Grand Rapids, MI: Paideia Press, 2013.

pois até mesmo a descrição da realidade carrega pressupostos teológicos (VAN TIL, 1972).

Seu argumento central é que crentes e descrentes compartilham tudo no nível metafísico, pois ambos vivem na mesma criação sustentada por Deus, mas nada em comum epistemologicamente, uma vez que seus pressupostos sobre a natureza da verdade e do conhecimento são radicalmente distintos. Ele criticou a visão tradicional da graça comum por não levar em conta essa antítese epistemológica, enfatizando que o conhecimento verdadeiro só pode ocorrer dentro do quadro da revelação bíblica e da dependência do Deus trino.

Van Til vê a graça comum como um aspecto provisório da história redentora, que permite a coexistência de crentes e descrentes até a consumação final, mas que, no plano epistemológico, não concede ao incrédulo nenhum conhecimento neutro ou autônomo da realidade (DENNISON, 1993). Tanto a epistemologia quanto a apologética vantiliana se relacionaram diretamente com sua noção de graça comum.

No centro de sua epistemologia está a distinção fundamental entre o conhecimento divino e o conhecimento humano. Para Van Til, Deus é autossuficiente e autocontido, possuindo um conhecimento absoluto, autojustificado e não dependente de qualquer realidade fora de si (VAN TIL, 2007). O conhecimento humano, por outro lado, é derivado, limitado e dependente da revelação divina para ser verdadeiro. Esse conhecimento não ocorre de maneira autônoma, mas "analogicamente", isto é, o ser humano pensa os pensamentos de Deus de forma derivada, interpretando a criação a partir das categorias fornecidas por Deus na revelação especial (VAN TIL, 1972). Essa abordagem analógica visa preservar a transcendência de Deus ao mesmo tempo que afirma a acessibilidade de Sua verdade na revelação.

Contudo, devido aos efeitos do pecado na mente humana, o conhecimento natural (revelação geral) não pode ser plenamente compreendido sem a iluminação proporcionada pela revelação especial, isto é, a Bíblia (VAN TIL, 2008). Para Van Til, a queda corrompeu não apenas a moralidade do ser humano, mas também suas faculdades intelectuais, tornando-o incapaz de interpretar a realidade de maneira correta sem a orientação da Escritura. Essa é uma diferença fundamental entre crentes e descrentes: enquanto ambos compartilham metafisicamente a mesma criação divina, epistemologicamente estão em oposição radical (VAN TIL, 1972). Os crentes interpretam a realidade segundo os princípios da revelação divina, enquanto os descrentes suprimem essa revelação, interpretando a realidade de forma distorcida e em rebelião contra Deus (Rm 1,18-21).

A partir dessa perspectiva epistemológica, Van Til rejeita a apologética tradicional, incluindo tanto a apologética clássica quanto a evidencialista. A apologética clássica, associada a Tomás de Aquino e outros pensadores da tradição escolástica, parte da ideia de que a razão humana pode demonstrar a existência de Deus de forma neutra e independente da revelação especial (VAN TIL, 1972). A apologética evidencialista, por sua vez, busca defender a fé cristã apresentando evidências históricas e científicas que possam convencer o descrente (VAN TIL, 2008). Para Van Til, ambas falham por assumirem que existe um ponto de contato neutro entre crentes e descrentes, ignorando o impacto do pecado na mente humana. Segundo ele, a razão humana não é neutra: ou está submetida a Deus ou em oposição a Ele (VAN TIL, 1972). O descrente, ao rejeitar Deus, não é epistemologicamente neutro, mas hostil à verdade divina, mesmo quando utiliza categorias racionais e morais herdadas do próprio Deus (VAN TIL, 2007).

Em oposição a essas abordagens, Van Til desenvolveu a apologética pressuposicionalista, cujo objetivo não é simplesmente provar a existência de Deus com base em evidências ou argumentos racionais, mas demonstrar que a própria possibilidade de conhecimento, lógica e moralidade pressupõe a existência do Deus cristão (VAN TIL, 2008). A apologética pressuposicionalista não busca estabelecer um terreno comum com o descrente, mas parte da revelação bíblica como pressuposto inegociável. Van Til argumenta que o descrente vive em uma contradição epistemológica: ele depende da ordem criada por Deus para pensar e agir, mas nega a existência do próprio Deus que torna essa ordem possível. Assim, a apologética pressuposicionalista expõe essa contradição, mostrando que a cosmovisão não cristã é autodestrutiva e incoerente.

O método pressuposicionalista funciona a partir do chamado argumento transcendental (VAN TIL, 2008). Em vez de buscar provar Deus diretamente, o apologeta mostra que sem Deus não há possibilidade de conhecimento coerente. Ele demonstra que categorias como lógica, moralidade objetiva e ordem natural só fazem sentido dentro da visão cristã de mundo. Van Til, portanto, desafia o descrente a reconhecer que seus próprios pressupostos são inconsistentes e que apenas a cosmovisão cristã pode oferecer uma base sólida para o conhecimento. Esse método envolve dois passos principais: primeiro, o apologeta assume temporariamente a posição do descrente para mostrar as incoerências internas de seus pressupostos; segundo, apresenta a visão cristã como a única alternativa coerente e autojustificada (OLIPHINT, 1990).

A epistemologia de Van Til está intimamente ligada à sua apologética, pois ambas se baseiam na doutrina reformada da suficiência da revelação divina. Ele sustenta que: o conhecimento verdadeiro só pode existir quando a mente humana está submetida à revelação de Deus; o descrente rejeita essa revelação e, portanto, sua visão de mundo é autocontraditória; e a apologética deve expor essa contradição e mostrar que apenas a visão cristã pode fornecer um fundamento sólido para o conhecimento e a moralidade.

Considerações finais

De todo modo, a presença de Van Til no cenário norte-americano não pode ser vista como um simples deslocamento de ideias holandesas para o "Novo Mundo", mas como uma rearticulação de diversos elementos que, ao se conectarem com a tradição reformada – e evangélica, em sentido amplo – estadunidense, geraram novos agenciamentos teológicos e políticos. Vale lembrar que o neocalvinismo já estava presente no continente americano muito antes da chegada de Van Til – o próprio Kuyper visitara os Estados Unidos. A diferença é que, em Van Til, percebem-se novas tendências e rearranjos de fluxos, algo também observável na produção de inúmeros outros atores; não se trata de uma questão apenas geográfica, mas de agenciamento de campos discursivos. À luz de Foucault, podemos dizer que a ação de Van Til se inscreve no "arquivo" do calvinismo, redescrevendo suas possibilidades de enunciação e abrindo caminho para outras formas de discurso teológico. Ele herda de Kuyper e Dooyeweerd a ênfase na soberania divina em todas as esferas da existência e a ideia de uma cosmovisão cristã total, mas reinsere esses elementos num contexto de disputas com o liberalismo teológico e de afirmação de uma ortodoxia reformada nos Estados Unidos. Além disso, é importante notar a influência significativa do escolasticismo protestante na estruturação de sua teologia e apologética: Van Til dialogava com a tradição reformada dos séculos XVI e XVII, especialmente a chamada "ortodoxia protestante", absorvendo dela a ênfase em categorias conceituais rigorosas – como a distinção entre conhecimento arquetípico (divino) e ectípico (humano). Essa herança escolástica, unida à sua convicção pressuposicionalista, sustentava a defesa de uma fé baseada na absoluta transcendência divina e na dependência humana de uma revelação autoritativa, ao mesmo tempo que empregava instrumentos metodológicos sofisticados para debater com visões rivais de mundo.

Nessa operação, Van Til incorpora também estratégias de ruptura e reafirmação típicas dos agenciamentos que Deleuze e Guattari descrevem: ainda que parta de uma matriz neocalvinista, ele a intensifica ao propor sua epistemologia pressuposicionalista, sublinhando que não há neutralidade entre crentes e descrentes. Assim, a abordagem vantiliana, ao mesmo tempo que mantém laços com a tradição reformada, configura-se como um novo agenciamento coletivo de enunciação, capaz de reordenar desejos, práticas e discursos em torno do projeto de uma TD.

Por isso, a influência de Van Til extrapola as fronteiras institucionais em que se originou: ele se torna referência não apenas para círculos presbiterianos ortodoxos, mas também para outros movimentos que veriam no reformismo cultural e na "reconstrução cristã" a possibilidade de conformar a sociedade aos pressupostos bíblicos. Da crítica à modernidade secular (vislumbrada em Groen), passando pela visão de um cristianismo integral em Kuyper e pela sofisticação filosófica em Dooyeweerd, chegamos a Van Til como expressão e modelagem de um novo conjunto de práticas discursivas. Essas ideias fornecem o suporte apologético e epistemológico para que grupos reformados e não reformados reivindiquem uma atuação ativa e "legítima" em todas as esferas políticas e culturais, operando como máquinas que mobilizam fiéis e instituições.

A partir desse percurso histórico e conceitual, torna-se claro que a TD é mais do que uma simples doutrina específica: trata-se do resultado de fluxos e conexões que remontam ao calvinismo europeu, atravessam as disputas teológicas na América do Norte e se reconfiguram de acordo com cada contexto social e político – além de muitos outros fluxos, como os ensaios deste volume podem comprovar. Nessa perspectiva, a obra de Van Til representa uma espécie de nó estratégico, em que diferentes vetores se encontram e ganham nova força, lançando as bases para o que, mais adiante, seria reconhecido sob o rótulo de "teologia do domínio". Os desdobramentos desse processo – especialmente nas vertentes de Francis Schaeffer, Rousas Rushdoony e Gary North – evidenciam como o neocalvinismo, reelaborado no ambiente evangélico estadunidense, se torna um dispositivo relevante na configuração de projetos políticos que almejam expressar, no mundo, a soberania absoluta de Deus. Nesse ponto, torna-se necessário voltar o olhar para duas vertentes fundamentais que emergem desse entrelaçamento teológico e que tiveram (e ainda têm) profundo impacto no cenário evangélico e político: o reconstrucionismo teonomista, associado a nomes como Rousas Rushdoony e Gary North, dentre outros, e o reformismo cultural, cuja principal referência é Francis Schaeffer. Ao longo das próximas seções, veremos como essas correntes, embora distintas em sua ênfase e abordagem, se encontram nos ideais de uma "reforma abrangente" da sociedade, embasada em pressupostos bíblicos e calcada na soberania divina. A circulação dessas ideias no meio evangélico estadunidense e suas influências políticas mais amplas serão analisadas, bem como os caminhos que tomaram rumo ao Brasil, onde encontram ecos tanto em círculos protestantes históricos quanto em setores pentecostais, contribuindo para a consolidação de uma agenda cada vez mais voltada à atuação pública e ao exercício de poder.

Referências

AGOSTINHO. *A cidade de Deus: contra os pagãos*. Petrópolis, RJ: Vozes; São Paulo: Federação Agostiniana Brasileira; Bragança Paulista, SP: Editora Universitária São Francisco, 2017.

AQUINO, T. *Suma Teológica: os hábitos e as virtudes, os dons do Espírito Santo, os vícios e os pecados, a lei antiga e a lei nova, a graça* (v. 4). São Paulo: Edições Loyola, 2010.

BAVINCK, H. *Dogmática Reformada: Espírito Santo, Igreja e nova criação* (v. 4). São Paulo: Cultura Cristã, 2012.

CALVIN, J. *A instituição da religião cristã, Tomo I, Livros I e II*. São Paulo: Editora Unesp, 2008.

DELEUZE, G.; GUATTARI, F. *Kafka: por uma literatura menor*. Belo Horizonte: Autêntica, 2022.

______. *Mil platôs: capitalismo e esquizofrenia 2, v. 1*. São Paulo: Editora 34, 2011.

DENNISON, W. D. "Van Til and the common grace". *Mid-America Journal of Theology*, Dyer, IN, v. 9, n. 2, 1993.

DOOYEWEERD, H. *Estado e soberania: ensaios sobre cristianismo e política*. São Paulo: Vida Nova, 2014.

______. *No crepúsculo do pensamento ocidental: estudos sobre a pretensa autonomia do pensamento*. São Paulo: Hagnos, 2010.

______. *Raízes da cultura ocidental*. São Paulo: Cultura Cristã, 2015.

FOUCAULT, M. *A arqueologia do saber*. Rio de Janeiro: Editora Forense, 2020.

FRAME, J. *Cornelius Van Til*. In: ELWELL, Walter A. (Ed.). *Handbook of evangelical theologians*. Grand Rapids: Baker, 1993.

HOEKSEMA, H. *Reformed Dogmatics* (v. 2). Jenison, Michigan: Reformed Free Publishing Association, 2005.

KUYPER, A. *Calvinismo.* São Paulo: Cultura Cristã, 2003.

______. *Common grace: God's gifts for a fallen world* (v. 1). Bellingham, WA: Lexham Press, 2015.

MACHEN, J. G. *Christianity and liberalism.* Nova Iorque: The MacMillan Company, 1923.

OLIPHINT, K. S. "The consistency of Van Til's methodology". *The Westminster Theological Journal.* Philipsburg, v. 52, n. 1, 1990.

PRINSTERER, G. G. V. *Incredulidad y revolución.* Xalapa, Ver.: Fábrica de Ideas, 2010.

SIBERTIN-BLANC, G. *Deleuze & Guattari e o Anti-Édipo: a produção do desejo.* São Paulo: Editora Filosófica Politeia; Rio de Janeiro: Editora PUC-Rio, 2022.

VAN TIL, C. *An introduction to systematic theology: prolegomena and the doctrines of revelation, scripture and God.* Philipsburg: P&R Publishing, 2007.

______. *Common grace and the gospel.* Philipsburg: P&R Publishing, 1972.

______. *The defense of the faith.* Philipsburg: P&R Publishing, 2008.

"O ataque dos clones": expansões e transformações nas teologias de domínio

Samuel Araújo

> Vivemos num continente onde a evangelização chegou como "conquista", mas se transformou em patrimônio real dos conquistados, tecendo de maneira determinante a rede de símbolos e linguagens dos oprimidos. Não é apenas um fato sociológico. É um fato teológico, porque os oprimidos "se falam" através do uso dessa rede de símbolos e linguagens e somente assim, puxando para o seu lado esta teia de contaminação, conseguem expressar a sua esperança, a sua sede de justiça e a sua ânsia de vida e amor. Quem ignora isso, como fato massivo neste continente, não conhece os pobres de nossa América.
>
> *Hugo Assmann*

Da mesma forma que *O Ataque dos Clones* representa, na saga de *Guerra nas Estrelas*, a multiplicação de forças que se movem em diferentes direções, esta segunda parte do ensaio descreve o momento em que a TD, antes gestada em um núcleo reformado, se espraia e se transforma, dando origem a várias correntes de pensamento e práticas concretas de ação política, cultural e religiosa. Se a "Ameaça Fantasma" referiu-se à consolidação dos fundamentos teóricos, este novo cenário mostra como esses alicerces são utilizados para fins variados e, muitas vezes, controversos. A abordagem, aqui, privilegia quatro movimentos principais:

Partindo do legado de Van Til, expoentes como Rousas Rushdoony e Gary North levaram ao extremo a ideia de que a Lei de Deus deveria moldar toda a organização social, defendendo a aplicação da legislação mosaica em pleno século XX. O texto explora esse "reconstrucionismo teonomista", indicando como o humanismo secular é visto como usurpador do lugar divino e como as sanções bíblicas se tornariam o alicerce de uma sociedade "verdadeiramente cristã".

Em contraste com a via mais intransigente do reconstrucionismo, Francis Schaeffer e outros teólogos optam por um caminho apologético e cultural, buscando convencer a sociedade do valor de princípios cristãos. Nesse espectro, o foco não está em instituir um código legal bíblico, mas em mobilizar cristãos para resistirem ao relativismo, influenciarem as artes, a política e a educação e recuperarem os alicerces de uma civilização vista como outrora "cristã".

A partir desse ponto, torna-se clara a plasticidade do calvinismo. Vemos como princípios neocalvinistas – como a soberania de Deus e a antítese entre o Reino de Deus e o mundo secular – florescem em ambientes pentecostais, carismáticos e mesmo em círculos que não se identificam estritamente como "reformados". Esse "calvinismo difuso" serve como base para práticas de batalha espiritual, projetos de "ocupação" das estruturas de poder e retóricas que reivindicam uma nação regida por valores cristãos.

Finalmente, o texto tenta ressaltar como, ao desembarcar no Brasil, essas teologias se mesclam às especificidades históricas, políticas e religiosas do país. Catolicismo popular, pentecostalismo, neopentecostalismo, movimentos de renovação e fragmentos do pensamento reformado se reúnem num contexto de disputa política cada vez mais intensa, no qual conceitos como "soberania divina" e "mandato cultural" são convocados para justificar ações nas esferas legislativa, midiática e educacional.

Com isso, *O Ataque dos Clones* simboliza a fase em que o domínio deixa de ser apenas uma tese ou um desejo teórico e se torna um grande exército de ideias e correntes teológicas que operam simultaneamente, cada qual com seus métodos de convencimento, suas redes de influência e suas alianças sociopolíticas. Neste segundo estágio, percebe-se como a TD ganha múltiplas faces, influenciando-se por movimentos carismáticos, pela cultura de massas e por disputas de poder, configurando, assim, um panorama amplo e complexo para quem deseja compreender as raízes e os efeitos desse fenômeno em nossa contemporaneidade.

1. Reconstrucionismo teonomista

De modo geral, o *reconstrucionismo teonomista* é um movimento teológico-político que propõe a reconstrução da sociedade com base na lei bíblica, afirmando que os princípios da legislação mosaica devem ser aplicados ao governo, à economia e à vida pública contemporânea. Como já argumentado, esse pensamento emerge a partir da tradição reformada e do neocalvinismo, expandindo suas concepções sobre a soberania de Deus em todas as esferas da existência e aplicando-as a um modelo explícito de governança cristã. Esse deslocamento representou uma reconfiguração teológica dentro do protestantismo conservador norte-americano, especialmente no contexto da rejeição ao liberalismo teológico e ao avanço do secularismo.

O neocalvinismo em Kuyper e Dooyeweerd, como exposto, enfatizava a soberania de Deus sobre todas as esferas da vida, propondo um modelo de engajamento cristão na cultura e na política sem, no entanto, defender diretamente um governo teocrático. Com a transposição desse pensamento para os Estados Unidos, especialmente visto por meio da obra de **Cornelius Van Til**, essa visão foi radicalizada.

Van Til desenvolve uma **apologética pressuposicionalista**, que rejeita a ideia de neutralidade epistemológica e afirma que todo conhecimento deve ser baseado na revelação bíblica. Essa abordagem acaba por fornecer um arcabouço teórico para a formulação do *reconstrucionismo teonomista*, ao argumentar que a lei de Deus não deveria apenas guiar a ética pessoal, mas moldar integralmente a sociedade.

A relação entre a apologética pressuposicionalista e o reconstrucionismo teonomista se dá pela ênfase em um paradigma de autoridade absoluta. Van Til argumentava que todo pensamento humano é condicionado por pressupostos religiosos, e que apenas uma cosmovisão baseada na revelação bíblica pode fornecer um fundamento racional e coerente para a vida e a sociedade. Qualquer tentativa de construir conhecimento, moralidade ou governança apartada da soberania de Deus resulta, segundo ele, em contradição e irracionalidade. Essa ideia foi tomada por Rousas John Rushdoony como ponto de partida para sua proposta de reconstrução da ordem social, na qual a lei mosaica deveria substituir os sistemas jurídicos seculares, pois apenas ela derivava de um fundamento absoluto e imutável.

Nesse cenário, **Rousas John Rushdoony** (1916-2001) se tornou o principal "arquiteto" do movimento. Descendente de armênios refugiados do genocídio otomano, Rushdoony cresceu em um ambiente profundamente religioso e dedicou-se ao estudo da teologia reformada. Em 1965, fundou a *Chalcedon Foundation*, organização que se tornou o epicentro da teonomia nos Estados Unidos. Sua obra mais influente, *The Institutes of Biblical Law* (2012 [1973]), defendeu a aplicação das leis do Antigo Testamento como fundamento jurídico e moral da sociedade. Para Rushdoony, a democracia liberal e o secularismo representavam formas de rebelião contra Deus, sendo a única alternativa legítima um governo cristão baseado nos estatutos bíblicos.

Gary North (1942-2022), genro de Rushdoony, ampliou o pensamento teonomista ao aplicá-lo à economia e à teoria social. Profundamente influenciado pela Escola Austríaca de Economia, North desenvolveu uma visão econômica baseada na soberania de Deus, argumentando que um mercado livre operado sob os princípios bíblicos era o modelo econômico desejado por Deus. Suas obras *Millennialism and Social Theory* (1990a) e *Tools of Dominion* (1990b) exploram a interseção entre teologia, economia e política, defendendo que a transformação cristã da sociedade se daria por meio da implementação da lei bíblica e da eliminação das estruturas seculares que se opõem ao domínio divino.

Assim, o *reconstrucionismo teonomista* pode ser entendido como um novo agenciamento dentro do campo discursivo reformado. Se o neocalvinismo buscava reformar a sociedade por meio de princípios cristãos sem a imposição de um código legal bíblico, Rushdoony e North levaram essa visão a uma conclusão extrema, propondo a substituição do direito secular pela lei mosaica. Esse deslocamento representa um **alargamento do campo discursivo** do calvinismo reformado, onde elementos do pensamento neocalvinista são reconfigurados para sustentar um projeto de governança religiosa radical.

Rousas Rushdoony: projeto teonômico contra o humanismo secular

Em *By What Standard?* (1995), Rousas John Rushdoony estabelece as bases epistemológicas do reconstrucionismo teonomista, fundamentando-se na apologética pressuposicionalista de Cornelius Van Til. A obra rejeita a neutralidade epistemológica e argumenta que toda estrutura de conhecimento, cultura e governança deve estar subordinada à revelação bíblica. Para Rushdoony, a cosmovisão cristã reformada é a única capaz de fornecer um alicerce racional e coerente para a vida, uma vez que toda epistemologia parte de pressuposições inescapáveis. Ele sustenta que qualquer tentativa de construir conhecimento sem a base da revelação divina leva inevitavelmente à contradição e à irracionalidade, pois a autonomia do pensamento humano é uma ilusão. A racionalidade, a moralidade e a própria existência da verdade pressupõem a existência de Deus, e qualquer sistema que rejeite essa verdade fundamental se dissolve em relativismo e caos intelectual.

A tese central da obra reside na rejeição categórica da ideia de neutralidade. Rushdoony argumenta que todas as cosmovisões se assentam sobre um conjunto de pressupostos básicos, e que a única questão relevante é quais pressupostos são verdadeiros e sustentáveis. A cosmovisão cristã reformada, segundo ele, é a única que pode fornecer um fundamento objetivo para a verdade, a moralidade e a lei, uma vez que se baseia na revelação absoluta e imutável de Deus. Em contraste, as filosofias seculares são inerentemente instáveis, pois negam esse alicerce divino e, consequentemente, carecem de uma base racional sólida para suas próprias reivindicações. Essa rejeição da neutralidade epistemológica se manifesta em sua crítica à modernidade, que ele vê como uma era caracterizada pela negação da soberania de Deus e pela tentativa humana de construir uma ordem moral e intelectual autônoma.

Ao longo do livro, Rushdoony utiliza o argumento transcendental de Van Til para sustentar que a única maneira de justificar conceitos como verdade, lógica e moralidade é assumir a existência e a revelação de Deus. Ele enfatiza que o pensamento secular depende, paradoxalmente, de pressuposições cristãs para funcionar. A ciência, por exemplo, opera com base na expectativa de que o universo seja ordenado e previsível, mas essa premissa só faz sentido dentro de uma estrutura teísta que afirma a criação e a providência divina. Do mesmo modo, a moralidade objetiva, frequentemente defendida por filósofos seculares, só pode ser sustentada dentro de uma visão de mundo que reconhece um legislador moral absoluto. Assim, qualquer sistema que tente afirmar valores morais sem a referência a Deus se encontra em uma posição insustentável e autocontraditória.

Dessa premissa decorre a conclusão de que a única base legítima para a moralidade e a ordem social é a lei de Deus. Rushdoony argumenta que a ética secular, ao rejeitar esse padrão divino, torna-se arbitrária e volúvel, sujeita às mudanças culturais e aos caprichos humanos. A sociedade moderna, ao abandonar a lei bíblica como guia, mergulhou em um estado de decadência moral e relativismo, pois perdeu qualquer referência objetiva para definir o bem e o mal. Como resposta a essa crise, ele propõe a restauração da aplicação da lei mosaica não apenas como um guia espiritual, mas como fundamento jurídico e político para a sociedade contemporânea. Para ele, a rejeição da lei de Deus não é apenas um erro teológico, mas um ato de rebelião que compromete a ordem social e conduz ao colapso civilizacional.

A obra de Rushdoony também enfatiza que a rebelião contra Deus se manifesta historicamente na rejeição de Sua lei e na tentativa de criar sistemas políticos e jurídicos baseados em premissas humanistas. Ele argumenta que todas as civilizações que abandonaram a lei de Deus acabaram enfrentando declínio moral e político, enquanto aquelas que se submeteram à soberania divina prosperaram. Essa leitura da história reforça sua tese de que a única sociedade verdadeiramente justa e estável é aquela que reconhece a supremacia da lei bíblica. Nesse sentido, *By What Standard?* não se limita a uma defesa abstrata da autoridade bíblica, mas propõe um modelo concreto de reconstrução da sociedade baseado na implementação dos preceitos divinos.

Além de estabelecer as bases teóricas do reconstrucionismo teonomista, *By What Standard?* teve um impacto profundo na política cristã conservadora nos Estados Unidos. A obra ajudou a moldar um modelo de engajamento cristão que via a legislação secular como uma forma de apostasia e defendia a necessidade de restaurar uma ordem teocrática. Rushdoony influenciou diretamente pensadores como Gary North, que aplicaram esses princípios à economia e à política pública, ampliando o escopo do movimento teonomista. Sua abordagem radical à relação entre teologia e política levou à formulação de estratégias para a implementação prática da lei bíblica na sociedade, transformando sua obra em um dos marcos fundamentais do pensamento reformado contemporâneo.

Ao final, *By What Standard?* emerge não apenas como um tratado teológico, mas como um manifesto político e cultural que visa redefinir os parâmetros da sociedade moderna. Sua crítica à autonomia do pensamento humano e sua defesa intransigente da soberania de Deus serviram como base para o desenvolvimento do reconstrucionismo teonomista, influenciando gerações de teólogos e ativistas cristãos. Para Rushdoony, a submissão à lei de Deus não é uma opção, mas uma necessidade absoluta para a preservação da verdade, da justiça e da própria civilização.

Dando continuidade à estrutura epistemológica apresentada em *By What Standard?*, *The Institutes of Biblical Law* (2012) amplia e aplica as teses pressuposicionalistas à teologia da lei e à organização da sociedade. Rushdoony parte do princípio de que a Bíblia não é apenas uma fonte de orientação moral, mas um código legal completo que deve ser restaurado para a organização da vida política, econômica e social. Assim como Van Til argumentava que toda epistemologia parte de pressuposições religiosas inevitáveis, Rushdoony estende esse argumento para o campo jurídico e político, afirmando que toda estrutura legal tem uma base religiosa, explícita ou implícita. Dessa forma, ele rejeita a ideia de neutralidade na legislação e insiste que todas as leis refletem algum sistema teológico.

A obra se estrutura como um comentário e defesa da aplicação da lei mosaica, demonstrando como suas prescrições, incluindo punições penais, normas econômicas e princípios sociais, podem ser aplicáveis à sociedade moderna. Para Rushdoony, a lei divina é o único padrão legítimo de justiça e sua rejeição não conduz à verdadeira liberdade, mas sim à imposição de um sistema legal arbitrário criado pelo ser humano. Ele sugere que qualquer ordenamento jurídico que abandone a referência transcendente da lei bíblica inevitavelmente se torna um instrumento de opressão.

A questão do papel do Estado é amplamente desenvolvida em *The Institutes of Biblical Law*. Rushdoony argumenta que o crescimento do Estado moderno ocorre precisamente porque a sociedade abandonou a soberania da lei de Deus, substituindo-a por sistemas políticos baseados na autonomia humana. Ele defende um modelo de governo estritamente limitado, no qual a responsabilidade primária pela justiça e pela educação recai sobre a família e a igreja, reduzindo drasticamente a influência do Estado na vida dos cidadãos. Para Rushdoony, o Estado moderno se tornou um substituto secular para a religião, exercendo um poder ilegítimo e interferindo indevidamente na ordem social.

A obra também se destaca por sua defesa da restauração das sanções penais da lei mosaica. Para Rushdoony, crimes como adultério, idolatria e práticas sexuais que ele considera imorais deveriam ser punidos de maneira rigorosa, pois a rejeição dessas punições reflete uma sociedade que abandonou os princípios divinos de justiça. Essa perspectiva gerou fortes críticas, inclusive dentro do calvinismo reformado, onde muitos teólogos argumentam que sua interpretação sobre a aplicação contínua da lei mosaica ignora a distinção entre Antiga e Nova Aliança. No entanto, Rushdoony insiste que a graça não substitui a lei, mas a reforça dentro de uma estrutura social guiada pela vontade divina.

No campo econômico, *The Institutes of Biblical Law* apresenta uma crítica contundente ao socialismo e ao intervencionismo estatal. Para Rushdoony, a propriedade privada é um princípio fundamental estabelecido na Escritura, e qualquer tentativa de redistribuição compulsória de riqueza representa uma violação da ordem divina. Sua visão econômica se alinha com as ideias da Escola Austríaca de Economia, enfatizando o livre mercado e a descentralização como princípios fundamentais de uma sociedade governada pela lei de Deus.

Outro aspecto essencial da obra é sua crítica ao sistema educacional público, que ele descreve como uma ferramenta do humanismo secular para moldar as novas gerações de acordo com valores que se afastam da lei divina. Como alternativa, Rushdoony defende a educação domiciliar (*homeschooling*), um movimento que ele ajudou a popularizar dentro do cristianismo conservador nos Estados Unidos. Ele argumenta que a responsabilidade pela educação deve ser primariamente da família, garantindo que as crianças sejam ensinadas sob uma perspectiva bíblica e não influenciadas por filosofias secularistas.

O impacto de *The Institutes of Biblical Law* foi profundo na teologia política conservadora e na formação do movimento reconstrucionista. Gary North, genro de Rushdoony e um dos principais continuadores de sua obra, expandiu muitos dos conceitos apresentados, aplicando-os à teoria econômica e à escatologia pós-milenista. North interpreta a obra de Rushdoony como um chamado à restauração de uma ordem social baseada na Escritura, demonstrando que a alternativa ao humanismo secular é a teonomia.

Se *By What Standard?* lançou as bases epistemológicas do *reconstrucionismo teonomista*, *The Institutes of Biblical Law* transformou essa estrutura teórica em um projeto político e jurídico concreto. Para Rushdoony, a única sociedade justa e ordenada é aquela que se submete plenamente à soberania de Deus e à aplicação de Sua lei. Seu impacto continua a ser sentido no pensamento cristão conservador, influenciando debates sobre a relação entre fé e política, a autoridade das Escrituras e o papel do governo na sociedade contemporânea.

Gary North e a teologia que forja arranjos sociais

Gary North, então, desenvolve uma teologia política econômica e social na qual a teonomia se apresenta como a única base legítima para a organização da sociedade. Em sua visão, a rejeição à lei de Deus conduz inevitavelmente ao colapso moral e político, pois não existe neutralidade na esfera pública: uma sociedade ou se estrutura sobre a Escritura ou é dominada pelo humanismo secular (NORTH, 1988). Seguindo a tradição pressuposicionalista de Cornelius Van Til e a teonomia de R. J. Rushdoony, North elimina qualquer distinção entre moralidade privada e legislação civil, argumentando que os preceitos do Antigo Testamento devem continuar sendo normativos para a governança contemporânea (NORTH, 1990b).

A estrutura de sua argumentação baseia-se na distinção entre *covenant law* e *case laws*. A primeira refere-se às normas fundamentais estabelecidas por Deus na aliança com Israel, princípios morais universais que transcendem seu contexto histórico e permanecem vinculantes para todas as sociedades (NORTH, 1990b). A segunda diz respeito às aplicações casuísticas dessa lei em situações específicas dentro da sociedade mosaica. Embora estas últimas não sejam diretamente aplicáveis em sua forma literal, North as considera exemplares na formulação de legislações modernas que se alinhem ao padrão divino de justiça (NORTH, 1990b). A coerência da ordem social, em sua concepção, exige uma continuidade entre a legislação bíblica e o ordenamento jurídico contemporâneo.

Dessa premissa decorre sua defesa da aplicação rigorosa das penalidades prescritas no Antigo Testamento. North argumenta que a justiça bíblica exige a pena de morte para crimes como adultério, blasfêmia, idolatria e homossexualidade, não apenas como punição aos transgressores individuais, mas como um mecanismo de preservação da estrutura social (NORTH, 1990b). Ele também rejeita o sistema prisional moderno, sustentando que a Bíblia oferece um modelo alternativo baseado na restituição para crimes financeiros e na execução para crimes graves, eliminando a necessidade de encarceramento prolongado (NORTH, 1990b). A supressão do crime, em sua visão, passa pela reafirmação dessas sanções.

Sua crítica ao Estado moderno é igualmente contundente. North argumenta que as democracias liberais são essencialmente anticristãs, pois operam sem referência à revelação divina, promovendo uma forma de idolatria estatal que substitui a autoridade de Deus pela vontade da maioria (NORTH, 1990b). Para ele, esse modelo político não apenas erode a moralidade pública, mas também corrompe a ordem legítima de governança. Como alternativa, defende um sistema descentralizado, em que a autoridade civil se submeta integralmente às Escrituras e às esferas de governo estabelecidas pela estrutura familiar e eclesiástica (NORTH, 1988).

A economia ocupa um papel central em sua proposta reconstrucionista. Ele advoga um sistema de mercado que respeite os princípios da lei bíblica, rejeitando tanto o socialismo quanto a forma moderna do capitalismo liberal, que considera um desdobramento do humanismo secular (NORTH, 1990a). Nesse sentido, sua crítica à tributação excessiva e ao controle estatal da economia se vincula à defesa de uma ordem baseada na ética do trabalho e na responsabilidade individual, regida pelos princípios da mordomia cristã (NORTH, 1990b).

No que concerne à escravidão, um dos temas mais controversos de sua obra, North distingue a escravidão bíblica da escravidão moderna. Segundo ele, a forma de servidão regulamentada no Antigo Testamento era um mecanismo econômico para a compensação de dívidas e crimes, garantindo certa dignidade ao servo (NORTH, 1990b). Em contraste, condena a escravidão racial e coercitiva, típica dos sistemas escravagistas modernos (NORTH, 1990b). Contudo, sua defesa da escravidão como uma estrutura viável dentro de uma sociedade teonômica gerou críticas tanto dentro quanto fora do movimento reconstrucionista.

O aspecto escatológico de seu pensamento fornece a base para sua perspectiva sobre transformação social. North se alinha ao pós-milenismo, sustentando que o Reino de Deus será estabelecido progressivamente na história, à medida que as instituições humanas se submetam à lei divina (NORTH, 1990a). Ele rejeita o amilenismo e o dispensacionalismo como visões derrotistas que incentivam a passividade dos cristãos na cultura e na política (NORTH, 1990a). Para North, a missão da igreja não se restringe à pregação do evangelho, mas inclui a reforma abrangente da sociedade, promovendo mudanças estruturais na legislação, na economia e na educação (NORTH, 1990a). A escola pública, em sua leitura, é um instrumento de doutrinação secularista, e a educação domiciliar e as instituições cristãs são os pilares para a preservação e disseminação da cosmovisão bíblica (NORTH, 1990b).

Dessa forma, sua teologia não se limita a um arcabouço doutrinário, mas compõe um programa amplo de reconstrução social cristã. Ele concebe a história como um processo no qual a igreja deve assumir um papel ativo na conversão e reformulação das instituições, integrando economia, política e moral sob a soberania de Deus (NORTH, 1990a). Seu pensamento, portanto, representa uma tentativa de consolidar um modelo de civilização cristã que se contraponha radicalmente às ideologias seculares do mundo moderno.

2. Reformismo cultural

Se o reconstrucionismo teonomista representa uma abordagem radical que busca aplicar diretamente a lei mosaica à governança civil, propondo uma transformação profunda da sociedade baseada em princípios teocráticos, Francis Schaeffer, por outro lado, oferece uma alternativa que, ao menos explicitamente, se afasta de uma engenharia social teológica rígida. Seu pensamento opera dentro de uma matriz reformada que valoriza a influência cultural cristã e a resistência ao secularismo, mas sem recorrer à imposição legalista da fé. Essa "moderação" estratégica faz com que seu discurso se apresente como um projeto de reconstrução cultural mais acessível e popular dentro do evangelicalismo norte-americano, permitindo uma maior adesão ao seu programa intelectual e político sem necessariamente gerar uma ruptura com a democracia liberal ocidental.

Francis August Schaeffer (1912-1984) foi um teólogo, filósofo e apologista reformado norte-americano. Inicialmente vinculado ao fundamentalismo protestante, sua trajetória intelectual o levou a um engajamento mais profundo com a tradição reformada, onde desenvolveu uma crítica incisiva à modernidade secular e seu impacto na cultura. Em 1955, fundou a comunidade *L'Abri* na Suíça, um espaço de hospitalidade e debate que buscava fornecer um contraponto à crise da racionalidade ocidental e da fé cristã. Essa iniciativa continua influente em diversos países, incluindo o Brasil, onde o *L'Abri* atua como um polo de reflexão sobre cristianismo e cultura. A ênfase na experiência comunitária e na formação de uma elite intelectual cristã evidencia sua preocupação com a criação de uma alternativa prática e viável ao secularismo dominante.

A crise cultural contemporânea, segundo Schaeffer, decorre da ruptura entre fé e razão promovida pela filosofia moderna. Ele traça essa inflexão desde Hegel e Kierkegaard até o existencialismo e o pós-modernismo, argumentando que a erosão dos absolutos metafísicos resultou em uma sociedade permeada pelo relativismo e pela desesperança (SCHAEFFER, 1968). A fragmentação epistemológica que se seguiu a essa ruptura criou um ambiente no qual a verdade objetiva foi substituída por narrativas individuais e subjetivas, minando a possibilidade de um discurso moral universal. Como resposta, Schaeffer propõe uma rearticulação da cosmovisão cristã que seja capaz de reintegrar fé e razão de maneira robusta e sistemática, promovendo uma visão unificada da realidade que ofereça coerência epistemológica e fundamento moral.

Ao examinar a trajetória da civilização ocidental, Schaeffer defende que os momentos de maior estabilidade e progresso ocorreram quando a sociedade esteve fundamentada em princípios cristãos (SCHAEFFER, 1976). Ele identifica na ascensão do humanismo secular, particularmente no Iluminismo, a principal força corrosiva da herança cristã. Embora reconheça os avanços tecnológicos e políticos da modernidade, alerta para a consequência inevitável de um mundo onde Deus é eclipsado como fundamento ontológico da verdade e da moralidade. Sua crítica, portanto, não se dirige apenas ao ateísmo militante, mas à estrutura mais ampla da cultura ocidental que, ao rejeitar a soberania divina, fragmenta-se em múltiplos discursos concorrentes e desprovidos de transcendência. Tal fragmentação impede a construção de uma base moral comum, tornando a sociedade vulnerável ao totalitarismo e à dissolução ética.

Conforme sua produção intelectual amadurece, Schaeffer torna-se mais politicamente engajado, denunciando o crescimento do Estado secular como uma ameaça direta às liberdades religiosas e à ordem moral cristã (SCHAEFFER, 1981). Ele argumenta que o governo moderno frequentemente ultrapassa seus limites legítimos, impondo valores seculares que reprimem a expressão da fé na esfera pública. Sua resposta, contudo, não é um apelo à teocracia, mas sim à desobediência civil cristã como forma legítima de resistência a políticas que violem os princípios divinos. Esse posicionamento o distingue do reconstrucionismo teonomista, que advoga pela imposição legislativa da lei mosaica, enquanto Schaeffer defende uma resistência seletiva e estratégica ao secularismo, baseando-se em uma mobilização cultural e intelectual.

A relação de Schaeffer com Cornelius Van Til revela um diálogo tenso dentro do campo reformado. Enquanto ambos compartilham uma crítica severa ao secularismo e à autonomia da razão, divergem quanto ao método apologético. Van Til estrutura sua abordagem na apologética pressuposicionalista, rejeitando qualquer ponto de contato neutro entre crentes e incrédulos e enfatizando que todas as cosmovisões não cristãs são necessariamente autodestrutivas. Schaeffer, por outro lado, adota um método mais empírico e verificacionalista, defendendo que o cristianismo pode ser demonstrado como coerente não apenas internamente, mas também quando testado contra a experiência histórica e cultural (SCHAEFFER, 1976). Assim, enquanto Van Til prioriza a antítese absoluta entre a fé e a incredulidade, Schaeffer busca engajar-se com a cultura secular para expor suas contradições e demonstrar a necessidade do cristianismo. Sua preocupação em estabelecer um diálogo mais fluido e acessível com a cultura contemporânea permitiu que suas ideias alcançassem uma audiência maior, diferenciando-se do tom academicista e altamente técnico de Van Til.

Além disso, Schaeffer compartilha pontos de contato com o neocalvinismo de Abraham Kuyper e Herman Dooyeweerd. Sua visão de cultura ressoa com a concepção kuyperiana da soberania das esferas, que defende a autonomia relativa das diversas esferas da vida (educação, política, arte) sob o senhorio de Cristo. Dooyeweerd, por sua vez, contribui para essa estrutura com sua análise das cosmovisões e da orientação religiosa implícita em toda forma de pensamento. Schaeffer, embora não desenvolva um arcabouço filosófico tão técnico quanto Dooyeweerd, compartilha da convicção de que toda estrutura ideológica é informada por pressupostos religiosos, seja consciente ou inconscientemente. Assim, sua abordagem apologética e crítica cultural pode ser vista como uma forma popularizada e pragmática do projeto neocalvinista. Contudo, ao contrário de Kuyper, que enfatizava a construção de instituições cristãs autônomas, Schaeffer coloca mais ênfase na ação apologética individual e na criação de uma contracultura cristã engajada com a esfera pública.

Diante dessas influências e tensões, Schaeffer se distancia das expressões mais radicais do pensamento reformado, evitando tanto a rigidez do pressuposicionalismo de Van Til quanto a estrutura política do reconstrucionismo teonomista. Sua abordagem é mais conciliadora e estratégica, buscando dialogar com a cultura e transformar a sociedade por meio da persuasão e do engajamento cultural, em vez da imposição teocrática. Seu pensamento, portanto, pode ser compreendido como um esforço para reconfigurar o domínio cultural dentro de uma matriz reformada sem recorrer ao projeto teocrático explícito.

Francis Schaeffer permanece como uma das figuras mais influentes no diálogo entre cristianismo e cultura no século XX. Sua abordagem mais moderada e acessível permitiu que suas ideias fossem adotadas por um espectro mais amplo de cristãos, ao contrário do reconstrucionismo teonomista, que, por sua radicalidade, permaneceu restrito a círculos mais fechados do calvinismo norte-americano. Entretanto, sua crítica ao secularismo e sua ênfase na ação cristã na sociedade serviram como um importante ponto de conexão entre diferentes correntes do evangelicalismo político. Sua obra preparou o caminho para o ativismo cristão contemporâneo, influenciando tanto movimentos mais moderados quanto aqueles que, posteriormente, adotaram perspectivas mais radicais. Dessa forma, Schaeffer pode ser entendido como um agente de reconfiguração cultural dentro do protestantismo reformado, promovendo um cristianismo atuante e engajado sem cair no autoritarismo teocrático. Sua proposta continua relevante, especialmente diante do atual debate sobre fé, política e cultura no mundo contemporâneo.

De modo geral, a abordagem cultural de Schaeffer pode ser compreendida como um projeto de reconstrução cultural cristã, operando dentro da tradição reformada, mas evitando uma posição teocrática direta. Sua estratégia combinava análise histórica, crítica filosófica e engajamento cultural, visando tanto a compreensão da decadência do Ocidente quanto a mobilização de cristãos para atuar na esfera pública.

Schaeffer identificava na cultura moderna um processo de erosão da verdade objetiva, resultado do rompimento entre fé e razão que se intensificou desde o Iluminismo. Para ele, a crise contemporânea era consequência de uma progressiva rejeição dos absolutos morais e metafísicos da tradição cristã. Esse diagnóstico se desdobra em três aspectos: 1) desde a Antiguidade, a cultura ocidental se desenvolveu sob um arcabouço cristão que oferecia coesão moral e intelectual. O Renascimento e o Iluminismo substituíram essa base por uma visão humanista e racionalista, deslocando Deus do centro da epistemologia e substituindo-o por uma confiança excessiva na autonomia da razão humana. A fragmentação da verdade resultou no relativismo e na perda do referencial moral objetivo (SCHAEFFER, 1976); 2) Schaeffer descreve a transição para o secularismo moderno como uma "linha do desespero", na qual os valores e pressupostos fundamentais da civilização cristã foram sendo corroídos. A ruptura começou na filosofia (com Hegel, Kant e Nietzsche), passou para as artes visuais (Van Gogh, Picasso, dadaísmo etc.), chegou à música (o atonalismo de Schoenberg e a desconstrução de John Cage, por exemplo), invadiu a literatura (Sartre e Beckett) e, por fim, alcançou a própria teologia, que tentou se adaptar ao relativismo da cultura ao invés de combatê-lo (SCHAEFFER, 1968). Esse processo resultou em uma cultura desconectada da realidade objetiva e entregue ao subjetivismo radical; 3) sem uma base transcendente, a sociedade moderna flutua entre o hedonismo, a tecnocracia e o niilismo. O pragmatismo e o materialismo substituem princípios éticos fixos e a política se torna um jogo de interesse sem referência à moralidade. O humanismo secular, ao prometer liberdade absoluta, teria levado à dissolução da própria liberdade, pois sem um fundamento moral, o Estado tende a se expandir e a restringir liberdades individuais (SCHAEFFER, 1981).

Diante desse diagnóstico, Schaeffer propõe uma estratégia de transformação cultural por meio do engajamento apologético, artístico e institucional. Ele enfatiza que os cristãos devem atuar dentro da cultura, influenciando todas as esferas da vida. Assim, a primeira necessidade da reconstrução cultural é restaurar uma cosmovisão cristã coerente, compreendendo que o cristianismo não é apenas uma religião, mas um sistema completo de pensamento que estrutura toda a vida (SCHAEFFER, 1976).

A arte, para Schaeffer, não é neutra, mas reflete os pressupostos de uma civilização. Ele analisa como a mudança na filosofia impactou a arte e a cultura, e argumenta que os cristãos devem compreender e produzir cultura dentro de um referencial bíblico (SCHAEFFER, 1967). Schaeffer sugere que as universidades, escolas e centros culturais cristãos devem ser fortalecidos para que a visão cristã seja cultivada de maneira sustentável e intergeracional. A comunidade *L'Abri*, então, funcionaria como um modelo prático dessa visão: um espaço de hospitalidade, ensino e debate para formar cristãos intelectualmente preparados para atuar no mundo moderno.

3. Calvinismos difusos: semente reforma em múltiplos terrenos

No horizonte da TD, o calvinismo se apresenta menos como um conjunto de dogmas estáveis e mais como um arquivo – no sentido foucaultiano – ou um campo discursivo em contínua transformação. É nesse arquivo que se inscrevem conceitos como soberania divina, depravação total, graça comum, ou ainda a antítese radical entre fé e incredulidade. Mas esse repositório não permanece fixo: ele pode ser acessado, reordenado e reconfigurado em diferentes práticas e conjunturas históricas, gerando expressões variadas de um mesmo impulso dominionista.

Nas origens reformadas europeias, especialmente no neocalvinismo de Kuyper e Dooyeweerd, o calvinismo é codificado em torno da ideia de que a soberania de Deus se estende a todas as esferas da vida. Essa formulação não se restringe ao horizonte religioso ou eclesiástico, mas se infiltra na política, economia, artes e ciências. Entretanto, ao funcionar como arquivo, esse calvinismo não exige uma filiação confessional estrita: o que ele oferece é um vocabulário – "senhorio de Cristo", "mandato cultural", "esferas de soberania" – que qualquer movimento interessado em legitimar seu projeto político-religioso pode mobilizar. Assim, quando o calvinismo migra do contexto reformado europeu para o evangelicalismo norte-americano, seu arcabouço sofre adaptações, mantendo, porém, a ênfase no caráter abrangente da soberania divina.

O pensamento de Cornelius Van Til, ao fortalecer a apologética pressuposicionalista, exemplifica como esse calvinismo arquivado pode ser desbloqueado e radicalizado. Negar qualquer base epistêmica fora da cosmovisão cristã torna o calvinismo um instrumento de enfrentamento cultural, capaz de legitimar discursos que veem o Estado e as instituições seculares como espaços de conflito espiritual. Nesse jogo, o calvinismo não aparece como um bloco confessional fixo, mas como um estoque de princípios (por exemplo, a impossibilidade de neutralidade do conhecimento) que grupos da Nova Direita Cristã e da TD agenciam de acordo com suas necessidades retóricas.

É desse campo discursivo que emergem diferentes "teologias de domínio". Nos círculos reformados mais radicais, o reconstrucionismo defende a aplicação da lei bíblica (teonomia) na organização da sociedade; nos ambientes pentecostais ou neopentecostais, a mesma noção de "soberania total" se converte em estratégias de batalha espiritual e tomada de "sete montes", substituindo a teonomia legalista pela ação sobrenatural do Espírito Santo. O que une essas expressões é a apropriação de elementos extraídos de um arquivo calvinista – sobretudo a recusa da neutralidade estatal e a ênfase na totalidade da soberania de Deus –, embora cada grupo recombine tais elementos com suas próprias doutrinas (por exemplo, a autoridade apostólica, os dons carismáticos, o triunfalismo escatológico).

Importante notar que o calvinismo não é o único fluxo que alimenta essas vertentes. Há agenciamentos de outras correntes evangélicas, do nacionalismo cristão, de discursos conservadores seculares, do pentecostalismo clássico, ou ainda de teorias conspiratórias sobre governo mundial etc. O que o calvinismo difuso faz é atuar como vetor de captura, enganchando-se nesses fluxos e *reoferecendo* sua gramática teológica: a ideia de que "Cristo reina sobre todas as coisas" e, portanto, as instituições políticas devem refletir esse reinado. Assim, mesmo teologias que não se considerariam reformadas mobilizam concepções tipicamente calvinistas, ainda que esvaziadas de seu rigor dogmático.

Na prática, esse calvinismo em estado de arquivo funciona como um dispositivo que pode ser acionado para diversas finalidades políticas e religiosas. Grupos americanos, como os liderados por David Barton, reinterpretam os Pais Fundadores como calvinistas para validar um "projeto cristão original" dos EUA (BARTON, 1996). Movimentos de direita evangélica no Brasil absorvem, ainda que de forma rudimentar, noções advindas do neocalvinismo (como a autoridade divina sobre a esfera pública) para justificar alinhamentos políticos ou moralistas. Em cada um desses casos, o uso do calvinismo não implica dominar cada intricácia da teologia reformada; o que importa é extrair elementos que confiram legitimidade transcendente ao projeto de "ocupação do poder".

Assim, falar em "calvinismo difuso" é ressaltar seu caráter de campo discursivo: um arquivo vivo, permeável a articulações com outros discursos e cosmovisões, onde conceitos calvinistas – soberania total de Deus, primazia das Escrituras, impossibilidade de neutralidade – podem ser reapropriados e reativados sob formas diversas. A força desse arquivo reside justamente em sua plasticidade: ele não exige compromisso formal com as confissões reformadas, mas oferece um substrato conceitual robusto que pode sustentar projetos cristãos de intervenção política, cultural e social.

Desse modo, a TD emerge não como um fenômeno puramente reformado, mas como resultado de fluxos múltiplos que se encontram nesse arquivo calvinista, reconfigurando-o para atender às demandas de cada época e contexto. Esse entrecruzamento de discursos faz do calvinismo difuso um núcleo de convergência de várias teologias de domínio, reforçando sua capacidade de se reproduzir e se expandir muito além dos limites históricos do protestantismo reformado.

A análise de Max Weber em *A Ética Protestante e o "Espírito" do Capitalismo* (2004) ressaltou o papel do calvinismo na formação de disposições centrais ao *ethos* capitalista moderno: a valorização do trabalho, o ascetismo intramundano e uma forte racionalização das rotinas da vida. Embora o debate posterior tenha refinado ou contestado certos aspectos da tese weberiana, permanece o fato de que, historicamente, o calvinismo exerceu profunda influência não só no campo teológico, mas também em aspectos éticos, culturais, políticos e econômicos do Ocidente. Esse ponto de partida é essencial para compreendermos por que o calvinismo jamais deixou de se reformular e por que continua a emergir em "novas ondas", como o neocalvinismo de Kuyper e Dooyeweerd ou o *new calvinism*[1] de John Piper e Tim Keller, por exemplo.

Desde suas origens, o calvinismo foi marcado por uma visão ampla da soberania divina, rejeitando a ideia de separar nitidamente o sagrado do secular. Tudo, em última instância, estaria sob o senhorio de Cristo, o que reforçou uma vocação cultural e política: o chamado a se engajar na sociedade, organizando as instituições e a vida cotidiana a partir de princípios bíblicos. Essa característica explicaria, para Weber, a profunda afinidade que os calvinistas demonstraram com a disciplina, o trabalho diligente e a organização racional, traços responsáveis por forjar hábitos alinhados ao desenvolvimento do capitalismo. Em vez de permanecer um fenômeno estático, o calvinismo dessa forma mostrou-se maleável, adaptável a diferentes épocas e lugares, o que o ajudou a migrar dos antigos

1 O *new calvinism* é um movimento teológico recente, surgido nos Estados Unidos entre o final do século XX e o início do XXI, combinando ênfases calvinistas clássicas (como a soberania de Deus e a graça) com elementos carismáticos, comunicação contemporânea e forte presença midiática. Influenciado por nomes como John Piper, Mark Driscoll e Tim Keller, espalhou-se via internet e redes sociais, impactando, inclusive, igrejas não reformadas e contribuindo para a ampliação de um "calvinismo difuso" no evangelicalismo atual. Cf. ARAÚJO, Samuel J. G. de. "Neoconservadorismo e 'cosmovisão cristã': possíveis contribuições (new/neo) calvinistas ao cenário sociopolítico contemporâneo no Brasil". *Ciberteologia – Revista de Teologia & Cultura*, v. 70, 2022; VERMURLEN, Brad. *Reformed resurgence: the new calvinist movement and the battle over American evangelicalism*. Nova Iorque: Oxford University Press, 2020.

círculos reformados europeus para novas expressões teológicas e movimentos religiosos ao redor do globo.

A fluidez do calvinismo encontra fundamento em sua tradição histórica. Apesar de existirem confissões e catecismos que buscam unificá-lo, ele nunca foi inteiramente monolítico. Em sua difusão, gerou múltiplas ramificações – presbiterianas, congregacionais, reformadas continentais, puritanas, entre outras –, cada qual preservando um núcleo teológico (centrado na soberania de Deus, na predestinação e na depravação humana) e assimilando traços culturais específicos. Esse dinamismo resulta no surgimento periódico de novas vertentes, como o neocalvinismo no século XIX e, mais recentemente, o *new calvinism* no contexto evangélico norte-americano, ainda que todas reivindiquem heranças calvinistas centrais.

Um fator explicativo para esses ciclos de renovação é que o calvinismo, seguindo a análise de Michel Foucault, pode ser descrito como um "arquivo" ou um "campo discursivo". Seus conceitos – predestinação, soberania divina, mandatos culturais, antítese cristã versus secularismo, entre outros – funcionam como um repertório teológico que pode ser reinterpretado e incorporado por grupos distintos para finalidades diversas. Há, assim, um "calvinismo difuso", caracterizado pela plasticidade com que ideias calvinistas circulam, mesmo em espaços que não se consideram formalmente reformados. É o que se vê em movimentos dominionistas ou reconstrucionistas, na "Teologia dos Sete Montes" pentecostal, ou ainda em correntes nacionalistas que reinterpretam a fundação de suas nações como prova de uma origem "cristã" estritamente calvinista.

Essa resiliência do calvinismo, e sua capacidade de se mesclar a outras tradições e fluxos de pensamento, se conecta ainda a uma lógica de racionalização e disciplina que Weber identificou como favorável à vida moderna capitalista. Em sociedades pautadas pela busca da eficácia e da produtividade, conceitos como chamado divino, trabalho metódico e responsabilidade individual demonstram forte aderência cultural, reenquadrando-se em cada nova conjuntura. Além disso, a ênfase calvinista na antítese entre cosmovisões, consolidada por autores como Cornelius Van Til, reforça um senso de urgência e de combate espiritual, o que torna esse repertório teológico altamente mobilizável em cenários de polarização ideológica ou de conflito cultural.

A Teologia dos Sete Montes, articulada por líderes como Loren Cunningham (Jovens Com Uma Missão – JOCUM), Bill Bright (Cruzada Estudantil para Cristo) e, mais tarde, C. Peter Wagner, apropria-se amplamente da lógica kuyperiana de "soberania das esferas" (CUNNINGHAM, 2007; WAGNER, 2008). Embora o projeto carismático desses líderes difira do rigor dogmático reformado, o cerne permanece semelhante ao neocalvinismo: cada domínio da cultura (família, governo, artes, educação, religião, mídia e negócios) deve ser "reconquistado" para Cristo, sob a convicção de que não há espaço isento do senhorio divino. Nesse sentido, a proposta de "tomada" ou "conquista" dos montes reflete a ênfase calvinista na abrangência total da soberania divina, ainda que revestida de uma teologia carismática, com forte acento em dons espirituais, profecias e batalha espiritual (WALLNAU; JOHNSON, 2013).

Já a Nova Reforma Apostólica (NAR), impulsionada por C. Peter Wagner (1999, 2008), retoma essa inspiração, mas a reformula em torno de uma estrutura de autoridade "apostólica". Sob essa perspectiva, líderes reconhecidos como "apóstolos" e "profetas" passariam a exercer papel de regência e coordenação não apenas da esfera eclesiástica, mas também de esforços para a chamada "transformação cultural". A retórica da antítese, muito presente em discursos pressuposicionalistas de matriz reformada (VAN TIL, 2008), reaparece aqui sob o vocabulário de "guerra espiritual" contra estruturas do mal, reforçando que o Estado, a política, a educação e outras instituições demandam intervenção direta dos crentes. Embora o calvinismo histórico não seja reivindicado de modo explícito, há um claro resgate do princípio de que a soberania de Deus deve abranger todos os setores da existência, o que ecoa fortemente a visão neocalvinista.

No *Kingdom Now*, movimento que ganhou maior visibilidade no contexto pentecostal americano, essa soberania total do Reino de Deus assume contornos ainda mais imediatistas. Afirmando que o domínio divino deve ser instaurado aqui e agora, propõe-se que os crentes ocupem espaços-chave de decisão e influência, dando continuidade à lógica calvinista de engajamento cultural, mas envolta numa leitura carismática que aposta em manifestações sobrenaturais e "decretos proféticos" para a concretização do Reino (PAULK, 1984). É uma formulação que, embora distinta do reconstrucionismo cristão (RUSHDOONY, 2012), preserva a insistência na conversão das estruturas sociais a princípios de fé, reforçando a convicção de que nenhuma área humana permanece neutra.

O Movimento de Jesus (*Jesus People Movement*), surgido entre as décadas de 1960 e 1970, não partiu inicialmente de um discurso conscientemente reformado. Sua ênfase em experiências carismáticas, conversão juvenil e comunhão simples destoava, à primeira vista, do ambiente teológico calvinista (ESKRIDGE, 2013). Porém, à medida que o movimento avançou, diversas comunidades adotaram práticas de discipulado e evangelização integral que foram se aproximando de uma visão mais abrangente de transformação cultural. Esse processo, frequentemente mediado por contatos com igrejas reformadas ou pastores de orientação neocalvinista, demonstrou como a ideia de "não há um centímetro de nossa existência que não pertença a Cristo", oriunda de Abraham Kuyper, pôde se hibridizar com as dinâmicas carismáticas e contraculturais do *Jesus People*.

A JOCUM (Jovens Com Uma Missão), fundada por Loren Cunningham, oferece outro exemplo de como o calvinismo difuso permeia iniciativas que não se declaram estritamente reformadas. Desde suas origens, a JOCUM defende que a missão cristã deve envolver a transformação das estruturas sociais, e não apenas a conversão individual (CUNNINGHAM, 2007). Com o tempo, a organização popularizou o conceito dos Sete Montes e, em muitos de seus treinamentos, menciona a ideia de que cada setor da sociedade reflete um aspecto do governo de Deus ou pode tornar-se palco de Sua atuação redentora (WAGNER, 2008). Assim, ainda que tal discurso seja fortemente carismático, há um nítido parentesco com a visão neocalvinista de que a obra divina se estende a todas as esferas da realidade.

Eventos como *TheCall* e *TheSend* (ENGLE, 1999; THE SEND, 2019) aprofundam essa lógica de conquista cultural e espiritual, agregando multidões de jovens em grandes encontros de intercessão e mobilização missionária. Aqui, a ideia de "um reino para além das paredes da igreja" se concretiza em atos públicos de consagração da nação, envio de missionários e incentivo para que os cristãos ocupem posições de influência (CUNNINGHAM, 2007). A despeito de não adotarem uma teologia reformada clássica, repetem a tônica de um domínio que deve se manifestar de modo integral, e reforçam o traço antissecularista típico da apologética calvinista (VAN TIL, 2008).

Por fim, as casas de oração[2] – muitas delas inspiradas no modelo do *International House of Prayer* (IHOPKC) em Kansas City,

---

2 Para detalhes, veja: ARAÚJO, Samuel J. G. de. "*Harpa e taça: liturgia como tecnologia política nos novos movimentos de oração.*" In: COUTINHO, Suzana Ramos; SANCHEZ, Wagner Lopes. *Religião e política: territórios e fronteiras do domínio religioso.* São Paulo: Dialética, 2024.

fundado por Mike Bickle – endossam a convicção de que as práticas de adoração e intercessão 24/7 (ininterruptas) não apenas produzem transformações espirituais internas, mas também "destravariam" contextos sociais e políticos, submetendo-os à autoridade de Cristo (BICKLE, 2014). Em suas liturgias, há uma ênfase constante de que "Jesus é Rei de todas as nações", uma afirmação que, no fundo, recupera a tese calvinista de que não há dimensão da vida social que seja neutra ou esteja alheia ao senhorio divino. Embora marcada pelo estilo carismático, a espiritualidade das casas de oração replica, em diversos níveis, o imperativo neocalvinista de submeter o mundo inteiro ao reinado de Deus.

4. Teologia do domínio à brasileira

A difusão das ideias calvinistas em solo brasileiro não obedece a um roteiro linear nem está confinada a círculos reformados históricos. Tal como em outros contextos, o "calvinismo em estado de arquivo" – expressão que indica sua plasticidade e capacidade de recombinar conceitos e práticas – aqui se reconfigura em meio a fluxos pentecostais, neopentecostais, carismáticos, bem como em segmentos protestantes históricos que passam por sucessivas ondas de renovação. Desse modo, embora se possa encontrar vestígios de uma TD dentro do presbiterianismo mais confessional ou dos movimentos explicitamente reformados, as fronteiras são porosas, e muito do vocabulário "reconstrucionista" ou "neocalvinista" se imiscui em arenas eclesiásticas que não se reivindicam formalmente calvinistas.

No Brasil, o pentecostalismo e suas muitas vertentes (incluindo o que se chama de neopentecostalismo) conformam o maior contingente evangélico. Em boa parte desses espaços, a ideia de uma atuação abrangente do Reino de Deus – englobando cultura, política, economia, educação – ganhou expressão sob rótulos como "Teologia dos Sete Montes" ou "Teologia do Reino Agora" (*Kingdom Now*). Embora tais formulações, em sua origem norte-americana, também bebam de um caldo fortemente carismático e de batalha espiritual, há pontos de contato nítidos com o neocalvinismo e o reconstrucionismo: a recusa à neutralidade das instituições, a convicção de que o senhorio de Cristo deve governar todas as esferas e a ênfase na transformação da sociedade a partir de uma cosmovisão cristã.

Em igrejas neopentecostais como a Igreja Universal do Reino de Deus (IURD) e a Igreja Internacional da Graça de Deus (IIGD), a linguagem dominante faz referência ao "exercício do poder" e à "ocupação de espaços" para Cristo. Muito disso vem de um viés carismático, centrado em atos proféticos, campanhas de "tomada da nação" e confissões de fé etc. Contudo, paralelamente, observa-se a penetração de leituras e materiais reformados – ainda que pontuais – reforçando a ênfase na soberania absoluta de Deus e na ação cultural dos crentes para "discipular" a sociedade. O "calvinismo difuso" desponta, então, como legitimação intelectual para a tese de que o Estado e as leis não podem ser neutros, devendo submeter-se à verdade cristã.

Nos últimos 30 anos, expandiram-se no Brasil editoras, seminários e redes de ensino teológico que traduziram sistematicamente obras de autores reformados – Kuyper, Dooyeweerd, Van Til, Rushdoony, Schaeffer, Piper, Keller, entre outros. A circulação em grande escala desses livros e palestras via internet produziu novas "microcomunidades" reformadas dentro de igrejas historicamente não calvinistas (batistas, assembleianas, anglicanas independentes, comunidades livres).

A releitura do neocalvinismo holandês por apologistas norte-americanos, bem como os ensaios reconstrucionistas e teonômicos, encontrou eco em grupos conservadores brasileiros insatisfeitos com um suposto "liberalismo teológico" ou o "ativismo despolitizado" de parte do pentecostalismo. Assim, surgem iniciativas como a Convenção Batista Reformada, a Igreja Anglicana Reformada do Brasil, pequenas comunidades "missionais" em capitais, e coalizões como o TGC Brasil (Coalizão pelo Evangelho), que reforçam a necessidade de uma "cosmovisão cristã" capaz de moldar política, economia, artes, educação etc.

Em paralelo, jovens líderes pentecostais e neopentecostais começaram a migrar para igrejas ou grupos reformados, motivados pelas críticas a um certo "triunfalismo sem base bíblica" ou ao "evangelho da prosperidade", encontrando no *new calvinism* uma proposta mais "sólida" do ponto de vista doutrinário. O resultado é a convivência, em eventos e redes sociais, de pregadores que combinam *charisma* pentecostal (dons espirituais, louvor contemporâneo) com uma soteriologia calvinista.

O avanço evangélico na esfera pública brasileira – consolidado especialmente a partir da década de 2010, com maior representação parlamentar e presença midiática – também aprofunda a influência do "calvinismo difuso". À medida que lideranças evangélicas buscam legitimar argumentos contra o "Estado laico" ou contra determinadas pautas progressistas, resgatam o discurso da "antítese radical" (entre cosmovisão cristã e cosmovisões seculares), em boa medida herdado de Van Til.

Nesse contexto, a doutrina da "soberania de Deus" muitas vezes se converte num modo de ação político-religiosa: defende-se que não há neutralidade na política, pois, se Cristo é Senhor de tudo, "Sua Lei" deve ser reconhecida. Em alguns segmentos, isso dá margem a leituras teonômicas ou reconstrucionistas, adaptadas à realidade brasileira. Ainda que longe de formarem um bloco unificado, tais ideias inspiram o uso de leis civis para conformar a moral pública ao "padrão bíblico". Embora não sejam necessariamente fruto de uma leitura sistemática de Rushdoony ou North, elas canalizam princípios bastante próximos: o Estado deve submeter-se aos valores cristãos, e a missão da igreja envolve conquistar instituições.

Essa dinâmica se mostra particularmente forte em parcelas da chamada "Bancada Evangélica", que mobilizam retórica antissecularista e costumes inspirados na ética protestante, a fim de propor projetos de lei ou discursos públicos. Em muitos desses discursos parlamentares, aparecem referências, ainda que indiretas, ao conceito de "nação eleita" ou "povo separado" – ecos de uma teologia que vê os fiéis como responsáveis por instaurar ou preservar uma "ordem divina".

O "fogo reformado" chega também às igrejas presbiterianas e batistas históricas, tensionando lideranças mais tradicionais ou moderadas com setores que exigem posturas politicamente mais combativas. Em Igrejas Presbiterianas, por exemplo, há segmentos conservadores que se alinham a propostas de maior envolvimento político e defesa explícita de uma legislação inspirada em "valores bíblicos". Outro segmento, porém, prefere a missão cultural do calvinismo sem cair numa reedição de "teocracia". Existem, igualmente, reflexões sobre transformação cultural e engajamento político um pouco mais à esquerda ou em pautas de justiça social, ainda que minoritárias. Não há, nesses casos, uma adesão à teonomia ou a um "dominionismo" estrito, mas sim a incorporação das categorias calvinistas de soberania e mandato cultural para sustentar projetos de ação comunitária, economia solidária, promoção de direitos humanos etc.

O movimento batista reformado, embora minoritário, cresce em paralelo, de forma interdenominacional, reunindo grupos que valorizam a liturgia simples, a centralidade da pregação expositiva e a teologia sistemática calvinista. Muitos deles, inspirados pelos materiais de Francis Schaeffer e John Piper, combinam ênfase na espiritualidade pessoal com a ideia de uma sociedade cindida por uma "guerra de cosmovisões". Desse modo, a "tomada das esferas" – seja pela mobilização política, seja pela inovação artística e midiática – ecoa em conferências, cursos online e produções de conteúdo no YouTube, dando cada vez mais força a esse calvinismo difuso no imaginário evangélico brasileiro.

O resultado de tais processos é um campo evangélico em que o "teologema" – ou núcleo conceitual – da soberania de Deus sobre todas as áreas da vida se expande e assume contornos diversos, muitas vezes conflitantes entre si. Há, de um lado, setores que se aproximam mais de um "reconstrucionismo" à la Rushdoony: pregam a aplicação legal de códigos morais bíblicos e a redução do Estado a um guardião de princípios cristãos. De outro, multiplicam-se expressões que buscam articular o mandato cultural e a missão integral da igreja, sem necessariamente pretender uma imposição da lei mosaica.

Ainda que não haja uma unidade entre esses grupos, a herança calvinista permanece como referência de legitimidade para uma atuação mais incisiva na esfera pública. Isso alimenta tensões com outros segmentos evangélicos, sobretudo aqueles que, mesmo conservadores em termos morais, mantêm maior distinção entre igreja e política ou priorizam a experiência do avivamento e a evangelização individual. Além disso, os debates sobre democracia, laicidade do Estado e pluralismo religioso configuram novos cenários de disputa, nos quais as ideias reformadas, filtradas pela ótica do "domínio", aparecem como bandeira de um projeto "civilizatório" cristão, ora em parceria, ora em choque com líderes neopentecostais que adotam estratégias e discursos semelhantes.

Por fim, deve-se notar que a presença do "calvinismo difuso" no Brasil atravessa fatores socioculturais muito característicos do país: primeiramente, a história católica e a assimilação de traços populares no pentecostalismo criam uma linguagem que, ao mesmo tempo, abraça princípios reformados de soberania e predestinação, mas também flerta com práticas e simbologias herdadas do catolicismo popular. Ainda, a conjuntura política de "polarização" reforça o apelo a discursos que demonizem o "outro" e defendam uma "nação sob Deus" – retórica facilmente encaixada na ideia de uma cosmovisão cristã antitética. Igualmente, a ascensão social de parcelas evangélicas faz com que o mandato cultural e a conquista das esferas venham acompanhados de uma busca por reconhecimento, status e influência política, intensificando o tom dominionista.

A TD "à brasileira" não se limita aos que carregam explicitamente a bandeira do calvinismo confessional. Ela se dissemina como "campo discursivo": conceitos como senhorio de Cristo, antítese, mandato cultural, esferas de soberania, reforma de estruturas, todos extraídos do arsenal reformado, aparecem misturados a ênfases carismáticas, discursos nacionalistas e estratégias de crescimento de igrejas. Esse calvinismo difuso dá suporte a uma narrativa em que o Estado não pode ser neutro; a cultura deve submeter-se à "verdade bíblica"; a política é palco de um embate cosmovisional, espiritual, apocalíptico.

Considerações finais

Em síntese, o panorama brasileiro reitera o caráter plástico e rizomático do calvinismo histórico: mesmo sem constituir uma maioria formal, suas categorias teológicas seguem permeando, cooptando e sendo reapropriadas por diferentes grupos, legitimando pretensões de "domínio" em nome do Reino de Deus. Longe de ser uma mera cópia do modelo estadunidense, a TD aqui se colore com as especificidades de um país de tradição católica, trajetória pentecostal pujante e relações político-religiosas em constante ebulição. Uma "arqueologia do domínio" no Brasil, portanto, revela a persistência de fluxos calvinistas que, misturados a outras vertentes evangélicas e a elementos do contexto sociopolítico local, seguem impulsionando projetos de reforma (ou conquista) cultural, política e moral, sustentados pela ideia de um Deus absolutamente soberano e de uma igreja vocacionada a governar "cada centímetro quadrado" da realidade nacional.

Por fim, é preciso reconhecer que o presente ensaio se encerra com diversas limitações, já que não seria factível, num texto relativamente breve, apresentar a análise pormenorizada das condições históricas, sociais e materiais que acompanharam a formação de um "calvinismo difuso" e a consequente elaboração das diversas teologias do domínio que circulam hoje. O objetivo aqui foi, sobretudo, evidenciar como um campo discursivo se constitui ao redor de princípios reformados – muito embora nem todos os sujeitos conheçam em profundidade o pensamento de Kuyper, Dooyeweerd, Van Til ou Rushdoony – e que essas ideias se mesclam a dinâmicas pentecostais, neopentecostais e a outras matrizes religiosas, compondo um "arquivo" de categorias (FOUCAULT, 2020) que legitima projetos políticos, éticos e eclesiásticos.

Contudo, a realidade brasileira complexifica ainda mais esse quadro. Na epígrafe da segunda parte, Hugo Assmann (1981) lembra que a evangelização na América Latina foi primeiramente uma empresa de conquista, mas "contaminada" pelas populações oprimidas, que se apropriam e ressignificam símbolos e linguagens religiosas para expressar seus anseios. Esse processo torna a recepção do calvinismo – mesmo quando inconsciente – uma operação marcada por resistências, arranjos híbridos e agenciamentos de desejo e enunciação, transcendendo a simples importação de tratados teológicos. As noções reformadas de soberania divina, antítese entre fé e incredulidade, ou mandato cultural circulam em redes sociais, púlpitos, eventos pentecostais e na própria "bancada evangélica". Embora o calvinismo não seja necessariamente autoritário, suas categorias podem servir para legitimar leituras que enxergam o Estado e a sociedade como campos a serem "dominados" por uma cosmovisão cristã.

Não se pretendeu, aqui, ignorar a longa história das teologias de domínio na humanidade. Em diversas épocas e culturas, governantes ou instituições religiosas reivindicaram um fundamento transcendente para seu poder: no antigo Egito, os faraós eram tidos como filhos de deuses; na China, vigorava o *tianming* (mandato celestial); em Roma, o culto imperial endeusava os césares; na Idade Média cristã, os reis se legitimavam pelo "direito divino" recebido de Deus; no mundo islâmico, os califas surgiram como governantes investidos de autoridade sagrada; os Estados Unidos foram atravessados pelo discurso do destino manifesto, e, em tempos recentes, ideias como "reconstrução cristã" ou "sete montes" mostram o renovado ímpeto de submeter a ordem secular a uma instância religiosa superior. A TD pode ser vista, então, como um espectro, sendo que sua versão moderna, na forma que se discute hoje no campo evangélico, é tributária dessa tradição ancestral de legitimação transcendente do poder, mas ganha contornos específicos no contexto de uma sociedade globalizada, com disputas democráticas, ampla circulação midiática e um *ethos* marcado por diferentes correntes protestantes em convergência.

Nesse sentido, embora seja herdeira de raízes históricas muito antigas, a TD contemporânea constitui também um fenômeno essencialmente moderno, pois se desenvolve e se articula em sociedades marcadas pelo ideário democrático, pela pluralidade religiosa e pela separação (ainda que parcial) entre Igreja e Estado. É precisamente nessa ambivalência que ela floresce: insiste em fundamentos transcendentais para a política e para a cultura, mas o faz num universo regido por leis constitucionais, mídia de massas e direitos civis "consolidados". No contexto brasileiro, esse paradoxo aparece de modo ainda mais pronunciado, pois a herança católica, as diversas ondas pentecostais e a recepção fragmentária de textos reformados se somam às lutas sociais e às disputas partidárias, gerando resultados que não podem ser explicados apenas por citações de teólogos canônicos.

Com efeito, estas reflexões esbarram na carência de um exame aprofundado da malha socioeconômica em que se dá a recepção, a reelaboração e o consumo de tais discursos. Fica a sugestão para que novos estudos, alguns deles presentes neste mesmo volume, investiguem outros fluxos de saberes, práticas e desejos que participam da formação de uma TD à brasileira. Quanto ao que foi exposto, espera-se ter ao menos esboçado a ideia de que tal configuração não se limita a meros debates doutrinários ou à ação de grandes nomes, mas envolve um denso agenciamento coletivo, que, sob as condições modernas, retoma e reatualiza um espectro mais amplo de legitimações transcendentais do poder. A despeito das lacunas e dos limites de páginas, portanto, o texto pretendeu mapear brevemente esse processo, na esperança de suscitar leituras críticas e investigações mais extensas acerca de como, no Brasil, diferentes discursos religiosos se entrelaçam em torno de uma vocação dominionista.

Referências

ASSMANN, H. "A teologia da libertação faz o caminho ao andar". In: DIVERSOS, *Fé Cristã e Ideologia*. Piracicaba; São Bernardo do Campo: Editora da Unimep; Imprensa Metodista, 1981.

BARTON, D. *Original Intent: The Courts, the Constitution, & Religion*. Aledo, TX: WallBuilder Press, 1996.

BICKLE, M. *Growing in Prayer: A Real-Life Guide to Talking with God*. Lake Mary, FL: Charisma House, 2014.

CARVALHO, G. "O senhorio de Cristo e a missão da igreja na cultura: a ideia de soberania e sua aplicação". In: RAMOS, Leonardo; CAMARGO, Marcel; AMORIM, Rodolfo (orgs.). *Fé cristã e cultura contemporânea: cosmovisão cristã, igreja local e transformação integral*. Viçosa, MG: Ultimato, 2009.

CUNNINGHAM, L. *The Book that Transforms Nations: The Power of the Bible to Change Any Country*. Seattle: YWAM Publishing, 2007.

ENGLE, L. *Digging the Wells of Revival*. Shippensburg, PA: Destiny Image, 1999.

ESKRIDGE, L. *God's Forever Family: The Jesus People Movement in America*. Oxford: Oxford University Press, 2013.

FOUCAULT, M. *A arqueologia do saber*. Rio de Janeiro: Editora Forense, 2020.

NORTH, G. *Millennialism and Social Theory*. Tyler, TX: Institute for Christian Economics, 1990a.

______. *Tools of Dominion: The Case Laws of Exodus*. Tyler, TX: Institute for Christian Economics, 1990b.

NORTH, G. *Unconditional Surrender: God's Program for Victory*. Tyler, TX: Institute for Christian Economics, 1988.

PAULK, E. *Ultimate Kingdom*. Atlanta, GA: K Dimension Publishers, 1984.

RUSHDOONY, R. J. *By What Standard? An analysis of the philosophy of Cornelius Van Til*. Vallecito, CA: Ross House Books, 1995.

______. *The Institutes of Biblical Law: V. 1*. 2. ed. Vallecito, CA: Chalcedon Foundation; Ross House Books, 2012.

SCHAEFFER, F. A. *A Christian Manifesto*. Westchester: Crossway Books, 1981.

______. *How Should We Then Live? The Rise and Decline of Western Thought and Culture*. Old Tappan: Fleming H. Revell Company, 1976.

______. *The God Who Is There*. Downers Grove: InterVarsity Press, 1968.

THE SEND. *TheSend.org – Official Website*. Disponível em: https://thesend.org/

VAN TIL, C. *The Defense of the Faith*. Phillipsburg, NJ: Presbyterian & Reformed, 2008.

WAGNER, C. P. *Churchquake! How the New Apostolic Reformation Is Shaking up the Church as We Know It*. Ventura, CA: Regal, 1999.

______. *Dominion! How Kingdom Action Can Change the World*. Ventura, CA: Regal, 2008.

WALLNAU, L.; JOHNSON, B. *Invading Babylon: The 7 Mountain Mandate*. New Kensington, PA: Whitaker House, 2013.

WEBER, M. *A ética protestante e o "espírito" do capitalismo*. São Paulo: Companhia das Letras, 2004.

Teologia do domínio: religião e Igreja evangélica na arena pública[1]

Ed René Kivitz

É bem conhecida a declaração do Desmond Tutu, arcebispo anglicano da cidade do Cabo, África do Sul, além de Nobel da Paz, ao lado de Mandela. Tutu disse: "nada é mais político do que dizer que religião não tem nada a ver com política".

É verdade, tudo tem a ver com política. Basta ver a corajosa postura de Vinicius Júnior, atacante do time espanhol Real Madrid, enfrentando praticamente sozinho o racismo dos torcedores espanhóis diversas vezes desde 2021. Todo o apoio, vida longa a Vini Júnior! Portanto, tudo é político, inclusive futebol.

Voltando ao debate sobre religião e política, nos Estados Unidos, os evangélicos conservadores e fundamentalistas e o Partido Republicano estão amalgamados ao redor de Donald Trump. No Brasil existe praticamente um espelhamento disso. A estreita relação entre igreja evangélica e bolsonarismo define religião como um dos temas centrais do atual debate político. Esses dois fenômenos, tanto o trumpismo nos Estados Unidos, com o Partido Republicano de base evangélica conservadora, fundamentalista, quanto a igreja evangélica e o bolsonarismo do Brasil, têm em comum uma famigerada TD.

Podemos conceituar teologia como um sistema de crenças, um conjunto de ideias, de certa maneira, muito próximo do que é uma

---

1 O texto baseado no Episódio 32 do Podcast QOHÉLET de Ed René Kivitz, que foi ao ar em 9 de abril de 2024. Disponível em: https://open.spotify.com/episode/3suXrjp1ADPQ5ZCK2996Y3?si=9gWW-UMNR3OjGYlQVp-5JQ

ideologia. O que é uma ideologia? É um conjunto de ideias, crenças e afirmações que são tomadas como verdadeiras. São princípios que servem como lente para enxergar o mundo, organizar o mundo, se portar no mundo. A teologia também é um sistema de crenças.

Toda teologia é datada e contextual. A teologia surge em um momento da história e dentro de um contexto específico. A teologia não é um conjunto de crenças atemporal, supra cultural, universal ou a-histórico. Toda teologia está inserida num período histórico e responde a uma realidade. Por essa razão recebe muitas influências dos fenômenos históricos que lhe dão origem, ou do próprio contexto em que nasce.

A TD eclode nos Estados Unidos na década de 1970, num contexto muito específico, de afirmação dos direitos civis das pessoas negras. Naquele período havia a integração escolar entre crianças negras e brancas imposta por força de lei. Essa é uma realidade interessante para se perceber. As crianças brancas e negras indo para a escola e integradas, não mais segregadas, e isso por força da lei.

Era também um tempo marcado pelas conquistas de direitos sexuais e reprodutivos, quando estavam em discussão temas como a legalização do aborto, a autonomia da mulher e o protagonismo da mulher em relação à sua história, especialmente seu corpo. Estava em pauta também a popularidade do movimento feminista, desafiando a hegemonia dominadora de certa masculinidade, hoje chamada masculinidade tóxica. A estrutura familiar hierarquizada, baseada na supremacia do homem e na supremacia branca, um dos pilares da identidade nacional norte-americana, também era fortemente questionada.

Outra questão que estava em discussão era a mobilização social contra a participação dos Estados Unidos na guerra do Vietnã, o que fazia com que a população questionasse a autoridade governamental em relação ao direito de levar seus filhos para a guerra.

Enquanto essa discussão toda estava acontecendo nos Estados Unidos na década de 1970, a América Latina vivia a efervescência da Teologia da Libertação, incendiando nos países latino-americanos o debate contra os governos ditatoriais militares.

Nesse contexto, mesclam-se ideias como dominionismo, reconstrucionismo, batalha espiritual, que delinearam o que resultou no que hoje se denomina Teologia do Domínio.

1. Dominionismo via reconstrucionismo

A ideia de "reconstrucionismo cristão" foi desenvolvida pelo filósofo, historiador e teólogo calvinista Rousas John Rushdoony. O reconstrucionismo de Rushdoony começa com a importância do *homeschooling*, a educação doméstica, para que os pais, no contexto da família, detenham o poder exclusivo de influência sobre os filhos. O *homeschooling* tem forte conotação racista, pois surge exatamente no momento quando as crianças negras e brancas passam a dividir os bancos das escolas.

A responsabilidade pela educação de uma criança não pertence ao Estado ou ao governo, nem mesmo à igreja ou à escola. A responsabilidade pela educação de uma criança é da família. Contudo, as ciências como a psicologia, a sociologia e a antropologia sugerem que impedir o convívio social escolar implica profundos prejuízos pedagógicos, que afetam radicalmente o desenvolvimento de uma criança.

O reconstrucionismo propõe ainda que as "leis bíblicas" sejam a base da reconstrução da sociedade em direção ao Reino de Deus na Terra. Por leis bíblicas, entenda-se a Torá, a Lei de Moisés conforme o Antigo Testamento.

O texto fundante do reconstrucionismo de Rushdoony publicado em 1973 foi um comentário de 800 páginas a respeito dos 10 mandamentos (Rushdoony, 1973). Nesse texto ele afirma que a única ordem social verdadeira é fundada na lei bíblica e, ainda, que toda lei é de natureza religiosa, e toda ordem jurídica não bíblica representa uma religião anticristã. Observe que não é apenas "não cristã", mas, de fato, anticristã. Portanto, toda ordem legal declara um estado de guerra contra seus inimigos, e toda lei é uma forma de guerra.

Destacam-se aqui os termos anti, guerra, inimigos. Essa ideia do reconstrucionismo apregoa que, se há uma lei bíblica que funciona como fundamento da norma social, quem é contra essa perspectiva é um inimigo de Estado e de governo. Contra esse inimigo declara-se guerra, porque o inimigo é anticristão, opositor do propósito de fazer com que a sociedade volte a ser cristã. Esse é o significado do reconstrucionismo, que procura reconstruir a sociedade em termos cristãos. A Bíblia, como interpretada pelos reconstrucionistas, é o fundamento da lei de Estado, da lei civil. Não é mera coincidência a associação entre o reconstrucionismo, que pretende fazer com que o país volte a ser uma nação cristã, e o slogan "*Make America Great Again*". No Brasil, essa ideia aparece representada no ano de 2017, na cidade do Rio de Janeiro, onde diversos muros foram pichados com a inscrição "Bíblia sim, constituição não". As pichações, que apregoam a volta de Jesus no ano de 2070, trazem a assinatura da Geração Jesus Cristo, Igreja Pentecostal liderada pelo pastor Tupirani da Hora Lores, que foi preso em 2009 por intolerância religiosa.

2. A Teologia da Batalha Espiritual

Um segundo conjunto de ideias vinculado a isso que estamos discernindo como TD é a chamada Teologia da Batalha Espiritual, cujo principal teórico e expoente é o teólogo norte-americano Peter Wagner. Professor no *Fuller Seminary*, em Los Angeles, foi uma influência muito grande no Brasil nos anos 1980 e 1990 (Wagner; Pennoyer, 2018).

A Teologia da Batalha Espiritual apregoa que o mundo está sob a ação dos demônios, que controlam não apenas indivíduos, mas também, e principalmente, as estruturas da sociedade. Os demônios, segundo esse ponto de vista, são territoriais, dominando cidades e até mesmo países inteiros, o que explicaria os distintos pecados de cada etnia ou região do globo. Além de territoriais, entende-se também que os demônios são setorizados e atuam divididos por áreas de influência, como economia, cultura, política, e assim por diante. Em síntese: o mundo é um sistema sob o controle dos demônios, e a missão dos cristãos é libertar não apenas as pessoas e suas respectivas sociedades desse império das trevas.

A Teologia da Batalha Espiritual é construída na perspectiva de um dualismo epistemológico maniqueísta: o bem contra o mal, a luz contra as trevas, a absoluta separação entre quem é de Deus e quem é do diabo, entre o cristão e o não-cristão. Isso esclarece a noção de Rushdoony, ao defender que quem não adota a lei bíblica é anticristão, é inimigo, contra quem os cristãos devem fazer guerra. Nessa linha, entende-se que existe, portanto, uma batalha espiritual sendo travada, e não há terreno comum entre o cristão e o não-cristão, porque todo não-cristão, na verdade, é um anticristão. Não existe possibilidade de conversa entre a Bíblia e a ciência, a fé e a razão, o cristianismo e o humanismo. Essas coisas estão em conflito o tempo todo, e justamente a grande ênfase da batalha espiritual é que toda a configuração histórica contextual circunstancial é um espelhamento do que acontece no mundo espiritual e nas regiões celestiais.

3. A Visão das Sete Montanhas

Há ainda uma terceira influência na construção da TD, a chamada Visão das Sete Montanhas, criada pelos também norte-americanos Loren Cunningham e Bill Bright. Cunningham é fundador da JOCUM (Jovens Com Uma Missão, aqui no Brasil). Bill Bright é o fundador e grande mentor da Cruzada Estudantil e Profissional para Cristo. Os dois têm um uma visão de evangelização proselitista completamente relacionada e influenciada por determinada interpretação do Apocalipse referente ao retorno de Cristo à Terra.

Segundo seus expoentes, a doutrina das Sete Montanhas foi dada a eles por revelação divina, sendo, portanto, uma palavra profética que visa preparar o mundo para o retorno de Jesus Cristo, sendo, em vista disso, uma profecia com perspectiva escatológica.

De acordo com a Visão das Sete Montanhas, durante um tempo (ou em algum momento da história), o cristianismo outrora hegemônico estava em debate público, perdendo seu *status* de fundamento da cultura e da sociedade. O cristianismo deixou de ser a única matriz cultural e luta para encontrar seu lugar e legitimidade no debate público. A Visão das Sete Montanhas diz que os cristãos devem literalmente assumir o domínio de sete áreas específicas da vida moderna, arrancar o controle de Satanás e dos seus espíritos demoníacos dessas áreas específicas, para que possam colocá-las em uso divino, para que só então o Reino de Deus possa se manifestar e vir à terra.

Enquanto a Batalha Espiritual estava focada nas regiões celestiais e no mundo espiritual, a Visão das Sete Montanhas traz a batalha para o mundo concreto e para a arena pública, política.

As "sete montanhas" são sete áreas de influências que precisam ser arrancadas do controle do diabo e seus demônios: negócios, governo, mídia, artes e entretenimento, educação, família e religião.

Observe que são as áreas de empreendimento humano, onde se constrói a cultura. Quem controla as sete áreas de influência determina uma cultura, e porque determina uma cultura, também controla um povo. Chegamos, portanto, à TD, um conjunto de crenças com explícita intenção de dominação política da sociedade.

O teólogo reconstrucionista David Chilton diz que:

> o objetivo cristão para o mundo é o desenvolvimento universal de repúblicas teocráticas bíblicas, nas quais todas as áreas da vida sejam redimidas e colocadas sob o senhorio de Jesus Cristo e o governo da lei de Deus (Chilton, 2007, cap. 3).

Implícito nessa proposta está o fato de que as áreas da vida colocadas sob o senhorio de Jesus Cristo e o governo da lei de Deus têm representantes humanos, e que, evidentemente, esses representantes humanos são os reconstrucionistas ou dominionistas. São eles os autoproclamados intérpretes fidedignos da lei de Deus para a sociedade e para o mundo.

O projeto de poder político, de acordo com os reconstrucionistas, contempla três áreas principais de governança: a família, a igreja e o governo civil. A família nuclear, pai, mãe, filhos e filhas, é a unidade básica da sociedade. A esposa e os filhos são submissos ao homem, e esse homem é submisso a Jesus e às leis de Deus. Da mesma forma que existe um grupo qualificado que é responsável por interpretar a lei de Deus para a sociedade, na família a responsabilidade de interpretar e exercer a autoridade em nome de Deus pertence ao homem, o chefe de família. Para o reconstrucionismo isso é bíblico, está detalhado especialmente no Antigo Testamento, embora também seja citado no Novo Testamento.

A igreja também tem sua própria estrutura de autoridade hierárquica de governança, que resulta na ênfase da autoridade dos clérigos. A estrutura da igreja se reflete no governo civil, dando aos governantes a responsabilidade de implementar a lei de Deus. Para promover a ordem no mundo, Deus age sempre por meio de seus escolhidos, quase sempre homens, "ungidos do Senhor".

As três instituições – família, igreja e governo – estão sujeitas à lei bíblica. Sua implementação é designada de teonomia (do grego *teo* = Deus + *nomos* = lei). Tudo isso tem por finalidade trazer o Reino de Deus à Terra e preparar o mundo para a volta de Jesus Cristo. Qualquer pessoa que não se submeta a essa visão da TD é inimiga de Deus, um obstáculo ao cumprimento dos propósitos de Deus na história, um atraso para o fim do mundo.

4. Teologia do Domínio em *terras brasilis*

Não é preciso ser muito inteligente para perceber que isso não tem nada a ver com a Bíblia, com o Evangelho, nem mesmo com bom senso. Vejamos alguns exemplos.

Em meio ao avanço de investigações da Polícia Federal sobre as suspeitas de um plano de golpe de Estado por parte de Jair Bolsonaro e seus aliados, o ex-presidente reuniu milhares de apoiadores na avenida Paulista no dia 25 de fevereiro de 2024, ocasião em que a ex-primeira-dama, Michelle Bolsonaro, explicitou em cores vívidas o projeto da TD.

> Desde 2017 nós estamos sofrendo. Nós estamos sofrendo porque exaltamos o nome de Deus no Brasil. Porque meu marido foi escolhido e declarou que era 'Deus acima de todos'. E se é difícil com Deus, com certeza é impossível sem

> ele. E quantos ataques, meus amados, quantas injustiças. [...] Aprouve o Senhor nos colocar à frente desta nação. Aprouve Deus nos colocar na Presidência da República para que a gente pudesse trabalhar e fazer a verdadeira justiça social na vida daqueles que mais precisam. E hoje o povo brasileiro sabe a diferença de um governo justo de um governo ímpio. [...] Sim, por um bom tempo fomos negligentes ao ponto de dizer que não poderiam misturar política com religião. E o mal tomou, e o mal ocupou o espaço. Chegou o momento, agora, da libertação. 'Conhecereis a verdade e a verdade vos libertará' foi o versículo que ele [Bolsonaro] usou em toda campanha, e eu creio que isso foi gerado no mundo espiritual, porque eu acredito em um Deus vivo. [...] E nós estamos aqui neste dia, um dia marcado, para dizer que nós amamos o Brasil, para dizer que não estamos aqui em um propósito de poder, mas em um propósito de libertação. Em um propósito de prosperidade para o Brasil (Bolsonaro, M., 2024).

O pronunciamento de Michelle Bolsonaro segue à risca a cartilha da TD, demarcando inclusive as influências da batalha espiritual, explicitando um projeto de poder político maniqueísta sugerindo que "o povo brasileiro sabe a diferença de um governo justo de um governo ímpio", já que "o mal ocupou o espaço". A declaração que coloca as coisas em termos de luz e trevas, bem e mal, sugere evidentemente que o "meu" governo é o governo justo, e o "seu" é o governo ímpio. Como dizia Millôr Fernandes, "democracia é eu mandar em você; ditadura é você mandar em mim". Simples assim: eu sou do bem, eu sou justo, eu sou de Deus, eu sou da luz, você é das trevas, você é ímpio, você é do mal.

Michelle declarou também que "chegou o momento da libertação. Não estamos aqui com propósito de poder, mas com propósito de libertação". Observe a ideia de que o mal ocupou o espaço, ou seja, o mundo está dominado pelos demônios, pelo mal e pelos agentes da maldade. Esse discurso é uma absoluta instrumentalização política da religião, perceptível na fala: "Estamos sofrendo porque o meu marido foi escolhido, aprouve ao Senhor nos colocar à frente desta nação. Aprouve Deus nos colocar na presidência da república. O meu marido foi escolhido por Deus".

Aparece aqui o princípio de autoridade derivada da fonte divina. Significa algo como "meu marido tem legitimidade para governar porque Deus escolheu meu marido, e se ele foi o escolhido, é ele o agente da luz contra as trevas, o agente do bem contra o mal". O grande problema disso é que se trata de uma visão bíblica que pretende fazer equivaler o cenário político às categorias políticas do Antigo Testamento bíblico quando os reis de Israel eram escolhidos por Deus e ungidos pelos sacerdotes.

Uma das cenas mais emblemáticas do governo Jair Bolsonaro foi quando Edir Macedo o ungiu em 1º de setembro de 2019, no Templo de Salomão, sede da Igreja Universal do Reino de Deus em São Paulo. Na cerimônia, repetindo os rituais que remetem à descrição bíblica da maneira em que o rei Davi fora ungido pelo profeta Samuel (I Samuel 16.13), o Bispo Edir Macedo afirmou: "uso de toda a autoridade para abençoar este homem [...] para que o presidente possa arrebentar. Não porque sou eu que estou aqui. Mas porque é o Espírito Santo". A questão é que reis são ungidos, mas os presidentes são eleitos. Escolhido e ungido era o rei de Israel no Antigo Testamento. Essa figura da unção é trazida para o imaginário contemporâneo. Mas no Brasil não vivemos numa monarquia. O Brasil é um estado Democrático de Direito, regido pela Constituição da República Federativa do Brasil. No Brasil não temos rei escolhido e ungido, temos presidente eleito pelo voto popular. Quem dá autoridade e legitimidade ao presidente da República é a urna. Assim, reivindicar uma unção divina para o presidente implica instrumentalização teológica e intimidação de cunho religioso. Afirmar que o presidente, "meu marido", foi escolhido por Deus, implica por óbvio dizer que quem é contra a pessoa que Deus escolheu não está apenas sendo contra o candidato governante, não está sendo contra o presidente que está ocupando o cargo, pois está de fato sendo contra Deus.

Importa dizer que Jair Bolsonaro foi legitimamente eleito presidente pelo voto popular. E também pelo mesmo processo perdeu a disputa eleitoral para o segundo mandato. Mas como pode o escolhido de Deus perder uma eleição? Das duas uma, ou o processo foi fraudado, ou os eleitores agiram por influência dos demônios. É muito perigosa a gramática religiosa da "unção do presidente escolhido por Deus". Existe grande diferença entre um presidente eleito e um rei ungido. A grande questão e o perigo disso é que por trás dessa lógica ocorre uma sabotagem à democracia. Quando você pinta o adversário do escolhido como anticristão, a serviço das trevas e do demônio, você está dizendo que Deus jamais poderia ungir outro presidente, e que as eleições foram fraudadas.

Ainda nessa lógica, é claro que não se pode aceitar o resultado da urna e só há uma explicação: a urna foi fraudada. Esse argumento justificaria a virada de mesa, o golpe de estado, pois não se deve resignar diante de uma derrota da luz contra as trevas. O escolhido de Deus não pode ser derrotado pelo eleito pelo povo, pois Deus é maior que o povo. Essa lógica levada às consequências cabais é uma profunda e grande sabotagem à democracia.

5. A falha hermenêutica

A TD padece de uma falha hermenêutica, que resulta em deturpação da mensagem bíblica. Os dominionistas usam como texto base a narrativa de Gênesis, no contexto da criação do ser humano à imagem e semelhança de Deus. Deus diz ao ser humano criado: "sede fecundos, multiplicai-vos, enchei a Terra e submetei-a, dominai sobre os peixes do mar, as aves do céu e todos os animais que rastejam sobre a terra" (Gn 1,28). Os dominionistas afirmam que o domínio é um mandato divino.

O mandato divino para o domínio da Terra, em primeiro lugar, não é destinado a uma classe especial de seres humanos, e muito menos a uma classe religiosa ou política, mas um mandato a todos os seres humanos criados à imagem e semelhança de Deus. Em segundo lugar, trata-se de um mandato que não visava um governo, ou o governo de um Estado, ou de uma nação, mas um mandato que implica responsabilidade sobre toda a natureza criada. É um mandato para domínio da Terra, não do Brasil. Finalmente, a interpretação é equivocada também na compreensão do que se entende por domínio. O domínio do Gênesis não aponta para a perspectiva autoritária de exercer um controle que instrumentaliza a coisa controlada ou que abusa da coisa controlada em benefício de quem a controla. O domínio do Gênesis é traduzido mais à frente no texto bíblico, com dois verbos: cultivar e cuidar (Gn 2,15). É muito mais um mandato de cuidado do que um mandato de controle. Cultivar e cuidar subsidia a discussão sobre a responsabilidade para com cuidado ambiental no mundo atual.

Sintetizando, a TD como a posse do Estado e do governo por um segmento religioso é uma distorção absoluta do espírito próprio do texto bíblico que a fundamenta. O texto bíblico orienta os seres humanos a exercerem a responsabilidade sobre a criação divina, no sentido de cultivar e cuidar, desenvolvê-la de modo cuidadoso para o bem comum e para o bem de toda a família humana.

A TD confunde o Israel bíblico do Antigo Testamento com um Estado democrático de direito, um modelo de Estado teocrático com um pacto social democrático, e também confunde um mandamento de cuidado da criação, inclusive da família humana, com um projeto de poder usurpador e deletério da realidade criada.

6. O estado laico

A TD negligencia e despreza a consciência construída historicamente de que o domínio religioso de uma sociedade é sempre violento.

A Reforma Protestante no século XVI, por exemplo, dividiu a Europa. Alemanha, Escandinávia, Inglaterra, Escócia, Holanda e um pedaço da França se tornam protestantes. Uma parte se tornou luterana (de Martinho Lutero) e calvinista (de João Calvino), enquanto a outra parte permaneceu católica romana. Na Europa daquela época, quem dominava a Lei e o Estado era a religião. Isso significa dizer que, se você está na área geográfica de um Estado que é protestante, como Alemanha ou Holanda, você é protestante calvinista, e se você está num Estado católico, como Espanha, Portugal, você é católico.

Nessa mistura entre religião e política de Estado, ou política de governo e política expansionista territorial, os protestantes e os católicos se matavam uns aos outros. As guerras religiosas, no sul da França, por volta de 1600, segundo Karen Armstrong, dizimaram 35% da população da Europa Central com guerras religiosas entre católicos e protestantes (Armstrong, 2024).

Acreditava-se que a Europa seria unificada, ou que a paz seria possível somente pela imposição de uma única religião, fosse católica ou protestante. A paz não permitiria concessões aos dissidentes.

Partindo da ideia de construir uma sociedade que obedeça às leis de Deus, a questão que se coloca é: quem irá interpretar essa lei? Católicos ou protestantes? Aliás, para não ir muito longe e ficar só entre os protestantes, serão os protestantes calvinistas ou os protestantes luteranos? Também era complicado, pois as seitas protestantes e os segmentos protestantes divergentes também se matavam entre si.

Foi nessa Europa entulhada de guerras religiosas e banhada de sangue pelo conflito protestante-católico que eclodiu a consciência de que o conflito era praticamente insolúvel, deixando evidente a necessidade de se encontrar um terreno social comum numa verdade que não tivesse a ver com religião. A paz social exigia a busca de outra maneira de criar consensos, pois a religião não havia se mostrado um recurso muito eficaz nessa direção.

O questionamento racional da lei de Deus ou da interpretação bíblica surgiu como resposta a uma violência religiosa, e de Estado, ou ainda, uma violência de um Estado religioso tentando produzir conversão à força. Os primeiros livres pensadores e ateístas europeus não foram os filósofos iluministas, mas os judeus espanhóis, que eram obrigados a se converter ao cristianismo durante a inquisição espanhola. Esses judeus espanhóis que questionaram a autoridade religiosa e sua pretensão de monopólio na interpretação bíblica ficaram conhecidos como Marranos.[2]

---

2 Estudiosos divergem sobre a origem do termo Marranos. Para alguns, remonta provavelmente a um vocábulo antigo do início da Idade Média, e significa "suíno", mas o termo, que pretendia ser uma ofensa aos judeus sefarditas portugueses ou espanhóis que foram obrigados a converterem-se ao cristianismo, acabou sendo usado por eles como uma distinção de honra. Outra vertente considera que o termo teria origem no hebraico, pela união dos termos "mar" (homem) e "anuss" (forçado), que significariam "homem convertido à força".

Karen Armstrong nos informa que o primeiro marrano a interpretar a Bíblia à luz da razão foi Baruch Spinoza (1632-1677). Para ele,

> a suprema autoridade para explicar religião e para emitir juízos pertence ao indivíduo, porque diz respeito a direitos individuais. Como a autoridade da interpretação escritural pertence a cada homem, a regra para essa interpretação não deveria ser nada mais que a efetiva luz da razão, que é comum a todos – e não qualquer autoridade sobrenatural ou externa (Spinoza *apud* Armstrong, 2024, p. 392).

Em outras palavras, religião é um assunto de consciência individual. Ninguém pode violentar a consciência de um ser humano, reivindicando a autoridade divina para impor uma religião a ele. Um dos mais notáveis testemunhos dessa verdade pertence a Martinho Lutero. Confrontado em suas convicções pela assembleia imperial do Sacro Império Romano realizada em 1521, conhecida como Dieta de Worms, Lutero se pronunciou dizendo:

> A não ser que eu esteja convencido pelo testemunho das Escrituras ou pela razão clara (pois não confio nem no papa ou em concílios por si sós, pois é bem sabido que eles frequentemente erraram e se contradisseram), sou obrigado pelas Escrituras que citei e minha consciência é prisioneira da palavra de Deus. Não posso e não irei renegar nada, pois não é nem seguro e nem correto agir contra a consciência. Que Deus me ajude. Amém (Brecht, 1985, p. 93).

Da mesma forma que os protestantes se levantaram questionando a autoridade absoluta do clero e da Igreja Católica Apostólica

Romana quanto à interpretação da vontade divina, também a população civil se levantou contra a mesma Igreja e contra o Estado que pretendia, amalgamado com a Igreja, impor sua religião. Diante disso, Spinoza defendia que a religião era um tema da consciência humana à luz da razão, pois a razão é comum a todos, devendo ser, portanto, a autoridade para a interpretação bíblica.

Nesse mesmo contexto encontramos John Locke (1632-1704), que acreditava que a busca religiosa também era um assunto privado e que não poderia ser policiada ou controlada pelo governo ou pelo Estado. Locke concordava com a visão luterana:

> a Igreja é uma coisa absolutamente separada e distinta do Estado. Os limites em ambos os lados são fixos e inalteráveis. Embaralha céu e terra, as coisas mais remotas e opostas, quem mistura essas duas sociedades, que são, em sua finalidade original empresas, e em tudo o mais perfeitas e infinitamente diferentes uma da outra (Locke *apud* Armstrong, 2024, p. 395).

A Igreja e o Estado são instituições separadas, com origens e finalidades distintas, em tudo distintas, e quem quiser misturar essas duas coisas vai embaralhar o céu e a terra, e vai embaralhar inclusive coisas que são opostas, e isso não vai ser bom.

Locke viajou pela Europa e se deu conta do estrago das guerras religiosas, percebendo que seria necessário encontrar uma outra solução para paz social. Sua conclusão razoável foi de que não se deve matar quem está numa religião diferente da nossa. É simples assim. O difícil é conseguir fazer esse acordo na sociedade: não matar quem tem uma religião ou professa uma fé diferente da sua, nem tentar impor a sua a religião sobre outra pessoa.

Essa consciência da separação entre as fronteiras das instituições e representatividades religiosas e os estados e seus governos correspondentes está na gênese do que estamos chamando mundo moderno. Uma das conquistas da modernidade foi a sugestão de que a paz social não depende de uma única religião ou de uma única agenda religiosa, mas justamente o contrário. É justamente o abandono da pretensão do domínio religioso da sociedade que possibilita a paz social. Esse é o fundamento do Estado Laico.

7. A sabotagem do Estado Laico

A TD sabota absolutamente o Estado Laico. Jair Bolsonaro, em 2017, ainda em campanha, declarou em alto e bom som: "Deus acima de tudo! Não tem essa história de Estado laico não, o Estado é Cristão, e a maioria que for contra que se mude. As minorias têm que se curvar para as maiorias" (*Istoé*, 2018). TD pura: se o Estado é cristão, e se a maioria é cristã, é a maioria quem governa, onde governar é controlar, restando à minoria se curvar. O direito da consciência individual de fazer sua opção religiosa é desconsiderado em absoluto.

Também em 2020, em um evento evangélico em Brasília, Jair Bolsonaro afirmou que "o Estado é Laico, respeitamos a todos, mas o governo é cristão" (*Joven Pan News*, 2020). Dois anos depois, em 2022, Bolsonaro fez uma outra declaração. Já eleito, diz: "as leis existem, no meu entender, para proteger as maiorias. As minorias têm que se adequar".

As declarações do ex-presidente são confusas. Primeiro disse que "o Estado é cristão", depois, um pouco mais esclarecido, disse que "o Estado é laico, mas o governo é cristão", a confusão permanece: se o estado é laico, o governo não pode adotar ou privilegiar uma identidade religiosa. Dizer que "o Estado é laico, mas o governo é cristão" implica uma contradição de termos ou no mínimo uma confusão de conceitos.

Afirmar que "as leis existem para proteger as maiorias" equivale a distorcer o espírito da democracia, que advoga justamente o oposto. As maiorias não precisam ser protegidas, quem precisa de proteção são as minorias. As leis existem especialmente para proteger e garantir direitos das minorias e dos mais vulneráveis, para que não sejam negligenciados nem esmagados pela maioria. Sendo verdadeiro que "as minorias têm que se adequar", é também verdade que não terão seus direitos respeitados, o que implica uma distorção da democracia e uma subversão do Estado Democrático de Direito.

Aqui está a lógica da TD: se a nação é cristã, consequentemente o governo tem que ser cristão, pois os cristãos, que são maioria, devem governar, determinar os valores da sociedade, das estruturas políticas, dos costumes, das práticas culturais, e da religião.

Afunilando a questão um pouco mais, a situação fica ainda mais complexa quando se pergunta "*quem* dentre a maioria cristã deve governar, por exemplo, os católicos romanos ou os protestantes evangélicos? Ou ainda, os evangélicos históricos ou os pentecostais?" A resposta óbvia segundo a lógica estabelecida será: os que forem maioria.

A discussão a respeito de reconstrucionismo, dominionismo, e TD como lógicas religiosas deve desembocar necessariamente num debate público a respeito de Estado laico e liberdade de consciência.

O debate político hoje no Brasil é religioso. Por trás dessa discussão a pergunta urgente quer saber se um governante, ou um grupo de governantes, pode ou deve fazer com que os seus valores, sua fé, e sua religião se sobreponham aos consensos da sociedade democraticamente estabelecidos. A resposta, evidentemente, é não! Não! Os valores particulares de um governante ou de um grupo que ocupa o governo não podem se sobrepor aos consensos democraticamente estabelecidos numa sociedade. Definitivamente, não cabe ao Estado legislar sobre a alma dos seres humanos nem impor uma lógica religiosa, porque a religião é uma questão de consciência. Na questão da consciência, o indivíduo é soberano.

8. Ser cristão e pastor evangélico

João Pereira Coutinho, conservador liberal, escritor e cientista político, é uma das minhas fontes privilegiadas. Ele diz que "a política deixou de ser uma arena de consensos entre visões distintas do bem comum, e se tornou um tribunal onde os pecadores devem confessar os seus crimes de joelhos, e abraçar a Verdade, com maiúscula" (Coutinho, 2017). E prossegue:

> o problema dessa visão medieval das coisas não está apenas na intolerância que ela revela e muito menos na quantidade de homens vazios que ela promove. Criaturas destituídas de qualquer vida interior que debitam como se fossem robôs ou *software* da moda, esses homens vazios. O problema é mais profundo, mais abrangente, aqueles que destroem a consciência individual, em nome do bem coletivo, estão a destruir a última barreira contra o poder arbitrário. Uma barreira de que eles podem precisar um dia se o pêndulo do fanatismo mudar de direção (Coutinho, 2017).

E a essa altura você deve estar se perguntando: "Mas você não é pastor? Você não é evangélico? Você não é cristão? Então, você é contra a manifestação da fé na política e na arena pública? Você não acredita que os cristãos devem pregar o Evangelho? Você não gostaria de ver a sociedade brasileira influenciada pelos valores da fé cristã?".

Sou a favor da manifestação da fé na arena pública, mas com duas condições: a primeira é que todas as expressões de fé sejam respeitadas. A segunda é que nenhuma expressão de fé seja imposta. Cidadania é uma condição, religião é uma opção. Sou cidadão brasileiro. Essa é a minha condição, não resulta de minha escolha. Sou cristão. Essa é minha opção. Não podemos transformar em obrigação aquilo que é uma questão de escolha. A imposição da fé violenta o ser humano e degenera a fé. Nenhuma religião praticada por obrigação permanece fiel à sua essência diante de tal violência. Uma religião praticada por obrigação produz hipocrisia, frustração e culpa, porque ninguém consegue cumprir por obrigação os preceitos de uma fé religiosa. Uma religião não escolhida é cruel, adoece a alma de quem se vê constrangido pela força a se submeter. A opressão religiosa gera, em última instância, inclusive violência, porque quem deseja sua fé acaba por demonizar aquele que se opõe. O dissidente é visto como ameaça e classificado como inimigo a ser banido ou destruído.

Acredito que os cristãos, entre os quais me incluo, devem pregar o evangelho. Aliás, prego o evangelho todo dia, desde a minha adolescência, quando me submeti à ordenança bíblica do batismo em uma Igreja Batista. Creio que a prática do evangelho, entretanto, é para os que aderem ao evangelho voluntária e livremente, e justamente por isso prego o evangelho. Jesus deixou claro o seu convite: "Se alguém quiser vir após mim, negue-se a si mesmo, tome a sua cruz, e siga-me" (Lc 9,23). A palavra de Jesus é um convite: "se alguém quiser". Devemos respeitar quem não quer. Deve ser respeitado quem o segue conforme sua própria consciência, ainda que em discordância com nossas interpretações a respeito do significado de tal seguimento.

Desejo que os valores cristãos influenciem a sociedade brasileira. Nesse aspecto também tenho três observações. A primeira é na forma de perguntas: Quais valores cristãos? Valores cristãos interpretados por quem: a interpretação dos cristãos fundamentalistas ou dos progressistas? Quem tem a prerrogativa da palavra final da interpretação?

A segunda observação nos leva de volta ao espírito da democracia e aos valores de uma sociedade que devem ser fruto do consenso resultado do debate público, jamais impostos por uma maioria ou minoria, seja fundamentalista, seja progressista, seja religiosa, seja ateísta. Não sejamos ingênuos. Em termos de intolerância, maiorias e minorias, religiosos fundamentalistas e ateístas fundamentalistas se equivalem.

Defendo uma sociedade influenciada pelos valores cristãos. Estou aberto ao diálogo na direção do consenso, estou posicionado a favor da promoção e proteção dos direitos, especialmente das minorias, direitos como liberdade de consciência, consciência moral, consciência religiosa. Não quero um Estado que determine o que o cidadão deve crer nem como deve viver.

Por fim, eu acredito que o avanço do evangelho, a obra da evangelização no mundo, é sempre maior, mais qualificada e digna em sociedades livres, abertas, onde o Estado respeita a liberdade de opinião, de expressão, de crença, de religião, de consciência.

Porque quero a liberdade, a minha liberdade e a sua liberdade de fazer escolhas morais e religiosas, sou contra qualquer ideologia autoritária e totalitária. Justamente porque quero essa liberdade para mim e para você, sou contra a TD. Sou contra qualquer domínio, ainda que esse domínio seja cristão, porque, como a história já demonstrou, quando os cristãos se metem a dominar e governar, acabam mesmo matando uns aos outros e quem estiver em volta.

O evangelho não é um caminho de domínio, é um caminho de amor, de liberdade, onde a gente se aproxima do próximo para servir, para repartir com ele um caminho de vida, respeitando sua consciência, sua autonomia, e a responsabilidade que cada um tem diante de Deus, do mundo e da vida.

Creio que "a verdade liberta", como nos ensinou Jesus (Jo 8,12). Por essa razão sou contra qualquer perspectiva de autoritarismo, totalitarismo e dominação. Creio que Jesus Cristo é a verdade que liberta. Creio na liberdade porque creio em Jesus Cristo.

Referências

ARMSTRONG, K. *A arte perdida das escrituras*: *resgatando os textos sagrados*. São Paulo: Companhia das Letras, 2024.

BÍBLIA DE JERUSALÉM. São Paulo: Paulus, 2002.

BOLSONARO, M. "Íntegra do discurso de Michelle na avenida Paulista". Disponível em: https://www.poder360.com.br/brasil/leia-a-integra-do-discurso-de-michelle-na-avenida-paulista/

BRECHT, M. *Martin Luther*. Trad. James L. Schaaf. Philadelphia: Fortress Press, 1985–93, 1:460.

CAMPOS, H. *Qohelet, o que sabe: Eclesiastes*. São Paulo: Perspectiva, 2020.

CHILTON, D. *Paradise Restored: A Biblical Theology of Dominion*. Horn Lake, Mississipi: Dominion Press, 2007.

COUTINHO, J. P. "O liberalismo moderno se transformou numa nova inquisição". *Folha de S. Paulo,* 20 jun. 2017. Disponível em: https://m.folha.uol.com.br/colunas/joaopereiracoutinho/2017/06/1894207-o-liberalismo-moderno-se-transformou--numa-nova-inquisicao.shtml.

FERNANDES, M. "Memórias da Ditadura - Biografias de Resistência". Disponível em: https://memoriasdaditadura.org.br/personagens/millor-fernandes/.

ISTO É. “Frases de Bolsonaro, o candidato que despreza as minorias”. 25 set. 2018. Disponível em: https://istoe.com.br/frases-de-bolsonaro-o-candidato-que-despreza-as-minorias/.

JOVEN PAN NEWS. “Em evento evangélico, Bolsonaro diz que Estado é laico, mas ele não”. Youtube, fev. 2020. Disponível em: https://www.youtube.com/watch?v=lfOKqHp-Qpo.

RUSHDOONY, R. J. *Fundamentos da ordem social: estudos sobre os credos e concílios da Igreja Primitiva*. Brasília: Monergismo, 2019.

______. *God's Plan for Victory: The Meaning of Postmillennialism*. Vallecito, California: Chalcedon Foundation, 1997.

______. *Sovereignty*. Vallecito, California: Chalcedon; Ross House Books, 2007.

______. *Philosophy of the Christian Curriculum*. Vallecito: Chalcedon/Ross House Books, 2012.

______. *The Institutes of Biblical Law: Law and society*. V. 2. Vallecito: Ross House Books, 2010.

______. *Cristianismo e capitalismo*. Brasília, DF: Editora Monergismo, 2016.

______. *Cristianismo e Estado*. Brasília, DF: Editora Monergismo, 2017.

______ e NORTH, Gary. *Institutes of Biblical Law*. Phillipsburg, New Jersey: P & R Publishing, 1973.

TUTU, D. *Deus não é cristão: e outras provocações*. Rio de Janeiro: Thomas Nelson Brasil, 2012.

UOL. "Bolsonaro contraria constituição e diz que 'minorias tem que se adequar'" Youtube, jul. 2022. Disponível em: https://www.youtube.com/watch?v=dzMtKvNUo9A.

WAGNER, P.; PENNOYER, D. *A luta contra os anjos do mal: para uma mais profunda compreensão das forças sobrenaturais na guerra espiritual*. São Paulo: Bom Pastor, 2018.

As teologias da guerra e a direita cristã no Brasil

Magali Cunha

Um dos fenômenos que caracterizam as primeiras décadas do século XXI no Brasil é a consolidação de uma direita de matriz religiosa cristã. Ronaldo Almeida (2022), em seus estudos sobre o tema, reconhece que isto não é inédito, pois a religião tem exercido um papel determinante na política nacional, especialmente em disputas eleitorais, há bastante tempo. Contudo, o antropólogo da religião observa um endurecimento ancorado em movimento marcadamente extremista.

Tal situação foi delineada nas eleições nacionais de 2018 e a rigidez tornou-se mais evidente durante os acontecimentos que cercaram o pleito seguinte, em 2022. A radicalização do discurso em prol da reeleição do então presidente da República Jair Bolsonaro (PL) dentro das igrejas no segundo turno, com ataques contundentes e demonização das esquerdas, ultrapassou o campo das mídias digitais e se traduziu em confrontos diretos.

Houve episódios de hostilidade contra padres e pastores, interrupções de missas e a obstrução de eventos promovidos por cristãos progressistas. Um exemplo marcante foi a ação do grupo católico extremista liderado pelo Centro Dom Bosco, que organizou um evento paralelo durante as celebrações do Dia de Nossa Senhora Aparecida, em 12 de outubro daquele 2022, resultando em vaias contra o arcebispo durante seu sermão na Basílica, o que evidenciou o clima beligerante instaurado.

Os desdobramentos desse processo foram perceptíveis após a vitória de Luiz Inácio Lula da Silva (PT) sobre Jair Bolsonaro. Um segmento expressivo das igrejas se dividiu entre lamentar a derrota do que lideranças classificavam como "um escolhido de Deus", reinterpretar as profecias que não se concretizaram, preparar os fiéis para um novo ciclo sem um representante no governo e manifestar descontentamento com os cerca de 30% de irmãos na fé que se posicionaram contra Bolsonaro (CARTA CAPITAL, 2022).

Outra parcela aprofundou ainda mais a radicalização, avaliando a situação como uma batalha espiritual de maior envergadura, questionando o resultado das eleições e engajando-se em atos de contestação que visavam desestabilizar o cenário político pós-eleitoral. Esse movimento culminou na invasão das sedes dos Três Poderes da República, em 8 de janeiro de 2023, um evento emblemático das ações extremistas contra a democracia, envolvendo membros das igrejas, tanto lideranças quanto fiéis comuns.

Embora o intento de reverter o resultado eleitoral tenha sido contido pelas instituições democráticas, os primeiros anos do governo Lula (2023 e 2024) foram marcados por instabilidades políticas. A extrema direita seguiu utilizando estratégias baseadas nos mesmos alicerces retóricos, com ampla propagação em mídias digitais: desinformação, alarmismo e exploração do medo, ataques a personagens alinhados à esquerda e ao governo federal.

A eleição de Donald Trump para um segundo mandato na Presidência dos Estados Unidos em 2025, fundamentada nessas mesmas táticas, reforça a eficácia dessas abordagens e o apelo que continuam exercendo sobre a população.

Em meio a esta ebulição, uma forma de fazer política que lança mão de uma matriz religiosa cristã, com suas múltiplas expressões teológicas, símbolos e rituais. Este capítulo se dedica a refletir sobre dois destes componentes, a Teologias do Domínio Reconstrucionista e da Guerra Espiritual. O estudo buscará uma compreensão de como estas formas teológicas alimentaram discursos que contribuíram na consolidação da direita cristã e sua vertente extremista no Brasil, na segunda década do século XXI, com ampla disseminação pelas mídias digitais.

Para isso, o capítulo conta com três partes: uma primeira que sistematiza o processo de gênese da direita cristã no Brasil; uma segunda que expõe a construção teológica da religião de domínio e da guerra contra os inimigos da fé, fundamentos que sustentam as bases dessa direita de matriz cristã; e uma terceira, que avalia como se deu a consolidação da direita cristã em vertente extremista no país, por meio da propagação dos discursos político-religiosos do domínio reconstrucionista e da guerra pelas mídias digitais.

1. Gênese de uma direita cristã no Brasil

A formação de uma direta política de matriz cristã no Brasil não é algo novo. Suas sementes foram plantadas pelo Catolicismo conservador nos anos 1920, com o integrismo monarquista do Centro Dom Vital (WINK, 2023). Ali foi moldada uma vertente ideológica que, até hoje, atua como voz de uma elite intelectual contrária às tendências secularizantes e progressistas no país.

O Integrismo foi um movimento na virada do século XIX para o XX, como uma resposta de grupos da Igreja Católica, no período posterior ao Primeiro Concílio Vaticano, ao que o Papa Pio IX considerava erros advindos do Modernismo, ou seja, ideias que relativizavam a doutrina católica, influenciadas pelo Liberalismo derivado do Protestantismo. Estes grupos reivindicavam o lugar central da tradição da igreja tanto nas práticas de sua comunidade de fé como na vida social e institucional. Buscava-se uma refundação da sociedade sobre as bases católicas. Na Espanha, este movimento foi determinante para o projeto de nação do General Francisco Franco e a imposição do regime totalitário do franquismo. Nesse sentido, o integrismo católico se colocava como uma mediação cultural e política entre a revelação religiosa e suas aplicações históricas e sociais (RAMIREZ, 2020).

Na Encíclica *Quanta Cura*, de 1864 (PIO IX, online), foram condenados aspectos como panteísmo, naturalismo, racionalismo, indiferentismo, socialismo, comunismo, liberalismo, sociedades secretas (como a maçonaria), sociedades bíblicas, além de elementos considerados prejudiciais na sociedade civil, na relação entre Igreja e Estado, na moral e no casamento cristão. Em 1907, o Papa Pio X ampliou essa lista na Encíclica *Pascendi Dominici Gregis*, incluindo evolucionismo, relativismo, criptomarxismo, cientificismo e psicologismo. Essas diretrizes reforçavam a defesa da Tradição, da exclusividade da Igreja Católica como instituição verdadeira e da Monarquia como regime político ideal para restaurar a sociedade e reafirmar a fé.

Foi um movimento de reação do Modernismo muito semelhante ao Fundamentalismo, que nasce no início do século XX, entre protestantes calvinistas nos Estados Unidos, preocupados em defender a fé das ameaças do avanço da ciência e liberalismo teológico (MARSDEN, 1991).

Wink (2023) resgata como o integrismo foi recebido pelos católicos brasileiros como uma forma de salvação da Igreja, diante da crescente laicização da Primeira República. Elementos históricos, como a construção da estátua do Cristo Redentor, em 1931, e a influência da Igreja na formulação da Constituição de 1934, demonstram como os intelectuais integristas atuaram para reintroduzir valores cristãos na sociedade brasileira, alcançando um poder inédito.

Wink aborda que no terreno em que foram plantadas as sementes da direita cristã no Brasil, com o fim da Segunda Guerra Mundial e a preparação para o Concílio Vaticano II (1962-1965), estão as ações da Sociedade Brasileira de Defesa da Tradição, Família e Propriedade (TFP), fundada em 1960 por Plinio Corrêa de Oliveira. Essa organização teve expressiva atuação política antes e durante a ditadura militar instaurada em 1964, promovendo campanhas contra temas como divórcio, aborto, homossexualidade e comunismo. Posteriormente, a TFP deu origem ao Instituto Plinio Corrêa de Oliveira.

Com os processos de redemocratização do Brasil a partir dos anos 1980, estes grupos políticos católicos entraram em baixa. Nesse vácuo ganharam força os grupos evangélicos pentecostais que cresciam junto com a urbanização do país, já havia trinta anos, mas passaram a desenvolver projetos de ocupação da cena pública por meio das mídias eletrônicas (rádio e TV) e da presença na política institucional (partidos e processos eleitorais) (CUNHA, 2022).

Discursos teológicos e práticas pastorais passaram a defender a ideia de que os cristãos deveriam ocupar espaços de poder para impor valores religiosos sobre a sociedade ao mesmo tempo que seriam demandados a enfrentar ("guerrear") contra inimigos da fé que impediam a plena realização destes valores no coletivo.

É nesse período que é formada a primeira Bancada Evangélica no Congresso Nacional, nas eleições de 1986, que, justamente, visavam à constituição da Assembleia que elaboraria a Constituição Cidadã, a primeira depois da ditadura militar. Com 32 membros, a inédita bancada era majoritariamente formada por pentecostais da Igreja Universal do Reino de Deus e das Assembleias de Deus, mas também contava com outros pentecostais e evangélicos de tradição histórica.

De lá para cá, as bases dos discursos destas lideranças brasileiras passaram a se ancorar nos fundamentalismos estadunidenses dos anos 1970 (CUNHA, 2020). Naquela década, pastores como Jerry Falwell, Tim LaHaye e Pat Robertson lideraram um movimento de reação à Modernidade, buscando reafirmar a identidade evangélica e conquistando espaço na política americana com base nas teologias do domínio e da guerra espiritual.

Esse ativismo político se consolidou nos Estados Unidos nos anos 1980, especialmente com a aliança entre evangélicos e o Partido Republicano, levando à formação de grupos de pressão como a "Maioria Moral" – a Nova Direita Americana. O movimento defendia valores familiares tradicionais, opunha-se à legalização do aborto e combatia o comunismo. A influência desse movimento se intensificou durante os anos 1990, nos governos Reagan e Bush, e culminou na presidência de Donald Trump.

No Brasil, na virada do século XX para o XXI, personagens como Edir Macedo, Valnice Milhomens, Silas Malafaia, José Welington Bezerra, Samuel Câmara, Renê Terranova, Damares Alves, o casal Hernandes, entre outras lideranças evangélicas pentecostais do Brasil, passaram a refletir, nos primeiros anos do século XXI, junto com a Bancada Evangélica, o novo rosto da direita cristã, amplificando e atualizando, de forma interconfessional, as bases centenárias do Integrismo católico romano (CUNHA, 2022).

Ligadas a igrejas em franco crescimento numérico, geográfico e patrimonial, com ocupação da cena cultural e política do país, estas lideranças, além de elegerem seus candidatos a cargos nos poderes Legislativo e Executivo, assumindo o papel de seus padrinhos e mentores, tornaram-se agentes de influência no espaço público (VITAL DA CUNHA; LOPES; LUI, 2017).

Com forte presença em mídias tradicionais, nas últimas décadas do século XX, e digitais, no século XXI, estes pastores e pastoras pentecostais fizeram-se produtores e promotores de conteúdo discursivo político-religioso, credenciado nos espaços religiosos e não religiosos. Com isto, estabeleceram uma pauta que atraiu e engajou lideranças de igrejas evangélicas históricas/tradicionais, enfraquecidas na concorrência por espaço na arena religiosa, majoritariamente forjadas no conservadorismo teológico que marca o protestantismo no Brasil, identificadas com o calvinismo fundamentalista, o que amplificou a configuração da direita cristã em gestação nos anos 2010 (CUNHA, 2022).

Este ponto será aprofundado adiante, considerado o papel das mídias digitais nesse processo, porém, é preciso antes sistematizar as bases teológicas de identidade evangélica que alimentam esta formação discursiva e das ações da direita cristã no Brasil: as teologias da Guerra Espiritual e do Domínio Reconstrucionista.

2. As teologias evangelicalistas que alimentam o extremismo de direita no Brasil

O fundamentalismo surgiu entre teólogos calvinistas conservadores no Seminário Teológico de Princeton, no final do século XIX, e se espalhou no início do século XX entre outros grupos protestantes nos Estados Unidos. Ele surgiu do evangelicalismo, fruto dos movimentos renovacionistas dos séculos XVIII e XIX, classificados como o molde das características da religião naquele país (MARSDEN, 1991).

Em um período de fortes mudanças socioculturais e econômicas, com o avanço da ciência, processos de modernização, urbanização e industrialização, o evangelicalismo se divide em duas vertentes: a liberal, que assume o humanismo como base das mudanças e estabelece o diálogo da teologia com as ciências humanas e sociais, além do surgimento das ciências bíblicas e da teologia liberal. A outra vertente é a conservadora, que reage fortemente às transformações e à releitura da tradição.

Na primeira década do século XX, ocorre a publicação da coletânea de 12 volumes intitulada *The Fundamentals: A Testimony to the Truth* (1910-1915), editada pelo pastor e professor Reuben Archer Torrey. A coletânea apresentava textos sobre a Bíblia, defendendo sua inerrância, além de conteúdos críticos à modernidade, à teologia liberal, à filosofia moderna e ao catolicismo romano. Com base nesses fundamentos, o Cristianismo evangélico é apresentado como a verdadeira religião, sendo oferecida uma lista de dogmas e doutrinas que sustentam essa afirmação. A coletânea valoriza a ciência como um meio de validar os fatos históricos da Bíblia (MARSDEN, 1991).

Esses "fundamentos" são, portanto, uma reação contra os valores do Iluminismo e da modernidade humanista, que colocariam em questão a centralidade do Cristianismo na cultura ocidental, resultando no processo de secularização. Tendo como âncora a defesa do mito da civilização cristã ocidental, encarnada na cultura dos países protestantes dominantes, o fundamentalismo nascido entre os evangélicos pleiteia o verdadeiro cristianismo, recusando o diálogo ecumênico, avaliado como uma relativização da fé.

No pós-Segunda Guerra Mundial, o fundamentalismo ganha um novo significado, internacionaliza-se e se expande pelo mundo acompanhando a expansão do capitalismo americano. Os fundamentalistas se veem como "personagens contraculturais, em uma batalha pela reconquista da América pelos valores familiares e cristãos, supostamente sequestrados pelo humanismo secular, pela ameaça comunista, pelo feminismo e pelos gays" (BELLOTTI *apud* CUNHA, 2020, p. 22-23).

Nos anos 1970, inicia-se um processo de recuperação do "evangelicalismo" como um fator de unidade e transição. Herdeiros do movimento fundamentalista do início do século XX, figuras proeminentes como os pastores Jerry Falwell, Tim LaHaye e Pat Robertson, com amplos recursos financeiros e acesso ao rádio e à TV, organizam-se para "retomar a América para Jesus".

É um período de maior ativismo político, com uma aproximação do Partido Republicano, a formação de grupos de pressão, lobbies e articulações com a formação da Maioria Moral (*Moral Majority*), a nova direita cristã, liderada por Jerry Falwell, em torno das agendas pró-vida e pró-família.

A Maioria Moral se fortaleceu nos anos 1980, mas foi na década de 1990 que ganhou mais espaço com o presidente republicano Ronald Reagan. Líderes fundamentalistas foram nomeados para cargos importantes (ROCHA, 2002). Essa ocupação do Partido Republicano permitiu que os fundamentalistas se fortalecessem cada vez que o partido assumia o mais alto cargo do Estado.

A força do fundamentalismo foi retomada nos governos Bush (pai e filho) e, mais recentemente, na administração extremista de direita de Donald Trump, no primeiro e no segundo mandato, em curso quando da elaboração deste estudo. A guerra cultural, já referida neste capítulo, alimentada e atualizada em versão religiosa pela antiga teologia da guerra espiritual, mais a noção de dominionismo são as versões contemporâneas do fundamentalismo (DIAMOND, 1995; SOUZA, 2017).

São estas teologias que passam a embasar o discurso da direita cristã brasileira em sua versão extremista. É intensificada a propagação da necessidade de "eliminar o mal" que impede nações de serem governadas (dominadas) por Deus, a fim de alcançarem prosperidade e poder sobre as demais. Dessa maneira, os fiéis são instigados a mobilizar todo o poder que lhes é atribuído na relação com Deus para travar uma guerra contra as "potestades do mal" (GUADALUPE, GRUNDBERGER, 2019).

Vale recordar que a noção de guerra ou batalha espiritual, no enfrentamento das manifestações malignas/demoníacas, não emerge destes novos tempos: é inerente à tradição cristã ocidental e já foi bastante popular em vários momentos da história de católicos e protestantes, com o recurso a lutas físicas. Foi o caso das Cruzadas para "retomada da Terra Santa", da perseguição aos judeus, da repressão à mulher concretizada na caça às bruxas e do extermínio dos indígenas nas Américas, entre outros episódios ao longo da história (ORO, 1996).

Entretanto, nas últimas décadas do século XX, esta teologia ressurge com força nova e se expande globalmente com os pentecostalismos (MARIZ, 1999). No Brasil, é nestas bases que está localizada a pregação de que os crentes travam guerras constantes contra os inimigos de Deus, como os ateus, outras religiões (representadas, no imaginário evangélico, principalmente pela Igreja Católica Romana e pelas religiões de tradição africana), poderes políticos (imaginados pelo comunismo), com "armas religiosas" da oração, do jejum, da consagração por meio do culto. Com a configuração da direita cristã extremista, na segunda década do século XXI, foi fortalecida a noção de se identificar inimigos também entre pessoas e grupos religiosos, movimentos, instituições e políticos progressistas (GUADALUPE, GRUNDBERGER, 2019).

Nesse sentido, em sermões, em canções do repertório gospel e em discursos religiosos proferidos nos mais diferentes espaços, passou a ser colocada uma ênfase no discurso do nós contra eles, no confronto com os inimigos e no sentimento de pertencimento a um grupo escolhido, a um povo eleito que tem a autoridade divina para combater e eliminar os inimigos da fé. A expressão-chave desta ação político-religiosa é o prefixo "anti", fazer oposição, estando "cristãos verdadeiros" comprometidos com a negação de qualquer tipo de reflexão e diálogo que justifique e dê credibilidade ao "outro lado".

A guerra espiritual se concretiza no século XXI, na guerra cultural, para além das religiões, contra o perigo comunista/socialista/marxista identificado nos inimigos do país, da família, de Deus e das igrejas, interpretado como enraizado nos partidos políticos de esquerda, nos movimentos sociais e de direitos humanos, no feminismo e nos ativistas LGBT+, nos sindicatos, entre os professores em todos os níveis educativos e na ciência nas suas diferentes dimensões.

Neste contexto há a radicalização desta perspectiva político-religiosa, em especial depois das eleições de 2018, com a ascensão da extrema direita à Presidência da República, com Jair Messias Bolsonaro, que faz emergir, pelo menos, duas importantes práticas:

1. Assimilação do discurso armamentista (defesa da liberação de aquisição pessoal de armas de fogo) e da linguagem da autodefesa e da vingança com uma interpretação ideológica da Bíblia para ajustar o discurso religioso da pacificação à retórica da guerra.
2. A guerra espiritual/cultural passa a ser empreendida dentro das próprias igrejas. São significativos os registros de ações de discriminação, exclusão, expurgos e perseguições, da parte de lideranças, a fiéis das igrejas e demais grupos religiosos identificados como não-alinhados, que revelam simpatia ou ativismo progressista, de esquerda, por direitos humanos. Para isso se constrói uma noção de pecado e interdição ao alinhamento progressista que torna possível

a desqualificação da fé destes opositores bem como permite a intimidação e o assédio que lhes são impostos.

Há outra forma teológica à vertente Reconstrucionista das Teologias do Domínio. A noção, como já referido, foi construída por fundamentalistas dos Estados Unidos nos anos 1970, fortemente orientada por Gary North, um acadêmico, historiador econômico, defensor do livre mercado, ao que une suas confessionalidade e formação teológica calvinista. Esta perspectiva defende a dominação e não a oposição a instituições seculares, para a cristianização da sociedade. North partilhava da estratégia de ocupação cristã da política partidária, porém, acreditava não ser suficiente. Daí o desenvolvimento da noção de atuação "de baixo", da cultura, da base da vida social. Para os reconstrucionistas a educação é um dos principais "campos de batalha por corações e mentes" para transformações de longo prazo (SOUZA, 2017).

O Reconstrucionismo teve importante papel na consolidação da Maioria Moral, a Nova Direita Cristã dos Estados Unidos, fornecendo a forma teológica mais influente na política, uma das Teologias do Domínio, ou ideologia dominionista. O plural se justifica pela existência de vertentes diferentes, e anteriores aos anos 1970, mas que "têm confluências quanto à ideia do domínio social e político (...), [embasada na] 'tarefa abandonada por Adão, a saber, exercer o domínio e subjugar a terra submetida a Deus e Sua palavra-lei'" (NOVAIS, CAMPOS, p. 31, 38).

A Teologia (Dominionista) dos Sete Montes, por exemplo, base da Nova Reforma Apostólica, no interior do pentecostalismo dos Estados Unidos, nos anos 1940, defende que "a vontade de Deus é que os cristãos dominem as múltiplas áreas da sociedade.

Com possíveis ligeiras modificações terminológicas a depender de autor ou obra, as esferas são as seguintes: família, religião, educação, governo, mídia, arte e economia" (NOVAIS, CAMPOS, p. 32).

Já o Reconstrucionismo, de identidade calvinista, representa a busca da reconstrução da teocracia na sociedade contemporânea, no cumprimento da predestinação dos cristãos de ocuparem postos de comando no mundo (presidências, ministérios, parlamentos, lideranças de estados, províncias, municípios, supremas cortes) – o domínio religioso cristão – para incidirem na vida pública. Os reconstrucionistas assimilam a teologia da prosperidade e da guerra espiritual em suas bases (em especial no campo da educação), no apoio ao sistema econômico e político neoliberal, com o oferecimento de fundamento religioso e uma cosmovisão cristã, a fim de sustentar a conquista de poder por parte de líderes religiosos evangélicos (GUADALUPE, GRUNDBERGER, 2019).

Uma outra frente que fortaleceu a direita cristã estadunidense, com reverberações em outras partes do mundo, foi a corrente fundamentalista reformista. Inspirada pelo pastor calvinista Francis Schaeffer, o reformismo atua politicamente em outra direção: ao invés de investir na política partidária ou nas clássicas cruzadas evangelísticas, Schaeffer, um jovem pastor nos anos 1950, dedicou-se a trabalhar com a juventude.

Como missionário presbiteriano na Suíça, ele criou, em 1955, nos Alpes, a L'Abri ("abrigo", em francês), uma fraternidade internacional para formação de jovens. Ele propunha que os cristãos entrassem na "guerra cultural" e se utilizassem das instituições culturais da sociedade a fim de transformá-las. Por isso passou a estimular a produção cultural, em especial de filmes com base religiosa, confrontando o humanismo, ao qual Schaeffer tinha ojeriza e relacionava ao aborto. O conteúdo propagado por Schaeffer foi e tem sido base para vários movimentos "pró-vida" e a estratégia de transformação social pela cultural, orientação para o movimento musical gospel contemporâneo (WILLIAMS, 2010; ALENCAR, 2018; CUNHA, 2020).

3. A consolidação da direita cristã extremista no Brasil nas primeiras décadas do século XXI: o lugar das mídias digitais

A direita cristã brasileira ganha novo corpo nos anos 2010, tanto com o fortalecimento político de lideranças evangélicas, como exposto anteriormente neste capítulo, quanto com o reavivamento do Integrismo católico, por meio da ascensão do líder ultraconservador Olavo de Carvalho.

Com os recursos de alcance das mídias digitais, Carvalho recuperou os princípios do Integrismo, então em baixa (GAMA, 2024). Jornalista, escritor, astrólogo e autoidentificado como filósofo, Olavo de Carvalho se tornou um influenciador digital nos anos 2010 e solidificou o perfil ultraconservador do catolicismo brasileiro ao resgatar e atualizar ideias que estavam em circulação havia décadas.

Entre essas ideias destaca-se a noção de "Marxismo Cultural", conceito elaborado por Michael Minnicino (1992), no artigo *The New Dark Age: The Frankfurt School and "political Correctness"* [A Nova Era Obscura: A Escola de Frankfurt e o politicamente correto]. Essa teoria propõe que o marxismo teria migrado do campo econômico para a esfera cultural. Embora disseminada no Brasil por Olavo de Carvalho, a concepção já constava nos discursos da TFP desde a década de 1970.

Com a expansão das mídias digitais, as ideias de Olavo ganharam ainda mais alcance, promovendo a rearticulação de grupos conservadores tradicionais, como o Centro Dom Vital, e a ascensão de influenciadores digitais ligados ao ultraconservadorismo, como o Padre Paulo Ricardo e Bernardo Küster.

Vários estudos denominam como "neointegrismo" este movimento que emerge da Igreja Católica nas duas décadas do século XXI (RAMIREZ, 2020). O termo "neo" é utilizado pela compreensão de que há características estruturais semelhantes às dos grupos católicos integralistas da Espanha, no final do século XIX e no início do XX (mesmo período de emergência do fundamentalismo entre protestantes nos Estados Unidos).

Estes estudos estabelecem o Concílio Vaticano II como marco estimulador do ressurgimento do Integrismo, como recurso de reação dos grupos opositores às reformas e "modernização" da Igreja Católica a partir daquela reunião. Avalia-se que neointegristas se aproximam do calvinismo na forma de entender a dimensão econômica da sociedade e o modo em que a produção econômica e a vida moral podem interseccionar por meio da ética cristã (RAMIREZ, 2020).

A Opus Dei, o Papa João Paulo II e seu sucessor Bento XVI seriam expressões deste neointegrismo para os estudiosos do tema. A oposição ao pontificado do Papa Francisco (que governa a Igreja Católica na elaboração deste estudo), presente em muitos países, com força nos Estados Unidos, deve-se fortemente a este legado conservador de pontificados passados. Reflete a força deste movimento no interior do Catolicismo em todo o mundo. É uma busca de retomada de poder religioso-político e simbólico da Igreja Católica, enfraquecido pelo pluralismo religioso e pelas transformações sociopolíticas de movimentos seculares, em especial aqueles que alcançam direitos das minorias sociais (mulheres, LGBT+, populações negras e indígenas).

É neste sentido que se dá a convergência entre evangélicos e católicos ultraconservadores, com ampla facilitação pelas conexões possibilitadas pelas mídias digitais. Tal aproximação no Brasil culminou, em 2014, na campanha (bem-sucedida) contra a inclusão da noção de gênero no Plano Nacional de Educação. Esse episódio popularizou o termo "ideologia de gênero" de forma pejorativa, e deu visibilidade à presença da direita cristã na política brasileira (SOUZA, 2014). Igualmente, não é uma coincidência que, no mesmo ano de 2012, em que foi fundada a Associação Nacional de Juristas Evangélicos (Anajure), tenha sido fundada a União dos Juristas Católicos de São Paulo (Ujucasp), sob a liderança do ultraconservador católico Ives Gandra (TONIOL, 2024).

Desta forma se consolida a política extremista de matriz cristã que tornou possível a ascensão da personagem-chave desta articulação político-religiosa, o militar da reserva Jair Bolsonaro, levado à Presidência da República em 2018, como insistentemente registrado neste capítulo – um paradigma na discussão do tema em estudo. Sua imagem construída como um pancristão – ora autoidentificado como católico, ora performando uma imagem de evangélico – tornou possível que, desde 2016, quando lançado como candidato à Presidência, ao se filiar ao Partido Social Cristão (PSC), o político transitasse entre os dois grupos cristãos e acionasse fortemente símbolos relacionados às duas tradições confessionais. A aproximação com judeus, refletindo a Maioria Moral estadunidense, também faz parte deste processo (CUNHA, 2024).

Em 2018, amplo apoio de evangélicos e católicos a Jair Bolsonaro representou mais do que dar suporte a um político, mas a concretização do ideal de um Brasil como uma "civilização cristã" (CUNHA, 2024). Nesta concepção a nação deve ser orientada por uma agenda moral que inclui a submissão das mulheres, a doutrinação militar, a domesticação dos jovens, a eliminação de opostos, o rechaço à pluralidade étnica, cultural e religiosa, ao aborto, à homoafetividade e ao comunismo.

É possível observar nos discursos e ações de lideranças católicas e evangélicas, amplamente propagadas nas mídias digitais delas próprias, das instituições e organizações a que estão vinculadas, de seguidores e de movimentos diversos alinhados à direita cristã, pelo menos duas características que marcam a consolidação não só da vertente, mas de uma dimensão extremista com matriz religiosa: a ressignificação da Teologia Reconstrucionista e intensificação da ênfase na guerra espiritual/cultural.

A Ressignificação da Teologia do Domínio/Reconstrucionismo é o recurso a uma "superioridade moral evangélica" e à necessidade de subordinação do país a leis bíblicas, fundamentalmente as do Antigo Testamento. Os reconstrucionistas defendem a ocupação cristã para além dos poderes Legislativo e Executivo, também do Judiciário e isto tem se dado no Brasil em várias frentes.

O fortalecimento de movimentos como o "Escola Sem Partido", as propostas de *homeschooling* (educação domiciliar), aprovadas no Congresso Nacional durante o governo de Jair Bolsonaro, que nomeou para o Supremo Tribunal Federal um ministro pastor presbiteriano (calvinista), identificado como "terrivelmente evangélico", mais a "messianização" da Operação Lava Jato (que mudou rumos políticos e econômicos do Brasil), o fortalecimento da influência política das associações de juristas católicos e evangélicos e os inúmeros projetos de lei de parlamentares autodeclarados cristãos de transformação das bases da educação, demonstram a força do fundamentalismo reconstrucionista no país (CUNHA, 2020; SOUZA, 2024).

A intensificação da ênfase na guerra espiritual/cultural se dá no discurso do nós contra eles, no confronto com os inimigos da fé, da igreja e dos valores morais de aprovação divina (nomeados como "comunismo", "feminismo", "abortistas", "ditadura gay", principalmente), e no sentimento de pertencimento a um grupo escolhido, a um povo eleito que tem a autoridade divina para combater e eliminar os inimigos da fé. Nesta guerra é feita uma defesa radical das agendas pró-vida e pró-família contra os direitos sexuais e reprodutivos alcançados no quadro de um Estado democrático, em oposição às pautas de direitos humanos e das políticas públicas defendidas pelas esquerdas políticas.

Aqui, o fundamentalismo reformista tem um papel com os grupos que trabalham com produção artística, literatura, intelectualidade, voltados para o discurso religioso. O Instituto L'Abri tem filial no Brasil, desde 2008, e oferece formação para jovens, "legitimando a pressuposição da dominação divina, de uma sociedade com valores cristãos, por meio de discurso racionalista, intelectualizado, não simplista. O L'Abri atrai uma faixa da juventude universitária pois constrói sua imagem como um instituto cristão sofisticado" (SOUZA *apud* CUNHA, 2020, p. 39).

O diretor do L'Abri Brasil, pastor da Igreja Esperança Guilherme de Carvalho, foi nomeado, em 2019, Diretor de Promoção e Educação em Direitos Humanos do Ministério da Mulher, Família e Direitos Humanos do governo Jair Bolsonaro. Guilherme de Carvalho se apresenta como intelectual neocalvinista com "mestrados em teologia e Ciências da Religião" e professor de teologia, e é um dos fundadores da Associação Brasileira Cristãos na Ciência, mantendo a tendência reformista neocalvinista, já descrita neste capítulo. Em março de 2020, o pastor deixou o governo Bolsonaro, alegando que "a presidência e seu núcleo ideológico não apresentam a capacidade de representar valores cristãos no mundo público" (CARVALHO, online).

O movimento cultural gospel, a partir dos anos 1990 no Brasil, entre evangélicos e católicos, também é um veículo importante da ideologia reformista. Além de oferecer conteúdo doutrinário pela música, os shows gospel oferecem pregações religiosas e vários cantores e grupos musicais têm seus espaços de educação religiosa. Nesse período também se observa um crescimento da distribuição de livros e filmes de conteúdo evangélico. Um exemplo é o livro "A Cabana", de origem canadense, de 2007, publicado em português e espanhol, em 2008, e lançado em filme em 2017, na América do Sul. Unindo música e formação religiosa, a cultura gospel exerce significativo papel na disseminação das teologias reconstrucionista e da guerra espiritual e extrapola fronteiras religiosas, conquistando espaços laicos por meio das mídias de entretenimento (TV, cinema, shows musicais) (CUNHA, 2021).

Outro movimento que mescla reconstrucionismo e reformismo e tem como alvo a juventude universitária é o Dunamis Movement, de caráter paraeclesiástico, com parcerias com grupos afins dos Estados Unidos. Mesclando momentos de culto, grupos de oração em escolas e universidades, shows musicais, conferências, retiros, cursos de curta e de média duração, conta com uma propriedade rural, uma editora e uma agência de publicidade, com ampla presença nas mídias digitais, com propagação de conteúdo diverso, incluindo produções em áudio e vídeo.

O pastor fundador Teo Hayashi afirma o objetivo de "transformar o Brasil", e conta que um de seus projetos é construir uma universidade na Dunamis Farm, para formar profissionais de todas as áreas do conhecimento que carreguem "paixão pelo sobrenatural" (ABREU, CAMPOS, 2023, p. 140). Do movimento Dunamis já saíram vários candidatos a vereador, deputado estadual e deputado federal de pequenas e grandes cidades do Brasil, sendo o mais proeminente o evangélico influenciador digital Nikolas Ferreira, do estado de Minas Gerais, do Partido Liberal, de Jair Bolsonaro.

Ferreira já havia sido eleito vereador de Belo Horizonte em 2020 como o segundo mais votado da cidade, e foi eleito deputado federal em 2022, tendo recebido o maior número de votos do país. O caso Nikolas Ferreira é um forte exemplo do poder captador de apoios pela direita cristã extremista, que faz uso eficaz das mídias digitais: um jovem evangélico ao Congresso Nacional, aos 27 anos, tornou-se um parlamentar com ampla articulação, tendo alcançado a Presidência da Comissão de Educação da Câmara dos Deputados em 2024.

A título de conclusão

A direita cristã e sua vertente extremista se consolidou no Brasil na segunda década do século XXI, ancorada nas bases teológicas evangelicalistas da Guerra Espiritual e do Reconstrucionismo (uma das Teologias do Domínio). Com isso, lideranças ultraconservadoras evangélicas e católicas (pastores, cantores gospel, influenciadores digitais) conquistaram crescente visibilidade no cenário público por meio de projetos de mobilização e consolidação de poder político, recorrendo às mídias digitais como veículo privilegiado.

Esse processo foi intensificado com a eleição de Jair Bolsonaro à Presidência da República em 2018. Em aliança com setores políticos cristãos conservadores e lideranças religiosas, Bolsonaro impulsionou esse grupo, especialmente o segmento evangélico, a uma posição de influência há muito almejada.

Esses elementos consolidam o protagonismo dos evangélicos no atual cenário político brasileiro, evidenciado pela crescente influência da bancada evangélica no Congresso e pelo surgimento de lideranças religiosas com forte atuação política, especialmente nas redes sociais. Contudo, é preciso considerar também a presença do ativismo católico romano em diferentes esferas dos Poderes da República.

Como foi possível destacar neste capítulo, no Brasil contemporâneo, a relação entre Cristianismo e política é amplamente midiatizada, sendo estruturada pelas plataformas de comunicação. Essas mídias funcionam como uma "arena de visibilidade", colocando o Cristianismo, sobretudo o segmento evangélico, em evidência na esfera pública. É nesse ambiente digital que os discursos e ações calcados nas teologias políticas evangelicalistas da guerra, do domínio e da reconstrução da nação se consolidam, conquistam adesões e elegem representantes (CUNHA, 2020).

O conteúdo disseminado pelas mídias digitais - postagens de textos, imagens, memes, áudios e vídeos em perfis do Facebook, do Instagram, do X, do TikTok, de grupos de WhatsApp e de canais do Youtube, para citar as principais - busca responder e afetar imaginários construídos com base em mitos, ritos e símbolos religiosos, de matriz cristã, que unem grupos e dão um significado último à vida e ao destino das comunidades. O conteúdo que recorre às teologias da Guerra Espiritual e do Reconstrucionismo (de Domínio) recolocam em pauta a histórica incorporação do Bem na luta contra o Mal (com a noção de inimigos a serem derrotados sendo crucial) por meio de um povo escolhido (cristãos identificados com conservadores), unido por sentimentos de fraternidade, idealismo e retidão ("gente de bem").

Nesse sentido, a política é assimilada como um meio de uma transformação total da nação brasileira, que expulsa o mal (concretizado na pauta de direitos de gênero e demais direitos humanos, econômicos, sociais, culturais e ambientais). Candidatos aos cargos públicos devem ser cristãos comprometidos com estes valores, mas, em certas circunstâncias, podem até não ser, pois como lideranças repetem insistentemente em sermões e canções gospel "Deus escolhe quem quer usar mediante a Sua vontade" – caso do escolhido Jair Bolsonaro e de seu similar Donald Trump (CUNHA, 2021).

Este cenário reflete a hegemonia do extremismo religioso de matriz cristã no espaço público no Brasil, impulsionada pelo domínio dos grupos ultraconservadores no campo político. A estratégia de visibilidade midiática desses grupos contribui para isto e também para a invisibilização de outros setores religiosos, incluindo evangélicos progressistas, o que deve ser objeto de atenção em novos estudos.

Referências

ALENCAR, G. "Evangélicos e a Nova Direita no Brasil: os Discursos Conservadores do 'Neocalvinismo' e as Interlocuções com a Política". *Teoria e Cultura*, 13(2), p. 101-117, 2018. Disponível em: https://periodicos.ufjf.br/index.php/TeoriaeCultura/article/view/12428/7491

ALMEIDA, R. de. "A fé e o governo Bolsonaro". *Folha de S. Paulo*, 26 out. 2022. Disponível em: https://www1.folha.uol.com.br/opiniao/2022/10/a-fe-e-o-governo-bolsonaro.shtml

CARTA CAPITAL. "A intenção de voto entre católicos e evangélicos a 3 dias da eleição", segundo o Datafolha. *Carta Capital*, 27 out. 2022. Disponível em: https://www.cartacapital.com.br/politica/a-3-dias-da-eleicao-lula-abre-5-pontos-de-vantagem-sobre-bolsonaro-diz-datafolha/.

CARVALHO, G. "O Nome de Deus no Governo Bolsonaro: uma crítica teológico-política". Disponível em: https://guilhermedecarvalho.com.br/2020/03/20/o-nome-de-deus-no-governo-bolsonaro-uma-critica-teologico-politica/.

CUNHA, M. N. "Anos inquietantes: o processo de consolidação da direita evangélica no Brasil nas primeiras décadas do século XXI". In: PASSOS, J. D.; SANCHEZ, W. L. (orgs.). *A salvação da pátria amada. Religião e extrema direita no Brasil.* São Paulo: Paulus, 2024, p. 115-128.

______. *Evangélicos na Política Brasileira.* São Paulo: Almedina, 2022.

______. "'Pelo governo de Deus': a inserção de novos movimentos fundamentalistas estadunidenses na arena política do Brasil durante o governo Trump". *Ciencias Sociales Y Religión*, n. 23, 2021. Disponível em: https://periodicos.sbu.unicamp.br/ojs/index.php/csr/article/view/8670270 .

______. *Fundamentalismos, crise na democracia e ameaça aos direitos humanos: tendências e desafios para a ação.* Salvador: Koinonia, 2020. Disponível em: https://kn.org.br/wp-content/uploads/2020/10/FundamentalismosPT-1.pdf

DIAMOND, S. *Roads to Dominion: Right-wing Movements and Political Power in the United States.* Nova Iorque: Guilford Press, 1995.

GAMA, V. C. "Direitas católicas no Brasil: um projeto de longa duração". *Religião e Poder*, 7 mar. 2024. Disponível em: https://religiaoepoder.org.br/artigo/o-ativismo-juridico-catolico-no-brasil-parte-2-direitas-catolicas-no-brasil-um-projeto-de-longa-duracao/.

GUADALUPE, J. L. P.; GRUNDBERGER, S. (Eds.). *Evangélicos y Poder en America Latina* (2. ed.). Instituto de Estudios Social Cristianos (IESC)/Konrad Adenauer Stiftung (KAS), 2019.

MARIZ, C. L. "A Teologia da Batalha Espiritual: Uma Revisão da Bibliografia". *Revista Brasileira de Informação Bibliográfica em Ciências Sociais – BIB*, n. 47, p. 33-48, 1° sem. 1999. Disponível em: https://bibanpocs.emnuvens.com.br/revista/article/view/213.

MARSDEN, G. *Understanding Fundamentalism and Evangelicalism*. Grand Rapids: Wm. B. Eerdmans, 1991.

MINNICINO, M. "The New Dark Age: The Frankfurt School and 'political Correctness'". *Fidelio,* v. 1, n. 1, p. 4-27, 1992. Disponível em: https://archive.schillerinstitute.com/fidelio_archive/1992/fidv01n01-1992Wi/index.html.

NOVAIS, T. M.; CAMPOS, B. M. "Teologias do Domínio: revisitando fontes e autorias". *Protestantismo em Revista*, v. 47, n. 02, p. 29-40, jul/dez. 2021. Disponível em: https://revistas.est.edu.br/index.php/PR/article/view/2520.

ORO, I. *O Outro é o Demônio. Uma Análise Sociológica do Fundamentalismo*. São Paulo: Paulus, 1996.

PIO IX. "Carta Encíclica Quanta Cura. Sobre os principais erros da época". *Montfort Associação Cultural*, online. Disponível em: http://www.montfort.org.br/bra/documentos/enciclicas/quantacura/.

______. "Carta Encíclica Pascendi Dominici Gregis. Sobre as doutrinas modernistas". Vaticano, 1907. Disponível em: https://www.vatican.va/content/pius-x/pt/encyclicals/documents/hf_p-x_enc_19070908_pascendi-dominici-gregis.html.

RAMIREZ, G. A. "Políticas Antigénero en América Latina – 'Ideología De Género', Lo 'Postsecular', el Fundamentalismo Neopentecostal y el Neointegrismo Católico". *La Vocación Anti-Democrática*. Rio de Janeiro: Observatório de Sexualidade e Política (SPW)/ABIA, 2020. Disponível em: https://sxpolitics.org/GPAL/.

ROCHA, D. "Da 'minoria silenciosa' à Maioria Moral: transformações nas relações entre religião e política no fundamentalismo norte-americano na década de 1970". *Religião e Sociedade*, 1(40), 91-113, 2002. Disponível em: https://www.scielo.br/scielo.php?script=sci_arttext&pid=S0100-85872020000100091.

SOUZA, A. S. "A escola como campo de disputa nas eleições municipais de 2024". In: REIS, L. *et al.* (orgs.). *O que aprendemos ao pesquisar religião e eleições?* Rio de Janeiro: ISER, 2024.

______. *O legado fundamentalista do Seminário Teológico de Westminster: reformistas x reconstrucionistas no espaço público americano*. [Tese de Doutorado, Universidade Federal de Juiz de Fora]. Repositório de Teses da UFJF, 2017. Disponível em: http://repositorio.ufjf.br:8080/jspui/bitstream/ufjf/4483/1/andreasilveiradesouza.pdf.

SOUZA, S. D. 'Não à ideologia de gênero!' A produção religiosa da violência de gênero na política brasileira". *Estudos de Religião*, v. 28, n. 02, p. 188-204, jul./dez. 2014. Disponível em: https://www.academia.edu/68245629/N%C3%A3o_%C3%A0_Ideologia_de_G%C3%AAnero_A_Produ%C3%A7%C3%A3o_Religiosa_da_Viol%C3%AAncia_de_G%C3%AAnero_na_Pol%C3%ADtica_Brasileira.

TONIOL, R. "O ativismo jurídico católico no Brasil (parte 1)". *Religião e Poder*, 5 fev. 2024. Disponível em: https://religiaoepoder.org.br/artigo/o-ativismo-juridico-catolico-no-brasil-parte-1.

VITAL DA CUNHA, C.; LOPES, P. V. L.; LUI, J. *Religião e Política: medos sociais, extremismo religioso e as eleições 2014*. Rio de Janeiro: ISER, 2017.

WILLIAMS, D. K. *God's Own Party: The Making of the Christian Right*. Oxford: Oxford University Press, 2010.

WINK, G. "Angels at the Top, Rocks at the Bottom: Naturalized Inequality in Brazilian Conservative Thought". *Social Sciences*, 12: 692, 2023. Disponível em: https://www.mdpi.com/2076-0760/12/12/692.

PARTE II

Hermenêuticas do domínio de Deus

Durante quase dez anos (...) por várias vezes, já colori minha Bíblia inteira de acordo com os temas: Governo, Educação, Economia, Família, Artes, Comunicação, Ciência e Igreja.

Landa Cope

"Pois nossa luta não é contra os seres humanos, mas contra os poderes e autoridades, contra os dominadores deste mundo de trevas, contra as forças espirituais do mal nas regiões celestiais" Ef 6,12

Onyx Lorenzoni

A atual TD é uma construção fundamentalista que opera a partir de pré-noções políticas. O conceito de pré-noção indica que as leituras de um texto são feitas dentro e a partir de um contexto que fornece os pressupostos conscientes ou não da leitura. As leituras e fundamentalistas da TD, pretensamente bíblicas e até literalistas, revelam, na verdade, os pré-conceitos do leitor que orientam a leitura dos textos. Fica claro um movimento de deslocamento dos pressupostos dogmáticos cristãos (no movimento original) para pressupostos políticos (atuais), ou da fundamentação bíblica de doutrinas e valores evangélicos para doutrinas e valores políticos. A TD opera dentro das regras hermenêuticas do fundamentalismo, fazendo seleções de cenas e enredos a partir de determinados pressupostos projetados sobre os mesmos, adotando textos bíblicos como normativos para a vida atual, empregando o princípio da anacronia: da atemporalidade do texto, entendido como sempre atual e atuante e traduzindo do suposto modelo bíblico em modelos atuais, no caso em modelos de poder.

A afinidade eletiva entre a TD e o modelo econômico leva adiante a intuição weberiana, agora no contexto de um capitalismo globalizado e em crise. A ética intramundana traduz-se em escatologia intramundana, ou seja, em poderes que encarnam e realizam as promessas divinas de concretização de seu Reino na história, sob o comando de seus escolhidos. É, portanto, da conjuntura mundial recortada por uma crise que se pode buscar os pressupostos da hermenêutica fundamentalista que oferece seus modelos de TD. No fundo, trata-se da busca de hegemonia econômica e política por parte do regime capitalista de orientação liberal (ultraliberal) praticado mundialmente e, de modo direto, pelos EUA, e que busca os modos de acomodação imperialistas na economia globalizada.

Permanece a regra conhecida: a afinidade entre os poderes. As narrativas bíblicas utilizadas pela TD oferecem a matéria-prima para uma reconfiguração da ordem presente herdada da longa temporalidade moderna, da qual adviriam as razões de todas as crises pelas quais passam os povos e nações. Os supostos modelos bíblicos de reorganização da sociedade como um todo escondem os reais modelos de vida defendidos como superiores aos que são vigentes na era moderna. A TD pode também ser lida pelas categorias do cristofascismo, do domínio colonizador e da cosmovisão integristas.

Fundamentalismo, inerrância e poder: a base da hermenêutica da teologia do domínio

Edson M. Nunes Jr. e Petterson Brey

Fundamentalismo é um tema multifacetado, repleto de nuances e interdisciplinar. Suas possibilidades de origem e de alcance são múltiplas. Todo assunto assim merece, portanto, múltiplas abordagens. A aproximação, por conseguinte, aqui, não se dará pelo viés histórico, sociológico, político, ou qualquer outro que não seja a área de atuação dos estudos bíblicos. Dentro dessa grande área, a especialização dos autores é em literatura bíblica, especificamente Bíblia Hebraica. Dessa forma, esse ensaio livre se concentra mais na relação entre o uso de métodos científicos no estudo da Bíblia e a reação a isso dentro do Cristianismo fundamentalista. O objetivo é apontar, como parte constitutiva do fundamentalismo, a rejeição ao estudo acadêmico e, ao mesmo tempo, a apropriação dele de acordo com interesses doutrinários, bem como propor que isso se constitui como a base da hermenêutica bíblica da TD.

A marca mais notória do fundamentalismo é sua ênfase fortíssima na inerrância bíblica, vinculada diretamente à doutrina da autoridade bíblica e da inspiração (LEMKE, 2002), como aponta James Barr, que foi professor de interpretação bíblica e hebraico em Oxford. Aliás, Barr é um acadêmico importante no que se refere ao estudo da relação entre fundamentalismo e estudo da Bíblia, tendo produzido dois relevantes livros sobre o assunto (BARR, 1978; 1984).

Propõe-se, no âmbito deste ensaio, que é um equívoco comum naqueles que abordam o fundamentalismo concluir que a ideia de inerrância está diretamente ligada à literalidade interpretativa. Quer dizer, o fundamentalista é literalista quanto à interpretação bíblica e essa visão o torna inerrantista. No entanto, a inerrância não é necessariamente literalista. Sendo a Bíblia a palavra de Deus, ela não pode conter erros, equívocos ou contradições de qualquer ordem, seja ela teológica, histórica, geográfica, literária, gramatical e científica. Dessa forma, o fundamentalista vai usar qualquer tipo de interpretação, literalista ou não, para demonstrar que a Bíblia não possui nenhum tipo de erro.

Com isso, portanto, pretende-se demonstrar que essa *maleabilidade* (no sentido de algo que é manipulável de maneira conveniente para se adequar a proposições circunstanciais) metodológica fundamentalista se constitui como elemento fundamental da hermenêutica bíblica da TD, sobre a qual, a propósito, entende-se aqui que se refere à maneira como textos bíblicos são acessados para legitimar os pressupostos teológico-políticos dominionistas. Há de se verificar – após uma breve aproximação histórico-contextual acerca do desenvolvimento dos métodos de interpretação bíblica (1), seguida da reação fundamentalista correspondente (2), com a apresentação de alguns exemplos de operações fundamentalistas nos estudos bíblicos (3) – como, enfim, o fundamentalismo se constitui como a base hermenêutica da TD (4). Acredita-se que seja razoável afirmar que, em perspectiva dos poderes políticos em simbiose direta com os poderes das igrejas, a hermenêutica da TD não se constitui como questão propriamente teológica (como compromisso metodológico de interpretação da Bíblia), mas um projeto de legitimação do poder político-religioso.

1. Uma breve aproximação histórico-contextual

A popularização do estudo da Bíblia e uma certa liberdade interpretativa dela, originada pela Reforma Protestante (THOMPSON, 2009), trouxe um primeiro desafio para que se encontrasse uma maneira de manter algumas crenças fundamentais, tradicionais (BREY, 2022). Por sua vez, o Iluminismo, principalmente, trouxe um segundo grande desafio, pois aliado ao método científico, criou um efeito de questionamento sem precedentes quanto à interpretação do texto bíblico (LEGASPI, 2017). História, arqueologia, literatura, filologia e todas as ciências começaram a colocar em xeque verdades bíblicas ensinadas por séculos (YARCHIN, 2011). A teoria das fontes, esboçada por Julius Wellhausen (2004), já no século XIX, é, talvez, um dos mais visíveis métodos que tornaram a Bíblia um livro extremamente humano. Autoria, unidade, datação dos livros bíblicos, tudo passou a ser questionado e desacreditado (CASSUTO, 2014).

Nesse processo de estudo científico da Bíblia, a reação do corpo religioso foi a completa hostilidade a todo e qualquer método interpretativo e estudo crítico da Bíblia que questionasse verdades tidas como fundamentais para a religião (BRAY, 2017). Essa hostilidade é palpável quando, por exemplo, o Reverendo Charles Briggs é julgado pela igreja presbiteriana pelo que ensinava em sala de aula. Dr. Briggs ensinava os tais *novos métodos críticos* no Union Theological Seminary, e por isso foi acusado de heresia. Ele foi julgado e condenado. Isso ocorreu no final do século XIX, por volta dos anos 1890.

Em 1910 e até 1915, uma série de folhetos chamados de *Fundamentals* (TORREY; DIXON, 1915) circulava nos EUA, tratando de pontos centrais da fé cristã, entre eles, a crença na autoridade plena da Bíblia. Nesses folhetos, a Bíblia, e uma interpretação mais estreita da SOLA SCRIPTURA, são alçadas ao mesmo nível de importância da divindade de Jesus, seu nascimento virginal, sua encarnação e ressurreição. A Bíblia deve ser tida como uma verdade histórica indelével e inquestionável (ERICKSON, 2002). Tudo narrado nela aconteceu de fato e de verdade e, por isso, deve-se confiar na teologia decorrente do estudo sério e fundamentado dela (TOLAR, 2002).

Esse olhar para o fundamentalismo, pelo viés do estudo da Bíblia, é revelador acerca do motivo da apologética ser tão importante nos ciclos cristãos. É necessário defender a Bíblia a qualquer custo (HATCHETT, 2002). A Bíblia precisa ser inerrante e infalível para que as verdades vitais ao cristianismo sejam reafirmadas. A defesa da ausência de erros, quaisquer erros, é vital para a manutenção da verdade doutrinária.

2. A reação ao método

O primeiro movimento de reação, portanto, a qualquer método científico de estudo da Bíblia, é a hostilidade. O segundo, no entanto, é a adaptação. Para o fundamentalismo, a boa ciência corrobora a Bíblia. A boa arqueologia corrobora a Bíblia. A boa história corrobora a Bíblia. A boa teologia corrobora a Bíblia (CORLEY, 2002). Nesse sentido o fundamentalismo, ao passo que rejeita métodos, também os acolhe desde que eles comprovem a Bíblia. Esse comprovar e corroborar, porém, não se trata da Bíblia em si, mas de aspectos teológicos inerentes da religião. A Bíblia não é o início ou o fim, ou melhor, o estudo da Bíblia não é o início ou o fim, mas o meio para se chegar às conclusões postuladas da religião. A religião institucionalizada é que controla a Bíblia e sua interpretação. É a tradição religiosa que precisa que a Bíblia se conforme a sua teologia e não o contrário. Por isso, a inerrância é um pilar central dessa construção.

A inerrância garante que a Bíblia e a interpretação da tradição religiosa sejam as únicas corretas. Somente o método "x", que chegou às conclusões "x", é o método a ser usado. O verdadeiro cristão interpreta a Bíblia corretamente. A visão correta da Bíblia e a sua verdadeira interpretação é aquela que coincide com as conclusões da tradição religiosa em que o intérprete pertence. Por isso a ênfase final não é no estudo da Bíblia em si, mas no estudo doutrinário e, consequentemente, apologético da Bíblia.

Isso transforma a Bíblia em um símbolo religioso que precisa ser protegido. A pureza e santidade da Bíblia correm risco e, por isso, a Bíblia precisa ser protegida. Qualquer método e qualquer intérprete está *sub judice*. Há medo de novos métodos e desconfiança do intérprete. Se as conclusões mantêm a tradição religiosa, há aceitação do viés metodológico e do intérprete. Se há questionamento, o intérprete e seu método são desacreditados e taxados de hereges. A interpretação correta e verdadeira, o método correto e verdadeiro, só chegam a uma conclusão, a conclusão da tradição religiosa.

O fundamentalismo defende a inerrância não por seu apreço ao texto sagrado, mas por preservação da tradição religiosa e da doutrina que a sustenta. A Bíblia precisa ser inerrante e infalível para que o sistema doutrinário e, por conseguinte, a tradição religiosa se mantenham. Até por isso, a falácia do efeito dominó seja tão comum entre os fundamentalistas: se esse pilar for questionado, tudo é questionado (BRASIL DE SOUZA, 1997). Em suma, a tradição, via doutrina, determina o método e a interpretação aceita. A tradição religiosa controla a interpretação e o método. A Bíblia, mais uma vez, não é fonte, mas símbolo. A autoridade, no final das contas, não é dela, mas da tradição religiosa. O fundamentalismo vai, geralmente, impedir qualquer método e qualquer intérprete de colocar em risco a tradição religiosa, agindo no sentido de desacreditar método e intérprete, ainda que por meios violentos.

Uma recente intercorrência no meio cristão escancarara essa realidade, proposta nesse ensaio. O biblista Peter Enns foi um conceituado professor em um dos mais renomados seminários cristãos do mundo, o Westminster Theological Seminary, até que lançou, em 2005, um livro chamado *Inspiration and Incarnation: Evangelicals and the Problem of the Old Testament* (2015). A discussão trazida pelo Dr. Enns no livro causou o seu desligamento do seminário, em 2009. Curiosamente, para entender o fenômeno do fundamentalismo, as palavras de Peter Enns, no prefácio da segunda edição do referido livro, dimensionam o problema:

> Escrevi *Inspiration and Incarnation* com firmeza e autoconsciência em apoio a um ponto de vista "inerrantista progressista" ou "inerrantista de gênero". Aqueles que subscrevem esta visão afirmam a inerrância de diferentes maneiras, mas todos concordam que a inerrância não deve ser equiparada a leituras literalistas das Escrituras. Pelo contrário, deve ser sensível aos gêneros antigos e às antigas convenções de discurso (ENNS, 2015, p. IX).

Embora se considerando inerrantista, ainda que "progressista", sua articulação de interpretar o texto bíblico a partir de literatura comparada, métodos literários e históricos foi considerada herética e sua influente carreira acadêmica no seminário foi terminada. Ou seja, não basta ser inerrantista, é necessário ser o tipo certo de inerrantista. Peter Enns, no pós-escrito da segunda edição do polêmico livro, se posicionou de maneira ainda mais clara sobre o problema do fundamentalismo. Ele argumenta que as explicações clássicas, ou tradicionais, aos problemas da Bíblia pelos acadêmicos e líderes religiosos, procurando manter os limites de suas doutrinas denominacionais, acaba por criar os mesmos questionamentos circulares. De tempos em tempos as mesmas perguntas são feitas, já que as respostas não satisfazem as mentes mais críticas.

A história do Dr. Briggs e do Dr. Enns deixa claro que: o fundamentalismo bíblico não trata apenas da inerrância da Bíblia, mas da doutrina e da manutenção da tradição religiosa que giram ao redor da interpretação dela.

Não à toa, o fundamentalismo cresce e se espalha por meios conservadores. A meta é a manutenção dos espaços de poder e de privilégio. Sendo assim, ou se controla a universidade e a produção acadêmica, ou se rotula a mesma como perigosa e herege. A produção do saber precisa estar vinculada à tradição religiosa e sua doutrina.

Por isso, é razoável que se diga que a doutrina mais importante no fundamentalismo cristão não tem qualquer relação com Jesus, mas com a autoridade da Bíblia e sua inerrância. A Bíblia, portanto, precisa ser a palavra de Deus infalível e inerrante para que o sistema de crenças da tradição religiosa se mantenha.

3. Exemplos do fundamentalismo nos estudos bíblicos

Como é argumentado pelo sistema fundamentalista, a Bíblia não possui erros, nem mesmo científicos, ela é completa e suficiente para dar conta de tudo ao longo da história. A Bíblia só precisa dela mesma para ser interpretada e qualquer aparente equívoco possui uma resposta que ainda não foi encontrada. Qualquer incongruência e aparente erro precisa ser harmonizado para que o papel autoritativo da Bíblia (e do intérprete) se mantenha.

Um exemplo importante são as leituras de Gênesis 1 e as tentativas de adaptação à ciência. Nesse tópico, a teoria do intervalo é relevante: como a ciência comprova a antiguidade de certas coisas (pedras, metais etc.), para além dos quase seis mil anos tradicionais dos que defendem a "terra nova", então o intérprete vai enfatizar uma marcação massorética entre Gênesis 1,1-2 e Gênesis 1,3, para demonstrar a possibilidade de que a terra já existia antes e que há um intervalo entre um momento criativo anterior e a semana da criação de Gênesis 1, propriamente dita. Dessa maneira, a ciência e a Bíblia estão em acordo. Uma outra linha de interpretação é entender que Gênesis não é um relato histórico/científico das origens, mas um relato poético, ou ético. Assim, não há contradição entre Bíblia e ciência. Basicamente, se há muita evidência científica de alguma coisa e, ao mesmo tempo, uma doutrina que permite certas adaptações, haverá a tentativa de harmonização.

Os apologetas do adventismo do sétimo dia (a título de exemplo), por terem uma doutrina que fala da guarda do sábado, vão tender sempre a rejeitar qualquer visão de que Gênesis se trate de um relato poético ou ético. Por sua doutrina, Gênesis 1 e a semana da criação precisa ser histórica, factual (BRASIL DE SOUZA, 2011). Uma das tentativas de provar isso é a interessante e emblemática apropriação de qualquer método para chegar ao fim que se deseja: Gênesis 2,4. A discussão acerca desse ponto é bem extensa, segue-se, todavia, uma síntese.

Os métodos diacrônicos – chamados também de "histórico-críticos" (SIMIAN-YOFRE, 2009) – enxergam uma divisão textual entre Gênesis 2,4a e 2,4b: "Essas são as gerações dos céus e da terra quando foram criados" (Gênesis 2,4a) e "no dia em que fez, YHWH Elohim, a terra e os céus" (Gênesis 2,4b). Gênesis 2,4a seria claramente da fonte sacerdotal e fecharia a seção inicial do relato da criação. Autores sincrônicos – que envolvem os estudos literários da Bíblia, como é o caso da "análise narrativa" (SKA, 2009; MARGUERAT, BOURQUIN, 2009) –, que não consideram a hipótese documentária, apontam somente o paralelismo envelope com Gênesis 1,1 como determinante para a separação de Gênesis 2, 4 em duas partes. Dentre esses, Ellen van Wolde (1998, p. 22-23), por exemplo, além da repetição de "céus e terra" e do verbo *br'*, aponta *tôlĕdôt* como uma referência temporal que estaria em paralelo com o inicial *bĕrē'šît*. Assim, Gênesis 2,4a seria um resumo do que foi anunciado que seria feito em Gênesis 1,1. O que é defendido em tese doutoral – por Edson M. Nunes Jr. (2018) – é que Gênesis 2,4 se constitui como uma unidade e início de seção, por vários motivos, mas o aprofundamento dessa questão não vem ao caso nesse ensaio.

O que vem ao caso, entretanto, é que autores adventistas do sétimo dia, como Richard M. Davidson (2003; 2015), defendem uma divisão do verso 4 para conferir historicidade ao relato de Gênesis 1. A expressão *tôlĕdôt* é uma expressão que indicaria historicidade, portanto colocá-la ao lado da seção de Gênesis 1,1-2,3 daria factualidade ao relato. O interessante é que Richard M. Davidson se vale dos argumentos diacrônicos e dos sincrônicos literários (ao mesmo tempo) para defender essa posição – operação relativamente comum no âmbito da exegese bíblica adventista (BREY, 2023). Ou seja, embora diga se valer de um método que não é crítico-histórico e nem crítico-literário, mas sim "histórico-literário" (e para o qual não há um livro que descreva o tal método), o intérprete em questão se apropria de qualquer outro método, até os que chegam a conclusões contrárias à sua fé, para provar seu ponto e manter a doutrina da denominação à qual pertence.

Cabe ressaltar (como uma breve digressão, porém importante) que, conforme pontuado em publicação prévia (BREY, 2023), um texto publicado por Frank M. Hasel (2021) – pelo Biblical Research Institute (BRI), entidade oficial da teologia adventista –, propondo-se a dar um posicionamento acerca das "tendências recentes em métodos de interpretação bíblica", acaba colocando em apuros certos teólogos adventistas renomados, como, por exemplo, o supracitado Richard M. Davidson. Isso porque, de acordo com Marko Lukić (2021), Frank M. Hasel, em sua argumentação, no afã de combater a denominada "alta crítica" (como também são chamados os métodos histórico-críticos), notoriamente induz ao erro de se considerar a "análise narrativa" como um método diacrônico, ao invés de sincrônico. Percebe-se, assim, um sintoma daquilo que se está pontuando no presente ensaio: a prática de se tentar desacreditar métodos com o objetivo de aviltar pesquisadores que, aos olhos da patrulha oficial, estejam fora das quatro linhas da teologia adventista (ironicamente, neste caso, conforme demonstrado no parágrafo anterior, o tiro desferido atinge também o próprio Richard M. Davidson).

Retomando e concluindo, para aqueles que entendem o sábado como vital em seu sistema de crenças, a narrativa de Gênesis precisa ser verdade histórica, mas para aqueles que não entendem o sábado como vital, ela pode ser simbólica, ou ética, e apontar para a necessidade do descanso e da regulação do trabalho, e da graça de Deus. O fundamentalismo em cada um desses grupos se dá na busca por defender seu sistema de crenças. O método usado não importa, desde que se chegue à conclusão esperada. Nos dois grupos, a Bíblia será afirmada como autoridade inerrante, mas a interpretação seguirá qualquer método para concluir o esperado pela tradição religiosa à qual o intérprete pertence.

Gênesis 1 e 2 (outro exemplo) são alvo de uma batalha interpretativa nos ciclos fundamentalistas. A tentativa de harmonização dos textos passa pela inerrância e autoridade da Bíblia. Apesar de diferenças fundamentais e semelhanças interessantes, os dois relatos distintos são vistos como desdobramentos um do outro. Diversos elementos externos ao texto são usados na interpretação fundamentalista para defender aspectos de ambos.

Um exemplo pessoal (para Edson M. Nunes Jr.) recente foi a discussão que se gerou em torno da tese doutoral intitulada "A Terra em Gênesis 1-9: uma leitura microscópica crítica da narrativa" (NUNES JR., 2018). Argumenta-se (na tese), usando a crítica da narrativa, que há em Gênesis 2,7 uma clara relação entre a terra (*ʾădāmāh*) e o homem (*ʾādām*), que é realçada com um jogo de palavras único, que parece indicar uma natureza comum, afinal um é feito do outro. Gênesis 3,17-19 corrobora essa ligação. Já em Gênesis 1, essa relação não aparece explicitamente, mas o uso do verbo *ʿśh* na primeira pessoa do plural em Gênesis 1,26 (a única ocorrência de um verbo na primeira pessoa do plural em Gênesis 1) pode ser entendido como um convite divino à terra, para que ela participe da criação do homem, como acontece mais claramente em Gênesis 2,7. Dessa forma, o "façamos o ser humano a nossa imagem" pode ser um diálogo entre Deus e a terra.

Leituras tradicionais fundamentalistas, entretanto, são taxativas em afirmar que se trata de uma prova do envolvimento da trindade no processo criativo. Gerhard F. Hasel (1975), teólogo adventista do sétimo-dia, aponta seis possiblidades para o entendimento desse plural em Gênesis 1,26: (a) um paralelo com outras mitologias, ou seja, Deus está falando aqui com outras divindades; (b) Deus está falando com a terra ou com a criação; (c) Deus está se dirigindo à corte celestial; (d) é um plural majestático, referente a sua realeza; (e) seria um plural de deliberação, como ocorre em línguas modernas; (f) trata-se de um plural de completude, pois Deus estaria se dirigindo ao seu próprio ser, numa espécie de deliberação intra-divina com o Espírito e com a Sabedoria (Provérbios 8). Sua conclusão é de que a última possiblidade é mais provável.

A refutação de Gerhard F. Hasel e de outros teólogos fundamentalistas à ideia de um diálogo divino com a terra é que não existe nenhuma parceria entre Deus e a terra em Gênesis 1, 2 e mesmo no restante do Antigo Testamento. Entretanto, há uma ordem direta dada à terra em Gênesis 1,11 e sendo obedecida pela terra imediatamente em Gênesis 1,12, além da própria criação do homem em Gênesis 2, como apresentado acima. Portanto, há sim a possiblidade de que Gênesis 1,26 seja um diálogo entre Deus e a terra na criação do homem – Genesis Rabbah 8.9 parece sugerir isso (FREEDMAN; SIMON, 1961, p. 60). Gênesis 1 e 2 possuem diferenças narrativas consideráveis apontadas por muitos estudiosos, mas ao considerar alguns dos pontos tratados nesse capítulo, é possível visualizar uma série de elementos comuns que constroem e aprofundam o relacionamento tripartido, Deus-terra-homem, verificado no capítulo primeiro dessa tese. Em ambos os relatos, a terra é uma parceira divina anterior ao homem e após a criação dele estará em relação com ele de maneira direta.

Entretanto, a manutenção de um aspecto importante da doutrina da divindade, a trindade, faz com que qualquer outra possibilidade seja prontamente descartada e que o intérprete que chegou a essa outra conclusão não tradicional seja apontado como herege, que foi exatamente o que aconteceu com o autor da referida tese (Edson M. Nunes Jr.). A heresia da tese seria a negação da doutrina da trindade e panteísmo, mas em nenhum momento dela se propõe a divindade da terra e sua agência livre e nem sequer se menciona qualquer linha sobre trindade, a favor ou contra.

Esse caso junta-se a outros para reafirmar a ideia de que o fundamentalismo não se trata de buscar estudar a Bíblia, mas sim de manter a interpretação doutrinária da religião a que se pertence o intérprete. Qualquer desvio dessa norma representa uma possível acusação de heresia e perseguição sumária.

Apenas como um ponto curioso ainda sobre Gênesis 1 e 2: para qualquer tradição religiosa cristã fundamentalista, quer a leitura desses primeiros capítulos seja literal, quer seja poética ou ética, a questão sexual é científica e inegável. Em círculos literalistas ou não literalistas, por motivos doutrinários claros, Deus criou macho e fêmea. Nesse aspecto, o fundamentalismo literalista parece ser mais coerente. Como a Bíblia não pode errar, a verdade absoluta é de que Deus criou macho e fêmea, não importando o método interpretativo utilizado. A serpente pode até ser simbólica ou mitológica; o pecado original pode até ser simbólico ou mitológico, a narrativa pode até ser apenas ética, mas a sexualidade binária de Gênesis 1 e 2 é literal. Mesmo a ideia de que o primeiro casamento foi celebrado no Éden é algo que intérpretes fundamentalistas acreditam piamente, quer sejam literalistas, quer não.

Todos esses exemplos foram levantados para apontar um aspecto central e muito relevante do fundamentalismo: não há método e nem linha interpretativa clara no fundamentalismo. Todo e qualquer método será, ao mesmo tempo, válido e não válido, dependendo primariamente das conclusões a que se chegar com seu uso. Se as conclusões reafirmam as doutrinas tradicionais da religião a que pertence o intérprete, o método será validado, junto com o intérprete. Se não, o método e o intérprete serão assumidos como perigosos e heréticos.

4. Fundamentalismo bíblico como base hermenêutica da Teologia do Domínio

Considerar que o fundamentalismo se baseia numa leitura literal da Bíblia é perder de vista um aspecto vital do fundamentalismo: ele é um caminho para manutenção de poder e não uma visão limitada da Bíblia. Isso significa que o fundamentalista vai se apropriar de qualquer leitura bíblica, seja literal ou não-literal, e de qualquer método interpretativo, desde que o resultado seja a manutenção da tradição religiosa. Não se trata de Bíblia, nem mesmo de inerrância. A inerrância bíblica é apenas um caminho para confirmação doutrinária e manutenção de poder.

Sendo assim, o fundamentalismo vai levar o intérprete a ser literalista quando for bom para a tradição religiosa e vai levar o intérprete a ser não-literalista quando (também) for bom para a tradição religiosa. Um excelente caminho para essa análise é a escatologia. Há, por exemplo, um esforço considerável feito nas mais diversas denominações para encaixar a União Soviética e o comunismo nas mais diferentes profecias. Depois do colapso da União Soviética, todavia, novas interpretações foram necessárias para que o seu fim fizesse parte das mesmas profecias. Outrossim, interpretações literais e não-literais incluem na escatologia das mais diversas denominações (quer oficialmente, quer popularmente) o atentado ao World Trade Center (em 11 de setembro de 2001), o islamismo, o comunismo, a guerra cultural e até candidatos políticos nas eleições. Isso apenas confirma o viés utilitarista com o qual o fundamentalismo se apropria da Bíblia, sempre com a inerrância como carro-chefe.

Portanto, fundamentalismo é manutenção de poder. A Bíblia é só um meio, um instrumento para isso. Ela será literal quando servir a esse propósito. Ela será simbólica, alegórica, não-literal, quando (também) servir a esse propósito. A conservação das estruturas de poder ditará a interpretação do texto bíblico, que é inerrante quando interpretado da única maneira correta, que é a da tradição religiosa à qual pertence o intérprete. A ciência, qualquer ciência, só será verdadeira e boa se atender a esse pré-requisito. Se esse for o caso, até pode haver leves modificações na interpretação clássica da Bíblia, desde que a estrutura geral de poder não seja alterada. A Bíblia, nessa aproximação fundamentalista, é sempre meio para se chegar a um fim. Por isso, fundamentalismo é projeto de poder, de domínio e a Bíblia é sua arma essencial.

Em perspectiva dos propósitos políticos da TD, por conseguinte, é razoável que se diga que, no âmbito do fundamentalismo bíblico, a Bíblia consiste em um reputado texto sagrado que legitima a ideologia neoliberal capitalista subjacente à hermenêutica dominionista (como é discutido por Petterson Brey e Rodrigo Serveli em outro capítulo desta obra). Isto porque, conforme assevera Rubem Alves (1982), no âmbito do denominado por ele "protestantismo da reta doutrina" (PRD) de matriz norte-americana (equivalente, aqui, ao fundamentalismo), a Bíblia se constitui como um artefato simbólico que apenas adereça os sistemas de controle e repressão desse tipo de religião. A fundamentação hermenêutica, portanto, desse fundamentalismo, constituinte da TD, encontra-se ancorada nas estruturas teológicas de poder, a respeito das quais os teólogos hodiernos devem assumir uma postura apologética (BREY, 2024).

Isso coaduna com o que Rubem Alves (1982) argumenta, ao afirmar que no âmbito do PRD o presente não é um lugar teológico, antes um lugar apologético. Tal apologética, todavia, que em última instância não se refere a uma defesa da Bíblia em si, mas preocupa-se em dar manutenção aos sistemas teológicos de poder, encontra salvaguarda retórica na associação simbiótica com os sistemas políticos de poder. A Bíblia, neste caso, enquanto símbolo da autoridade divina (revelação), em perspectiva semiótica, é utilizada para defender (apologética) uma teologia dominionista contra qualquer ameaça que, por exemplo, possa emergir de estudos bíblicos realizados por quem considera que o presente é sim um lugar teológico, desafiando, com isso, o discurso hegemônico da tradição religiosa.

Dessa forma, é razoável que se diga que o fundamentalismo bíblico consiste em uma ferramenta de grande importância para a viabilidade teológica da TD. É a partir da matriz hermenêutica fundamentalista (sua índole maleável de leitura bíblica, que se adapta às circunstâncias, em perspectiva de estabelecer estruturas de poder) que a TD legitima sua fundamentação retórica. Isso propicia à TD, em perspectiva de sua relação simbiótica com os poderes econômico-políticos, deslocar o literal (da Bíblia) para o simbólico (no discurso político).

Considerações finais

Diante da argumentação desenvolvida, constata-se que o fundamentalismo, longe de se restringir a uma interpretação literal da Escritura, configura-se como um mecanismo estratégico de manutenção do poder teológico-político, no qual a flexibilidade hermenêutica assume um papel determinante. Esse processo revela que a hermenêutica da TD, ancorada no fundamentalismo, não se preocupa com um compromisso metodológico com a exegese bíblica, mas sim com a funcionalidade política da interpretação. Dessa forma, a seleção arbitrária entre leituras literalistas e não-literalistas se estabelece a partir da conveniência dos interesses da tradição religiosa e dos sistemas políticos que a ela se associam.

Em consonância com essa estrutura de poder, a TD utiliza-se de uma hermenêutica que desloca o sentido do texto bíblico, convertendo-o em um instrumento legitimador do neoliberalismo capitalista, por meio da estetização e manipulação simbólica das Escrituras. Essa estetização é essencial para a formação de um imaginário teológico-político que reforça as hierarquias e as estruturas dominantes, consolidando, assim, uma apologética voltada à manutenção de tais poderes. Nesse sentido, a apologética da TD não se destina à defesa da fé ou à exegese responsável dos textos bíblicos, mas sim à sustentação de uma determinada ordem política e econômica, que se apresenta como vontade divina inquestionável.

O caráter apologético da hermenêutica fundamentalista, portanto, implica uma correlação direta com a legitimidade das estruturas de domínio, promovendo um discurso que busca neutralizar leituras alternativas e dissidentes. A negação do presente como espaço teológico, ao passo que reforça o caráter apologético do discurso fundamentalista, evidencia a necessidade de enquadrar qualquer produção crítica como um ataque à verdade divina. Dessa forma, o fundamentalismo torna-se uma arma retórica que visa silenciar qualquer discurso que conteste a hegemonia teológica da TD, especialmente aqueles que se valem de pesquisas crítico-literárias para propor uma interpretação não ideológica da Escritura.

Ademais, a simbiose entre o discurso teológico e o projeto político-econômico neoliberal evidencia que a hermenêutica fundamentalista não está preocupada com a verdade teológica, mas com a efetividade de sua instrumentalização para fins práticos. A maleabilidade interpretativa do fundamentalismo permite que a TD adapte suas leituras conforme as exigências contextuais, reforçando sua influência tanto sobre o campo político quanto sobre o campo religioso.

Assim, a seleção de passagens bíblicas e a manipulação de sua exegese desempenham papel central na construção de um *ethos* político que mobiliza a fé cristã em prol da consolidação do poder dominionista.

Por fim, compreende-se que a relação entre fundamentalismo e TD ultrapassa o âmbito estritamente teológico, inserindo-se em um projeto mais amplo de gestão das subjetividades e de controle das massas. A utilização da Bíblia como ferramenta de legitimação do poder político, por meio de um mecanismo de seleção hermenêutica que privilegia ora o literalismo, ora a alegoria, demonstra que o fundamentalismo não busca a compreensão aprofundada do texto sagrado, mas sim sua instrumentalização como dispositivo ideológico. Dessa forma, a conclusão que se impõe é que a TD, em sua relação com o neoliberalismo, configura-se como uma forma de dominação simbólica que opera pela manipulação do imaginário bíblico, garantindo, assim, sua perpetuação como discurso hegemônico.

Dessa forma, na esfera política, a hermenêutica da TD transforma-se em produtora de desejo messiânico, pois, ao construir uma narrativa de crise permanente, na qual a ordem social e moral é apresentada como ameaçada pela falha da igreja e pela ação de inimigos externos, cria-se um vazio simbólico que exige preenchimento. Esse vazio, apresentado como intolerável, gera uma necessidade coletiva de restauração, que só pode ser satisfeita pela ascensão de uma liderança providencial. A figura messiânica, assim, não surge espontaneamente, mas é antecipada e convocada pela própria estrutura retórica. Essa figura, concebida como resposta divina, torna-se o canal pelo qual a promessa de prosperidade e segurança se realiza.

Referências

ALVES, R. A. *Protestantismo e Repressão* (ensaios – 55). São Paulo: Editora Ática, 1982.

BARR, J. *Fundamentalism*. Philadelphia: The Westminster Press, 1978.

______. *Escaping from fundamentalism*. Londres: SCM Press, 1984.

BEAL, T. *The Rise and Fall of the Bible*: The Unexpected History of an Accidental Book. Nova Iorque: Mariner Books, 2012.

BERMAN, J. *Ani Maamin*: Biblical Criticism, Historical Truth, and the Thirteen Principles of Faith. Jerusalém: Maggid Books, 2020.

BRAY, G. *História da interpretação bíblica*. São Paulo: Vida Nova, 2017.

BRASIL DE SOUZA, E. "Métodos contemporâneos de interpretação da Bíblia". *Revista Teológica do SALT-IAENE*, Cachoeira, v. 1, n.1, p. 38-59, 1997.

______. "Gênesis 1 e a teologia adventista". *Práxis Teológica*: *Criacionismo, Cachoeira, Seminário Adventista Latino-Americano de Teologia*, v. 11. n. 1, p. 65-76, 2011.

BREY, P. "Filosofia e exegese bíblica: uma abordagem ao pensamento filosófico como paradigma dos principais métodos de interpretação da Bíblia". *Contemplação – Revista Acadêmica de Filosofia e Teologia da Faculdade João Paulo II*, v. 27, p. 71-96, 2022.

______. "Exegese bíblica adventista na pós-graduação não adventista brasileira: metodologia e viabilidade". In: CARVALHO, F. L. G.; BELLOTTI, K. K. (Orgs.). *O Adventismo no Brasil*. Porto Alegre: Editora Fi, 2023, p. 450-479.

______. "Apologética e hermenêutica bíblica fundamentalista no discurso político do Brasil contemporâneo". In: PASSOS, João D.; SANCHEZ, Wagner L. (Orgs.). *A salvação da pátria amada*: *religião e extrema-direita no Brasil*. São Paulo: Paulus, 2024, p. 129-155.

CASSUTO, U. *The Documentary Hypothesis and the composition of the Pentateuch*. Jerusalém: Shalem Press, 2014.

CORLEY, B. "A Student's Primer for Exegesis". In: CORLEY, B.; LEMKE, S. W.; LOVEJOY, G. I. (Eds.). *Biblical Hermeneutics: A Comprehensive Introduction to Interpreting Scripture*. Nashville: B&H Publishing Group, 2002, p. 2-20.

DAVIDSON, R. M. "The Biblical Account of Origins". *Journal of the Adventist Theological Society*, v. 14, n. 1, p. 4-43, 2003.

______. "The Genesis Account of Origins". In: KLINGBEIL, G. A. (Ed.). *The Genesis Creation Account: and its reverberations in the Old Testament*. Berrien Springs: Andrews University Press, 2015.

ENNS, P. *Inspiration and Incarnation: Evangelicals and the Problem of the Old Testament*. Grand Rapids: Baker Academic, 2015.

______. *The Sin of Certainty: Why God Desires our Trust more than our "correct" Beliefs*. São Francisco: HarperOne, 2016.

ERICKSON, M. "Language: Human Vehicle for Divine Truth". In: CORLEY, B.; LEMKE, S. W.; LOVEJOY, G. I. (Eds.). *Biblical Hermeneutics: A Comprehensive Introduction to Interpreting Scripture*. Nashville: B&H Publishing Group, 2002, p. 208-216.

FREEDMAN, H.; SIMON, M. (eds.). *Midrash Rabbah*. Londres: The Soncino Press, 1961.

HASEL, G. F. "The Meaning of 'Let us' in Gn 1:26". *Andrews University Seminary Studies*, v. 13, n. 1, 1975.

______. "Recent Trends in Methods of Biblical Interpretation". In: HASEL, F. M. (Ed.). *Biblical Hermeneutics: An Adventist Approach*. (Biblical Research Institute Studies in Hermeneutics – v. 3). Silver Spring: Biblical Research Institute, 2021, p. 405-461.

HATCHETT, R. L. "The Authority of the Bible". In: CORLEY, B.; LEMKE, S. W.; LOVEJOY, G. I. (Eds.). *Biblical Hermeneutics: A*

Comprehensive Introduction to Interpreting Scripture. Nashville: B&H Publishing Group, 2002, p. 194-207.

LEGASPI, M. C. "The Term 'Enlightenment' and Biblical Interpretation". In: HAUSER, A. J.; WATSON, D. F. (Eds.). *A History of Biblical Interpretation – v. 3: The Enlightenment through the Nineteenth Century*. Grand Rapids: William B. Eerdmans Publishing Company, 2017, p. 73-95.

LEMKE, S. W. "The Inspiration and Authority of Scripture". In: CORLEY, B.; LEMKE, S. W.; LOVEJOY, G. I. (Eds.). *Biblical Hermeneutics: A Comprehensive Introduction to Interpreting Scripture*. Nashville: B&H Publishing Group, 2002, p. 176-193.

LUKIĆ, M. "Biblical Hermeneutics: An Adventist Approach" (Book Review). *Spes Christiana*, v. 32, n. 2, p. 157-162, 2021.

MARGUERAT, D.; BOURQUIN, Y. *Pour Lire les Récits Bibliques: initiation à l'analyse narrative*. Paris: Les Éditions Du CERF; Genève: Labor Et Fides, 2009.

NUNES JR., E. M. "A Terra em Gênesis 1-9: uma leitura microscópica crítica da narrativa", 2017. 140f. Tese (Doutorado em Letras). Universidade de São Paulo: São Paulo, 2018.

SIMIAN-YOFRE, H. "Diacronia: I Metodi Storico-Critici". In: SIMIAN-YAOFRE, H. (Ed.). *Metodologia Dell'Antico Testamento*. (Studi Biblici – 25). Bologna: Edizione Dehoniane Bologna, 2009, p. 79-119.

SKA, J. L. "Sincronia: L'Analisi Narrativa". In: SIMIAN-YAOFRE, H. (Ed.). *Metodologia Dell'Antico Testamento*. (Studi Biblici – 25). Bologna: Edizione Dehoniane Bologna, 2009, p. 139-170.

THOMPSON, M. D. "Biblical Interpretation in the Works of Martin Luther". In: HAUSER, A. J.; WATSON, D. F. (Eds.). *A History of Biblical Interpretation* – v. 2 - *The Medieval through the*

Reformation Periods. Grand Rapids: William B. Eerdmans Publishing Company, 2009, p. 299-318.

TOLAR, W. B. "The Grammatical-Historical Method". In: CORLEY, B.; LEMKE, S. W.; LOVEJOY, G. I. (Eds.). *Biblical Hermeneutics: A Comprehensive Introduction to Interpreting Scripture*. Nashville: B&H Publishing Group, 2002, p. 21-38.

TORREY, R.A.; DIXON, A. C. *The Fundamentals: A Testimony of the Truth*. V.1–12. Chicago: Testimony Publishing Company, 1915.

VANHOOZER, K. J. *Biblical Authority after Babel: Retrieving the Solas in the Spirit of Mere Protestant Christianity*. Grand Rapids: Brazos Press, 2016.

WELLHAUSEN, J. *Israelitische und Jüdische Geschichte*. (de Gruyter Studienbuch). Berlim: Walter de Gruyter, 2004.

WOLDE, E. van. "Facing the Earth: Primaeval History in a new perspective". *Journal for the Study of the Old Testament*, v. 257, 1998.

WRIGHT, N. T. *Scripture and the Authority of God: How to Read the Bible Today*. Nova Iorque: HarperOne, 2011.

YARCHIN, W. *History of Biblical Interpretation: a reader*. Grand Rapids: Baker Academic, 2011.

Leituras cristofascistas do poder

Glair Arruda

Nunca a teologia ocupou lugar de tanto destaque na mídia, nas conversas de boca a boca, na política e nas urnas. Aquela teologia, queremos dizer, que se refere ao mundo particular do segmento evangélico, um dos ramos da imensa árvore que forma o cristianismo, nas evoluções que vêm passando durante os últimos 50 anos no Brasil. Sim, porque a teologia, compreendida como pensamento racionalizado que procura explicar, dogmatizar e divulgar a fé, não está mais nas mãos dos estudiosos das bibliotecas acadêmicas. Ganhou espaço público ao mesmo tempo que se esvaziou de conteúdo conceitual e racional, abrindo mão das referências teóricas e metodológicas que eram requeridas pelos defensores do caráter científico da disciplina. A TD está longe de propor uma racionalização hermenêutica dos textos sagrados, das tradições do cristianismo e das práticas eclesiásticas. E como temos visto nos diversos estudos sobre o assunto, encontrando raízes no neocalvinismo holandês, como bem expôs Samuel Araújo, a TD ganhou as ruas e espaços digitais com interpretações livres de textos e doutrinas que, mal comparando, a conduziram a uma aproximação da religiosidade popular já conhecida do catolicismo desde os anos do patriarcado.

Analisar a TD dentro do cristianismo, tradição religiosa onde essa vertente se origina, desenvolve e consolida, implica resgatar os imaginários religiosos de uma parcela dos fiéis e das referências que possibilitaram as leituras de poder construídas a partir da Bíblia, o livro sagrado dos cristãos. É preciso, portanto, que nos voltemos para a figura messiânica, nas particularidades traduzidas em uma das expressões da TD, a saber, o cristofascismo.

O cristofascismo é um fenômeno que, se não é novo, adquiriu proeminência nos anos de recrudescimento de uma ideologia de extrema direita especialmente nos Estados Unidos e no Brasil. Neste estudo, queremos propor duas abordagens a essa questão. A primeira é o movimento comumente chamado de messianismo, tão bem explicado nesta obra por Ricardo Hida. O ponto que destacamos ao abordar o messianismo é o da expectativa popular, fundamentada nas profecias do Antigo Testamento da Bíblia cristã, de um libertador régio autorizado pelo Todo-poderoso, construída sobre as bases de uma crise precedente já instalada na sociedade ou em algum setor dela, e que forma o cenário propício para que se desenvolva o fenômeno do cristofascismo. A segunda é o método pelo qual esse libertador régio vem estabelecer seu domínio: o messias vem poderoso, não apenas como salvador da pátria, mas como o vencedor do anticristo, um redentor infalível cujo poder absoluto se desloca do espaço religioso para ocupar o poder político. Há uma psicologia e uma metodologia totalitárias que, somadas, lentamente transcendem a conjuntura de seu nascimento, culminando no fenômeno que estamos identificando como cristofascismo. O messianismo encontra sua contraparte no cristofascismo, numa circularidade onde a religião implícita – o poder religioso – se alterna com a religião explícita – a religião no poder (PASSOS, 2024).

Enquanto o termo messianismo pode ser aplicado a movimentos de diversas tradições religiosas desde as origens nas profecias bíblicas, o termo cristofascismo tem sua aplicação mais restrita ao âmbito do cristianismo recente. O messianismo denota movimentos populares, de massa, cuja construção acontece paulatinamente a partir da insatisfação popular e que encontra suporte no líder como a solução para os problemas sociais. Lísias Negrão analisa alguns dos movimentos messiânicos mais instigantes no caso brasileiro, destacando que são movimentos típicos de sociedades rurais, tradicionais e assentadas em parentelas, em descompasso com os ideais de modernidade do momento em que surgem e geralmente motivados pelas crenças da religiosidade do catolicismo popular (NEGRÃO, 2015). No cristofascismo, por outro lado, é o líder que se autoproclama como o salvador da pátria, para isso fazendo uso do imaginário popular e encontrando correspondência das massas, geralmente urbanas e abrangendo também o imaginário bíblico protestante/evangélico/pentecostal. O messianismo, enquanto movimento popular, pode se revestir de uma aura revolucionária, de resistência ao poder estabelecido e, embora uma liderança carismática apareça na grande maioria desses movimentos, em outros casos (como o do Contestado), prescinde do líder; já no cristofascismo, observamos o movimento pelo olhar do líder religioso como o agente do movimento, que se apresenta autoritário, viril, poderoso e como representante do Todo-poderoso, revestido de uma missão divina que legitima sua ação política inquestionável. Afinal, se Deus está no comando, é por meio do líder que ele exerce esse comando. O termo cristofascismo foi cunhado em 1970 por uma teóloga e mística alemã, Dorothee Sölle (1929-2003). Embora formulada em outro contexto, a categoria adquire no contexto atual relevância analítica, quando permite desvelar a imagem de líderes que são considerados e se consideram heróis e redentores das crises que ameaçam as nações (SÖLLE, 1982; PY, 2019, 2022).

Para nos acercarmos dos conceitos, vamos observar, primeiro, algumas delimitações dos conceitos de messianismo e cristofascismo. Em seguida, observamos algumas situações em que aparece a figura do messias em narrativas políticas atuais. Por fim, tentaremos reunir os conceitos aplicando-os à TD.

1. A expectativa popular de um libertador régio: o messianismo

Encontramos os fundamentos das expectativas messiânicas no judaísmo (*maschiach* em hebraico, *christós* em grego), que designa, dentre muitos outros usos, o ritual de ungir as pessoas com azeite, para legitimar o seu papel em funções como o sacerdócio, a profecia, ou o governo de um rei (WERBLOWSKY, 1969, p. 17). No contexto evangélico, o termo "ungido" caracteriza a ideia de que o líder, seja ele o pastor de uma igreja ou o mandatário do país, recebe essa unção especial que o blinda de qualquer crítica ou oposição.

Empregado no judaísmo na época do exílio e pós-exílio, o termo ungido expressava a sanção divina e inviolável a um cargo, podendo designar "qualquer pessoa com uma missão especial de Deus – profetas, patriarcas, e até um rei gentílico como Ciro, o meda (Isaías 45,1)" (WERBLOWSKY, 1969, p. 18). A ideia messiânica pressupõe o estabelecimento de uma ideologia cuja expectativa ecoa as antigas narrativas arcaicas da criação, de uma vitoriosa batalha cósmica divina contra as forças do caos, projetando esses elementos arquetípicos sobre a monarquia no contexto do pacto e da eleição de Israel. Assim como Deus destruiu no passado os monstros do caos primordial, assim também o Messias destruirá os representantes do mal, da morte e da destruição repetindo o evento arquetípico de uma vitória inicial a uma vitória no final da história, projetando no presente insatisfatório um futuro utópico, a resolução dos problemas legados pelos reis históricos, em um evento apocalíptico de consumação final da história (WERBLOWSKY, 1969, p. 19).

Movimentos messiânicos vão e vêm na circularidade histórica. É possível emergir o messianismo em uma sociedade que vive um momento histórico de crise social. Como interpretação da história feita pelas massas, o messianismo estabelece uma relação com o passado — um tempo de escravidão — e a promessa de felicidade em um futuro de estabilidade, que afugenta o caos para o qual a sociedade parece caminhar inevitavelmente. O messianismo, como movimento popular, tem um caráter de resistência, uma revolução que, como em uma panela de pressão, finalmente explode para impedir o fluxo de exploração dos detentores do poder.

No Brasil, diversos líderes conseguiram traduzir anseios da população em movimentos de resistência eternizados nas páginas da história, quando a massa emerge em revoltas populares identificando um líder que pode resgatar o povo do sofrimento imposto pelas injustiças sociais e pelo cansaço da desesperança, como os movimentos de Juazeiro, com o padre Cícero (1914), de Canudos, com Antônio Conselheiro (1896-1897), e do Contestado (1912-1916).

O cristofascismo, por outro lado, nada tem de resistência popular. O que distingue o messianismo do cristofascismo enquanto conceito é que, enquanto o primeiro traduz uma expectativa popular construída por sucessivos fracassos sociais e econômicos, o segundo designa o papel representado por um líder que atribui a si mesmo o título e a função de libertador da nação encarnando essa expectativa e fazendo cumprir em si mesmo essas profecias. O líder cristofascista não vem com uma proposta de governo, não vem com um plano de liderança, não apresenta uma interpretação nova dos fatos ou dos textos religiosos. O cristofascista encarna os anseios messiânicos e consegue alinhar seus discursos com as expectativas populares, como se fossem ideias suas. Ao ouvir o discurso cristofascista, o fiel se reconhece, se identifica em questões que talvez ele nunca tenha expressado em voz alta. “Ele pensa como eu!” — constata, exultante. A aderência da massa ao discurso cristofascista é imediata (BREY, 2024).

Adotando a premissa de que uma liderança totalitária somente pode desabrochar se houver uma predisposição anterior para seu surgimento (PAXTON, 2023), o sentimento messiânico gradativamente se desenvolveu no Brasil, particularmente entre os evangélicos, desde o protestantismo de missão que se estabeleceu em terras brasileiras nos meados do século XIX, onde vigorava o catolicismo romano como religião oficial e hegemônica, e onde outras religiões eram combatidas. Essa caminhada silenciosa de ressentimentos vem desde o século XIX até o contexto atual em que se eclodem teologias que, ao reproduzir a lógica neoliberal do capitalismo, “oferecem bens e símbolos de felicidade o suficiente para fazer a adesão humana parecer totalmente gratuita e necessária. Por outro lado, a catequese neoliberal martela e inculca nos pobres, nos desempregados e malsucedidos a culpa por seu próprio fracasso” (MOREIRA, 2021, p. 30). Apresentado por Walter Benjamin no fragmento *O Capitalismo como religião* (1921) como um paradigma em que a falta de saída do constante avanço dessa culpa promove uma escalada de desespero, Moreira analisa o caráter fatídico repetido à exaustão em cultos neopentecostais de qualquer cidade brasileira onde o vencedor é constantemente elogiado, enquanto todos são formatados a se des-solidarizarem com os perdedores (MOREIRA, 2021, p. 31).

O ressentimento de sua posição minoritária, a marginalização religiosa, o preconceito popularizado e o estereótipo de inferioridade intelectual dos evangélicos percebido pelos setores mais elitistas da sociedade foram alimentando o desejo das massas evangélicas em ocupar um lugar de reconhecimento político e social no espaço público (BREY, 2024, p. 108). O texto sagrado, na expressão do salmista "feliz é a nação cujo Deus é o Senhor, o povo que escolheu para si como herança" (Sl 33,12), alimentou a criação de um imaginário em que a nação brasileira seria abençoada se todos, em especial o seu líder principal, o presidente do Brasil, se tornassem evangélicos. Além do ressentimento, o medo de não encontrar novamente pertencimento e espaço de cidadania, e o pavor de um colapso iminente da sociedade moralmente decaída ajudaram a preparar um terreno fértil para o desenvolvimento do cristofascismo (PAXTON, 2024, p. 72).

Há que considerar, no entanto, que para iniciar o processo de formação dos regimes fascistas, é preciso mais do que um líder carismático: é preciso uma predisposição anterior ao fascismo, uma expectativa pelo Deus que está no controle da história, em que o salvador da pátria desponta como rei vitorioso e ao qual as massas ansiosas ganham poder por meio de uma servidão que é voluntária. O messianismo, como expectativa popular, é exatamente essa predisposição anterior ao surgimento do líder. Está, portanto, criado o cenário propício para que a sociedade (ou algum setor dela) identifique um líder que represente seus ideais (SANCHES; ARRUDA, 2022, p. 356).

2. Emerge o salvador da pátria: o cristofascismo

A teóloga alemã Dorothee Sölle (1929-2003) cunhou e utilizou a categoria cristofascismo para analisar as personalidades políticas centradas na imagem e em projetos políticos autoritários executados em nome de Deus. O trabalho de Sölle se desenvolveu em torno da cruz, como símbolo máximo da humanidade de Jesus. A teóloga alemã enxergava, na identificação com o sofrimento dos marginalizados das sociedades de todos os tempos, uma visão mística do Cristo dos evangelhos. Em seu livro *Beyond mere obedience* (versão em língua inglesa de 1982), originalmente publicado na Alemanha em 1968 com o título *Phantasie und Gehorsam: Überlegungen zu einer künftigen christlichen Ethik* (*Imaginação e obediência: reflexões sobre a ética cristã do futuro*), Dorothee Sölle (1982) questiona a obediência subserviente a um modelo autoritário personalista, a exemplo de Hitler na Alemanha nazista, cujo totalitarismo levou ao extermínio de milhões de judeus. A aplicação da sua análise se expande para a obediência de oprimidos a seus opressores, de mulheres a seus maridos, ou seja, uma obediência às tradições nacionalistas, religiosas e de identidade sexual. A teologia de Sölle desenvolve uma crítica à compreensão de Deus como onipotente, todo-poderoso, o Deus vitorioso, em oposição ao Cristo que sofre com os marginalizados, que está na vida cotidiana e simples. Muito influenciada pela Teologia da Libertação surgida no contexto latino-americano das décadas de 1960-1970, Sölle propôs a junção entre cristianismo e fascismo, criando um termo para designar movimentos do cristianismo que fazem uso da religião cristã com propósitos políticos totalitaristas e supremacistas, e que impõe a obediência de todos (não só dos fiéis) a uma ideologia cristã. O termo cristofascismo, pejorativo, foi cunhado como crítica ao apoio que as lideranças cristãs davam a esses movimentos, especialmente no protestantismo alemão e estadunidense.

No contexto do cristianismo brasileiro, o fascismo adquire uma versão amalgamada traduzida como cristofascismo pelo teólogo brasileiro Fábio Py (2019 e 2022), que mostra a associação entre teologia e política no contexto cristão, especificamente no âmbito do protestantismo das igrejas tradicionais e neopentecostais brasileiras. Segundo Fábio Py, o discurso evangélico atrelado ao poder político apropria-se das teologias populares para sustentar o atual poder político conservador e fundamentalista no Brasil, além de ser "alimentado pelas grandes corporações evangélicas orgânicas" (PY, 2022, s/p). Fundamentado na ideia de família tradicional como sua base social, o cristofascismo constrói uma teologia de poder autoritário sobre os corpos e vidas, baseada nos discursos de uma tradição ultraconservadora cristã que pratica o ódio ao diferente, às minorias e aos pobres (PY, 2019).

Convém aqui destacar as aplicações dos termos totalitarismo, fascismo e, finalmente, cristofascismo, que propiciam a aderência aos ideais e práticas da TD, nosso objetivo final neste estudo.

Analisando o cenário em que se desenvolveu o totalitarismo na Alemanha, Hannah Arendt, na obra *Origens do totalitarismo* (2012), mostra que a insurgência dos movimentos extremistas propiciou "uma afinidade entre a democracia e a ditadura, entre o governo da ralé e a tirania" (ARENDT, 2012, p. 445). Segundo a autora, é nessa atmosfera de colapso da sociedade de classes que se desenvolve a psicologia do "homem de massa", ou seja, emerge de um sentimento de amargura egocêntrica, frustração individual e transforma-se num fenômeno de massa: "a principal característica do homem da massa não é a brutalidade nem a rudeza, mas o seu isolamento e a sua falta de relações sociais normais", cujo nacionalismo violento é prontamente acolhido pelos líderes de massa que surgem nesse contexto. Arendt denomina esse movimento pré-totalitário como a formação de uma "sociedade atomizada", que se encontra preparada para oportunizar a ascensão da liderança autoritária. O líder totalitário, assim, assume para si a função de trazer essa segurança e a garantia de que sob seu governo nenhuma dessas ameaças abalará o equilíbrio necessário para estabilizar a sociedade em decadência.

Para isso, diz Arendt, o líder precisa suprimir as opiniões dissidentes e buscar a absoluta centralização do comando: "todas essas medidas têm a óbvia finalidade utilitária de proteger os membros contra a perseguição e a sociedade contra a traição; a obediência total exigida de cada membro e o poder absoluto nas mãos do chefe foram apenas subprodutos inevitáveis de necessidades práticas" (ARENDT, 2012, p. 515). Segundo ela, o líder autoritário precisa se cercar de uma estrutura, não de veracidade de suas palavras, mas de infalibilidade de seus atos, na firme crença, presunçosa, de que é onipotente (p. 526).

O que define a natureza do fascismo são as paixões e emoções subterrâneas, um estado de espírito que mobiliza as massas de uma determinada cultura nacional e religiosa. Segundo Robert Paxton (2023), essas paixões mobilizadoras desencadeiam uma "lava emocional" que lança as fundações do fascismo: (1) o sentimento de uma crise catastrófica, além do alcance das soluções tradicionais; (2) a primazia de um grupo ao qual os indivíduos devem estar subordinados; (3) a crença de que o grupo é uma vítima, o que justifica qualquer tipo de ação; (4) o pavor da decadência do grupo sob os efeitos da modernidade, do individualismo moderno, do conflito de classes, e especialmente, da ameaça estrangeira; (5) a necessidade de purificação da comunidade; (6) a necessidade da autoridade de líderes naturais (homens); (7) a superioridade das intuições instintivas desses líderes acima da razão; (8) a exaltação da violência para o êxito do grupo; (9) o direito de dominar os demais sem limitações de qualquer natureza (PAXTON, 2023, p. 80).

Theodor Adorno, ao analisar o autoritarismo em ambiente democrático, em uma ampla pesquisa que recolheu amostras da população norte-americana e foi publicada em 1950, percebeu o fascismo não como um episódio isolado, mas presente de forma latente na população de sua época. Na obra *Estudos sobre a personalidade autoritária*, o autor propõe uma análise das estruturas sociopsicológicas para a compreensão do pensamento "psicótico" que parece ser uma característica do caráter fascista (ADORNO, 2019, p. 359). Segundo ele, o sistema social tende a produzir "cortinas" que mantêm as pessoas ignorantes, não pela falta de capacidade de pensar, mas (1) pela dificuldade em compreender a inundação de notícias que manipulam os fatos, contribuindo para um estado de incerteza geral, confusão e de angústia; (2) pelo desapontamento com a política, que aparece para as pessoas condicionadas por uma cultura industrial e seus valores de entretenimento. Esse estado de alienação faz com que a angústia seja elevada ao nível das angústias infantis, reavivamentos compulsivos de mecanismos irracionais nunca superados durante o crescimento do indivíduo. Como Campbell dizia, mecanismos esses presentes no inconsciente infantil, onde reside toda a mágica da infância (2007, p. 27). Assim, ele se agarra a certos padrões, crenças superficiais e clichês. Para Adorno, as comunicações de massa modernas espalham todo um sistema de estereótipos que é inescapável dentro da política (ADORNO, 2019, p. 358). A ignorância fica assim encoberta por uma série de frases estereotipadas, semi-informações, desinformações, *fake news*. Esse contexto faz emergir o fascismo em movimentos populistas maliciosamente anti-intelectuais, onde o saber demais assume um toque subversivo: "A fim de não minar seu próprio padrão de identificação, eles inconscientemente não querem saber demais e estão prontos para aceitar informações superficiais ou distorcidas, desde que confirmem o mundo no qual querem continuar vivendo" (ADORNO, 2019, p. 352).

No século XX, alguns líderes políticos adotaram discursos em que se colocavam disponíveis para assumir o cargo de "messias" salvador da pátria, com clara intencionalidade política de manipular os desagrados da população quanto às suas governanças. Relembramos a influência do fascismo italiano no movimento fundado em 1932 por Plínio Salgado, Miguel Reale e Gustavo Barroso, a Ação Integralista Brasileira (AIB), que fez oposição a Getúlio Vargas (1930 a 1937). O próprio Vargas estabeleceu um governo ditatorial e repressor de 1937 a 1945, considerado o "pai dos pobres" e "salvador da pátria". Jânio Quadros seguiu uma rápida carreira de vereador, deputado, prefeito, governador e presidente da República com a promessa de combate à corrupção, apresentando-se como "a esperança desse povo abandonado" (1961). Fernando Collor de Mello utilizou-se da alcunha de "caçador de marajás" fortemente alimentada pela imprensa, que o lançou à presidência em 1990. O Integrismo é uma das chaves de leitura que detecta a lógica teocêntrica totalizante. Com sua origem no ambiente católico (SOUZA, 2024, p. 99), ampliou-se em uma cosmovisão que repete os enredos fundamentais do domínio divino sobre o conjunto da vida social em franca oposição e rejeição à civilização moderna.

3. O CRISTOFASCISMO EMBARCA NA ONDA DA TEOLOGIA DO DOMÍNIO

O cristofascismo, enquanto conceito surgido na década de 1970 em um contexto de crítica ao apoio que as lideranças cristãs do protestantismo alemão e estadunidense davam a movimentos totalitários, encontrou um cenário propício para denominar os movimentos atuais de atuação política de líderes que se autoproclamam messias, vestindo a camisa de salvadores da pátria, fazendo uso da religião, sejam eles próprios religiosos ou não. O método com que o cristofascista consolida seu domínio se efetiva ao usar o imaginário religioso cristão, em uma atuação política de lideranças religiosas, em uma teologia já em desenvolvimento na multifacetada ramificação da religiosidade cristã e, não menos importante, na hermenêutica que se apropria de alguns elementos bíblicos reconstruídos em um novo sistema teológico fundamentado na ideia de superioridade e dominação cristã sobre todos os setores da sociedade.

É o discurso religioso que confere o amálgama mobilizador do pensamento simbólico que desencadeia um processo, segundo Passos, pelo qual a extrema direita desenvolve a sequência composta por *crise-medo-inimigo-salvação*, e que culmina nos governos salvadores da pátria (2024, p. 159). O líder autoritário não apenas identifica o inimigo, mas o cria, patrocinando o caos, colocando-se no lugar de mártir, aprisionado pelo sistema que precisa ser aniquilado, como o anticristo que é derrotado por uma violência divina, que exige sacrifícios, implacável, incomensurável, para ser instauradora e mantenedora do direito (Benjamin, 2013).

Brey propõe em sua reflexão nessa coletânea que esse processo explora emoções, cria crises cognitivas e reforça a ilusão de autonomia, transformando uma ideia inicialmente sutil em um pilar central da identidade de um indivíduo. Elementos basilares do evangelicalismo como a Bíblia, a pauta moral e a guerra espiritual foram capturados e ressignificados no âmbito da configuração da nova realidade dentro da TD. O discurso político captura a hermenêutica e a apologética fundamentalista, recontextualizando incertezas religiosas do evangelicalismo, tornando-o um reflexo das aspirações do líder. Ao falar em nome de Deus, o líder cristofascista se coloca na condição de líder espiritual da massa evangélica, que confere a ele autoridade inquestionável. A pauta moral, ou de costumes, é aplicada aos comportamentos visíveis, articulando uma intensa campanha que logo se transforma em espetáculo. O resultado é o monitoramento da sexualidade das pessoas sob o risco de um adversário poderoso, o "comunismo", que, segundo o discurso, "estimula a homossexualidade". Mobiliza-se assim as massas ao explorar o medo de doutrinação da sociedade que ataca as crianças com uma sexualização precoce (BREY, 2024, p. 143).

Ainda de acordo com Brey, a TD opera, também, por meio de técnicas de manipulação semiótica de imagens teológicas extraídas da Bíblia. Fragmentos textuais extraídos de maneira literal do imaginário bíblico transformam sua leitura literal em símbolos no discurso político.

O teólogo e biblista Lucas Merlo Nascimento preconiza que o simbolismo apocalítico é o principal elemento a viabilizar a bancada evangélica e outros agentes religiosos para tornar o discurso do governo aceitável à mentalidade da população evangélica: exatamente pelo seu potencial de abertura hermenêutica (NASCIMENTO, 2023, p. 180). Na linguagem apocalíptica, a linguagem imagética e as estruturas visuais relacionadas ao mito permitem a construção de um imaginário aberto a diferentes apropriações. Em destaque, um desses elementos simbólicos que constituem o imaginário evangélico é o forte dualismo de poderes presente na literatura bíblica apocalíptica, estabelecendo como cenário um campo de batalha entre as forças antagônicas do bem e do mal. Surgidos em tempos de opressão por parte dos Impérios, os apocalipses contrapõem o poder divino ao poder humano, identificando os poderes humanos como demoníacos e, portanto, como inimigos que precisam ser eliminados. Criam-se mecanismos político-religiosos que se propõem a eleger um líder "do bem", um messias, que lutará contra as forças da maldade. O critério para distinguir entre os poderes do bem ou do mal tem suas bases na moral visível, o que justifica o ódio e a perseguição daqueles que de alguma forma confrontam essa moral. A moral, no entanto, não está dirigida, como no escopo dos textos apocalíticos, às injustiças sociais, à exploração econômica ou à manipulação religiosa, por exemplo, mas a uma "pauta de costumes", ao controle dos corpos e ao modo de vida particular. Nascimento argumenta que, a fim de negar os poderes humanos, os discursos políticos projetam um domínio divino, que acaba por reforçar exatamente as características humanas de dominação (NASCIMENTO, 2023, p. 184).

A TD funde crenças escatológicas com práticas políticas concretas, influenciando desde relações diplomáticas até mobilizações populares. O que antes pretendia ser uma visão escatológica, focada no cumprimento de profecias de um Reino futuro, passa a assumir um caráter pragmático na política interna e nas relações internacionais, como a tentativa de mudança de uma embaixada para Jerusalém, por exemplo. Observando o entrelaçamento entre religião, nacionalismo e poder na apropriação de símbolos religiosos, em particular o sionismo cristão que funde o Israel bíblico com o moderno Estado de Israel, Correa percebe em contextos urbanos distintos o impacto da apropriação dos símbolos, como a bandeira de Israel no Complexo de Israel, no Rio de Janeiro, para justificar práticas violentas e converter crimes em uma espécie de "guerra santa". Decorrem dessas leituras de poder pelo viés apocalítico que, ao utilizar o dualismo entre o bem e o mal como uma batalha a ser travada na realidade cotidiana, a religião se torna subterfúgio para justificar preconceitos, desencadeando uma onda de violência simbólica que, nas mãos de um cristofascista, utiliza a propaganda como arma política.

Na raiz dos preconceitos, Jessé de Souza detecta, não está a economia, nem a teologia, mas o racismo "racial" travestido de racismo "cultural" (SOUZA, 2024). Retroalimenta-se assim uma ferida construída socialmente que diz ao brasileiro, que segue ressentido com o empobrecimento contínuo, com a marginalização racial e/ou religiosa, com a falta de reconhecimento no espaço público, fazendo com que o fracasso de sua condição social e econômica, vista como uma incapacidade pessoal, precise ser dirigido a um inimigo externo (SOUZA, 2024, p. 133). Em seu livro *O pobre de direita: a vingança dos bastardos* (2024), Souza postula que nosso comportamento é determinado não apenas pela necessidade econômica, mas pela necessidade de reconhecimento social de nossa dignidade e singularidade (SOUZA, 2024, p. 16). Souza percebe que a pobreza e a humilhação passam a ser vividas como merecimento individual pelo fracasso social, o que faz questionar como pessoas pobres, brancas e negras, votem e apoiem candidatos da extrema direita, que representam, na realidade, seus maiores inimigos – e que definem a estratégia da classe dominante: "não há domínio duradouro sem o convencimento do oprimido de sua inferioridade inata, ou de que a pobreza é culpa de si mesmo" (SOUZA, 2024, p. 19; MOREIRA, 2021, p. 30). Utiliza-se assim cada vez mais a violência simbólica da manipulação consciente dos medos e ansiedades do público para dominar as massas em função de um projeto político de poder.

4. O uso da figura do Cristo nas narrativas políticas atuais

São poucos os textos bíblicos no Novo Testamento que poderiam sustentar a imagem pretendida pelos líderes que se assumem como salvadores da pátria dentro de uma hermenêutica dos textos ou da tradição de uma vertente religiosa em si. Não é possível verificar alinhamento dos discursos político-religiosos com as citações que essas lideranças fazem dos textos bíblicos, nem uma leitura coerente entre Antigo e Novo Testamento, utilizando as mais básicas regras da hermenêutica. Essa utilização aleatória dos textos sagrados deveria então encontrar resistência do público evangélico, historicamente conhecedor do texto sagrado, mas não é isso que acontece. Por quê?

Uma das explicações para essa aderência com o público evangélico é a de que ela acontece no nível simbólico, o mesmo nível subjetivo do afeto, que reflete os processos interiores de enfrentamento dos medos e desafios da vida. Enquanto experiência pessoal, o líder cristofascista reúne episódios que acabam por ser associados a uma condição de mártir diante da sociedade, e desenlaça simbologias presentes nos mitos e contos folclóricos de todas as civilizações, em que o herói retorna vitorioso de uma trajetória marcada pelo desprezo da sociedade. A título de exemplo, em um episódio icônico, Ernesto Araújo, na época chanceler da República e Ministro das Relações Exteriores, compara o recém-eleito presidente Jair Messias Bolsonaro à pedra angular, rejeitada por muitos, mas elevada à condição de pedra principal na sustentação de um edifício. A metáfora faz referência ao texto de 2 Pedro 2,4, e pretende mostrar que o líder messiânico é elevado à condição máxima de poder político pelas mãos do próprio Todo-poderoso. São elementos bíblicos conectados aos aspectos emocionais de uma jornada interior e subjetiva, que despertam afetividades inconscientes do pensamento humano e resultam na fórmula mitológica universal da aventura do herói.

A jornada do herói é identificada na trajetória dos grandes líderes mundiais pela análise de Joseph Campbell, um dos maiores estudiosos da mitologia universal. Utilizando recursos da psicanálise como instrumento para acessar a linguagem simbólica, Campbell identifica a jornada do herói nos campos dinâmicos da psique, onde reside o inconsciente infantil dos sonhos, das figuras simbólicas básicas dos rituais e das mitologias, que Jung chamou de imagens arquetípicas. A trajetória do herói, segundo Campbell, inicia com um "chamado à aventura", que no cristianismo pode ser lido na grande comissão (Mt 28,19) e, na tradicional leitura literal que interpreta o domínio humano como o domínio cristão sobre todas as esferas da sociedade, no Gênesis 1,26.

Na sua trajetória, o herói enfrenta o descrédito da sociedade da qual faz parte; recebe um chamado à aventura, a convocação a uma missão incomum e sagrada; encontra protetores que aparecem subitamente como guias, geralmente a figura protetora de um ancião, que fornece ao herói um auxílio sobrenatural para enfrentar as batalhas que se seguirão: um amuleto, uma cerimônia de unção, uma oração abençoadora. A figura de um líder religioso, um pastor, por exemplo, que derrama óleo e invoca o Espírito Santo como o legitimador da missão, remete à imagem do batismo de Jesus, quando os céus se abrem e o Espírito desce como uma pomba chancelando o início do seu ministério terreno (Mc 1,9-11).

O herói tem pela frente tarefas sobre-humanas e as cumpre empoderado pela iniciação da unção, batismo ou oração em um templo sagrado. Os cidadãos vivem nos limites de um templo ou santuário que gera a plenitude do bem e do mal no mundo, um centro que representa a sede do poder divino e fonte da força transcendente (CAMPBELL, 2007, p. 48). É no Templo que o herói recebe a unção, que recebe a oração; e é na cidade-mãe – a Meca dos islâmicos, a Roma dos católicos romanos, a Jerusalém do judaísmo e do cristianismo evangélico.

O herói sobrevive a ataques de inimigos monstruosos que por pouco não lhe tiram a vida. Uma circunstância como um ataque durante a campanha eleitoral, como ocorrido em 2018 com Jair

Bolsonaro ou em 2024 nos EUA com Donald Trump, ambos candidatos à eleição presidencial de seus países, cumpre a função de registrar a passagem do herói por um limiar mágico, em que ele é retirado de cena, jogado no desconhecido como se tivesse morrido, deixando em suspensão a audiência. Essa imagem tem forte associação com o Cristo que, crucificado, permanece no túmulo antes da ressurreição ao terceiro dia. Uma facada ou tiro na orelha carrega a semelhança simbólica de um portal pelo qual o herói deve passar, como nas muitas mitologias, do ventre de uma baleia, ou o túmulo, que representa o período de gestação em um útero onde vai ocorrer a transformação, que possibilitará o renascimento do herói para uma nova realidade. O retorno do herói, vencedor de suas limitações históricas pessoais, renascido como homem eterno, aperfeiçoado, é reintegrado na sociedade que inicialmente o rejeitou, agora vitorioso, triunfante. Não é qualquer pandemia, nem mesmo uma gripezinha, que irá derrubar o herói que venceu o ataque inimigo que quase lhe causou a morte. A sua vitória particular é alçada como modelo de vitória para todo o povo, nação ou sociedade. O herói, diz Campbell, como encarnação de Deus, é ele mesmo o centro do mundo, o ponto umbilical através do qual as energias da eternidade irrompem no plano temporal (CAMPBELL, 2007, p. 46).

Por isso o Cristo do cristofascista não é o Cristo das narrativas dos evangelhos, aquele Cristo que ama, que acolhe os marginalizados, que escolhe priorizar os improváveis, que se deixa conduzir à cruz. Essa trajetória, na jornada do cristofascista, foi ultrapassada nos próprios desafios que ele já cumpriu até chegar ao poder. Agora, a situação se inverteu: ele não mais se identifica com o sofredor e o marginalizado, ao contrário, assume a postura do poderoso, que volta para batalhar contra os inimigos, na vingança contra os que o fizeram sofrer e para a qual utilizará todas as armas deste mundo e do vindouro. O Cristo do cristofascista ultrapassou o Jesus da história, servo, humilde e esvaziado de poder (Fl 2:5-11). Opera nos moldes da visão apocalítica de uma batalha cósmica contra as forças do mal sobre as quais reina, como o alfa e o ômega, o primeiro e o último, aquele que vem glorificado, com toda a autoridade pois recebeu do Todo-poderoso o poder no céu, na terra e no mundo dos mortos (Ap 1,12-18). O Cristo do cristofascista chama seus seguidores a segui-lo, capacitando-os igualmente com o poder do Espírito Santo para discipular todas as nações da terra (Mt 28,19; At 1,8), exercendo em nome dele o domínio de Deus sobre todas as áreas da vida.

A jornada do herói encontra nas experiências pessoais do líder cristofascista a identificação com os ressentimentos e medos do povo, e constrói um processo de espelhamento, ou seja, faz espelhar no líder aquele que sofre com o povo comum e está disposto a salvá-lo do sofrimento. Acontece assim o engajamento automático, instantâneo (BREY, 2024, p. 147; BUCK-MORSS, 2012, p. 212). É o caso da mulher que sofre pelo marido desempregado, quando vê a primeira-dama orando, como ela. É povo massacrado pelas dívidas, que sonha um alívio da sua vida dura, dinheiro contado, trabalho que não deixa tempo para o lazer, quando vê o líder feliz, andando de jet-ski, comendo churrasco entre amigos, sendo aclamado pela multidão. "Se ele chegou lá, também posso chegar". E mais: "ele conseguiu chegar no lugar em que eu gostaria de chegar". "Ele está fazendo por mim aquilo que eu não posso fazer". Para Souza, a tradição racista, reprimida e mascarada, permite a identificação com o opressor que faz com que "pessoas que, na realidade, se sentem desprotegidas e fracas, se vejam fortes e temíveis" e encontrem nas agressões pessoais um canal de expressão para dar vazão a ódios e ressentimentos privados sem medo de retorno (SOUZA, 2024, p. 54).

A teologia influencia narrativas que aos poucos se tornam senso comum pela contínua repetição pela sociedade civil. São expressões que (1) defendem a violência simbólica ou explícita (bandido bom é bandido morto; pessoas em situação de rua estão ali porque querem, porque são vagabundos; a ditadura matou pouco; militares são sempre justos; as armas nas mãos do povo reduzem os índices de homicídios etc.); (2) alimentam falsas esperanças de soluções mágicas para a questão social e política (o presidente tem uma carta na manga para resolver a questão; ele é gente como a gente, diz o que pensa; ele é um dos nossos, não faz parte da política que está aí etc.); (3) incitam o preconceito dividindo a sociedade dicotomicamente em "do bem" e "do mal" (bolsa família é bolsa preguiça; a homossexualidade vai acabar com a família; a desigualdade sempre existiu, é natural porque uns são melhores do que outros etc.); (4) reforçam a ideia de inevitabilidade do sistema neoliberal, que resulta em desigualdade e pobreza (estamos à beira do comunismo; as universidades fazem a cabeça das pessoas com o marxismo cultural; progride quem trabalha muito, por mérito pessoal etc.).

Considerações finais

Observamos neste breve estudo alguns aspectos relacionados à formação de uma relação dual entre as expectativas messiânicas e o surgimento de lideranças cristofascistas. Na trajetória de um povo que amarga a necessidade de reconhecimento surge um líder que se propõe a trazer soluções para todos os males da sociedade, uma vez ungido pelo Todo-poderoso, de quem se torna agente, uma postura que desencadeia uma série de ações totalitárias, uma vez que investidas de poder celestial. Observamos como a análise da jornada do herói, onde ciclos naturais da vida subjetiva são simbolicamente relacionados à realidade externa, na união entre religião e política, pode se tornar o local de gestação de um líder totalitário, que dentro da TD pode receber a alcunha de cristofascista.

O fenômeno global do crescimento das extremas direitas, aliadas à visão religiosa dominionista, desperta cientistas da religião e teólogos para um alerta: a religião, enquanto sistema de crenças e teologias, manipula a história. O poder, tomando de empréstimo as palavras de Benjamin, "pode enfrentar qualquer um desde que tome a seu serviço a teologia" (BENJAMIN, 2012, p. 241). A teologia fica às escondidas, acionando a redenção messiânica que, desvinculada de uma hermenêutica coerente dos textos sagrados e instrumentalizada para fins de dominação, resulta em consequências que afetam não apenas a comunidade científica e acadêmica no nível da análise, ou as comunidades de fé no nível das crenças, mas atinge todas as áreas da sociedade e seus cidadãos. Por isso se faz necessário afrouxar as tensões com as quais se debatem cientistas da religião e teólogos na delimitação de suas diferenças metodológicas e epistemológicas. A emergência de indivíduos que se propõem a dominar a sociedade utilizando de esparsas frases retiradas de textos sagrados para conquistar as massas insatisfeitas só faz trazer mais sofrimento a um povo já subjugado pelos interesses dos poderosos. Mais do que nunca é urgente a atuação dos estudiosos da religião de maneira conjunta, promovendo a interação entre seus campos disciplinares para fornecer à sociedade contribuições que possam ser aplicadas pelo público geral para testar a coerência interna de suas tradições religiosas, identificar as tendências supremacistas e totalitárias que capturam o senso comum e as práticas político-religiosas nas comunidades de fé, e que impactam inevitavelmente para o bem (ou para o mal) comum.

Referências

ADORNO, T. *Estudos sobre a personalidade autoritária*. São Paulo: Editora Unesp, 2019.

ARENDT, Hannah. *Origens do totalitarismo*. São Paulo: Companhia das Letras, 2012.

BENJAMIN, W. *Baudelaire e a modernidade*. Belo Horizonte: Autêntica, 2024.

______. *Magia e técnica, arte e política: ensaios sobre literatura e história da cultura*. (Obras escolhidas I). São Paulo: Brasiliense, 2012.

______. *Escritos sobre mito e linguagem*. SãoPaulo: Duas Cidades - Editora 34, 2013.

BREY, P. "Apologética e hermenêutica bíblica fundamentalista no discurso político do Brasil contemporâneo". In: PASSOS, J.D.; SANCHEZ, W. L. *A salvação da pátria amada: religião e extrema direita no Brasil*. São Paulo: Paulus, 2024.

CAMPBELL, J. *O herói de mil faces*. São Paulo: Pensamento, 2007.

NASCIMENTO, L. M. "O apocalipsismo discursivo: compreendendo a aceitação do discurso bolsonarista". In: ANÉAS, A.; NASCIMENTO, L.M.; GAMA, R. da. *Evangélicos e política*. São Paulo: Recriar, 2023.

NEGRÃO, L. N. "Sobre os messianismos e milenarismos brasileiros". In: PEREIRA, J. B. B.; QUEIROZ, R. da S. *Messianismo e Milenarismo no Brasil*. São Paulo: Editora da USP, 2015.

MOREIRA, A. da S. "Capitalismo e religião estetizada: um diálogo com Walter Benjamin". In: COELHO, A. da S.; SUNG, J.M. (org.) *Pensamento crítico e profecia: 100 anos do "Capitalismo como Religião"*, de Walter Benjamin. São Paulo: Editora Recriar, 2021.

PASSOS, J.D.; SANCHEZ, W. L. *A salvação da pátria amada: religião e extrema direita no Brasil*. São Paulo: Paulus, 2024.

PAXTON, R. *A anatomia do fascismo.* Rio de Janeiro: Paz e Terra, 2023.

PY, Fábio. "Cristologia cristofascista de Bolsonaro". *Instituto Humanitas Unisinos. Revista IHU on-line*, Jun. 2019.

______. *Pandemia cristofascista.* São Paulo, Recriar, 2022. (ebook). Disponível em: https://www.academia.edu/43426020/Pandemia_cristofascista.

SANCHES, W.L.; ARRUDA, G. A. "Novas faces do cristofascismo no governo de Jair Bolsonaro". *REB. Petrópolis*, n. 316, p. 353-372, mai./ago. 2020.

SÖLLE, Dorothee. *Beyond mere obedience.* Nova Iorque: The Pilgrim Press, 1982.

SOUZA, Jessé. *O pobre de direita: a vingança dos bastardos.* Rio de Janeiro: Civilização Brasileira, 2024.

WERBLOWSKY, R. J. Z. "O messianismo na história judaica". In: *UNESCO. Vida e valores do povo judeu.* São Paulo: Perspectiva, 1999.

Os domínios colonizadores de Deus

Gil N. Estefani André

Partimos da consciência da diferença semântica e periódica existente entre as noções conceituais de "colonialismo", "colonização" e "colonialidade" na academia, isto é, a primeira (colonialismo) reporta a um fenômeno global; a segunda (colonização) está vinculada "a períodos históricos específicos e lugares de domínio imperial" (MIGNOLO, 2007, p. 33), ou seja, as ocupações históricas e estabelecimentos de colonos nos territórios estrangeiros ocorridos entre os séculos XVIII e XX. A terceira noção (colonialidade), por sua vez, seria a manutenção da lógica do domínio colonial que se estabelece no tempo e espaço, seja ela individual ou coletivamente. Junto a estas três, pode se acrescentar a noção de "expansão colonial" ou "ocupação colonial tardia" (MBEMBE, 2018a) referente às novas ocupações contemporâneas por parte das nações constituídas na contemporaneidade. Entretanto, empregamos, neste texto, todos os termos de forma intercambiável para apontarmos a uma única tecnologia ou dispositivo de poder que atua tanto na sua forma física ou simbólica – dominação sem ocupação ou ideologização de uma forma de controle.

Posto isso, podemos traçar a linha de investigação num trabalho arqueológico da tecnologia colonial do poder (MBEMBE, 2013, p. 40) sobre o cristianismo, especificamente, a chamada teologia do domínio ou dominionismo. Também, podemos apontar para a caricatura e carácter mimético colonial presente no cristianismo contemporâneo, isto é, técnicas e mecanismos herdados da colonização que se perpetuam ao longo dos anos, porém com novas roupagens.

Por mais que não seja teólogo, corremos, de modo específico, referencialmente para as análises e leituras do cientista político Achille Mbembe, para observarmos o dinamismo do fenômeno teopolítico contemporâneo, cujas escavações estão na modernidade e na colonização. Porém, ressaltamos que não existe uma produção propriamente teológica de Mbembe, mas sim intersecções históricas e teológicas nas suas obras que permitem o uso dos seus pensamentos na teologia/religião, ou seja, as produções de Mbembe, por mais que se situem no campo da filosofia e ciências políticas, são interlocuções críticas da realidade pós-coloniais em territórios colonizados, especialmente em África, que permitem dialogar com as demais áreas de saber, inclusive a teologia, como faremos de agora em diante.

1. A colonialidade da teologia

A colisão entre o cristianismo e a colonização forma uma síntese histórica e política que se estende ao longo dos séculos até os dias atuais ou, como Carl Mirbt (*apud* RASCHIETTI, 2022, p. 23) diz: "andam de mãos dadas". Para muitos, isso pode soar estranho, uma vez que o cristianismo é absorvido apenas como um vetor religioso de salvação e fé. De fato, muitos historiadores e teólogos discordam dessa aproximação e conexão, por entenderem que se trata apenas de uma conjuntura histórico-temporal, no entanto, ao longo das últimas três décadas, ou mais, tem crescido o número de produções acadêmicas – como *Evangelização ou colonização* da Analzira Nascimento (2015) – e fontes documentais cujos objetivos têm provado a relação entre a colonização e o cristianismo com implicações político-culturais desde os séculos passados.

É verdade que essa aproximação é forjada de uma generalização, pois é sabido a complexidade e diversidade existente no cristianismo em si, o que nos remete a uma necessidade de delimitação, uma vez que, ao longo da história, certas perspectivas cristãs - destaque para Teologias Africanas, Teologias Negras, Teologia da Libertação, Teologia Latino-Americana - surgiram e se distanciaram dessa relação com a colonização. Portanto, reportamo-nos com um tom crítico ao cristianismo ocidental (moderna-europeia), cuja perspectiva é de pretensão conquistadora e messiânica, com origem no século XVI a XVIII, isso durante a primeira onda de evangelização dos povos "descobertos" pelo Ocidente na travessia do Atlântico (ver: GILROY, 2001), na era da primeira modernidade (escravidão), porém, intensificado no período da segunda modernidade (colonização), segundo a classificação de Mignolo (2007, p. 26).

Entretanto, podemos conjecturar uma terceira fase da modernidade, como suscitou Walter Mignolo (2007, p. 216), ao apontar para a reorganização da lógica da colonialidade na era do capitalismo tardio - neoliberalismo[1] -, visto que os mecanismos coloniais instrumentalizados no cristianismo missionário da primeira e segunda modernidade continuam a operar na contemporaneidade de forma eficiente, embora com novas roupagens da fusão do capitalismo global e animismo, que transforma os seres humanos em coisas e dados e códigos. Essa conjuntura constrói-se a partir das tensões do campo político, sejam elas emocionais, materiais ou simbólicas, que giram em torno do messianismo, isto é, a reivindicação de um líder, sistema ou pensamento político revestido de

1 Para Mbembe (2018a, p. 13), o neoliberalismo "é a época ao longo da qual o tempo (curto) se presta a ser convertido em força reprodutiva da forma-dinheiro. [...] visão segundo a qual todos os acontecimentos e todas as situações do mundo (podem) deter um valor no mercado".

discurso teológico ou ideologia salvadora de pátria que ressuscita com vigor o dinamismo colonial presente nas nossas sociedades.

Tomemos como exemplo a ascensão de certas figuras políticas, dentre elas, Donald Trump (EUA), Viktor Orbán (Hungría), Jair Bolsonaro (Brasil), Nicolás Maduro (Venezuela), Félix Tshisekedi (R.D.C), entre outros, personagens políticos recheados inclusive de discursos controversos, revelam o renascer ou a manifestação em escala global da lógica dominadora e colonial na contemporaneidade, ao romperem a distinção e autonomia entre política e religião, e ao instalarem um certo nacionalismo/imperialismo, uma supremacia religiosa e uma teocracia em seus governos. Os atuais movimentos ou discursos teopolíticos, que têm as suas relações profundas com o neoliberalismo, precisam ser abordados dentro de uma arqueologia ou genealogia de poder onde a religião exerce um papel central de imposição sobre a sociedade. Portanto, é dessa leitura de manifestação de mecanismos de domínio e poder por meio de discursos teopolíticos sobre a realidade humana de forma absoluta que podemos tratar da teologia do domínio.

Ao se tratar de teologia do domínio ou dominionismo, normalmente a atenção recai sempre sobre o contexto dos movimentos evangélicos dos Estados Unidos das décadas de 1970 e 1980, uma vez que a sua origem conceitual ocorreu neste período do reconstrucionismo cristão neocalvinista e fundamentalista diante do liberalismo teológico. Desta origem, entende-se a teologia do domínio enquanto uma interpretação e pensamento teológico sobre o papel da igreja na sociedade contemporânea, isto é, a busca pela presença cristã e domínio dela sobre todas as esferas sociais ou "a busca da reconstrução da teocracia na sociedade contemporânea, no cumprimento da predestinação dos cristãos/ãs ocuparem postos de comando no mundo" (CUNHA, 2020, p. 18). Noutro sentido, seria a dominação sobre o mundo através da implementação de uma teonomia. Trata-se, na verdade, de um conjunto de ideologias políticas que buscam submeter a vida pública a uma nova forma de teocracia.

Desta leitura, nota-se a aspiração por uma lógica hegemônica, totalitária, universal e de conquista, ou seja, um sistema de poder e dominação absoluta sobre a vida. Ora, partindo dessa compreensão de poder e dominação sobre todas as esferas da vida – isso é, colonização –, "é perceptível uma construção teológica onde há um claro comportamento exclusivista e intolerante" (GONÇALVES, 2021, p. 49), constituinte em prol de uma luta contra os inimigos – aquele que está presente permanentemente e que coloca em risco a ordem (MBEMBE, 2017, p. 82). Desta forma, a teologia do domínio seria uma teologia colonial no seu âmbito histórico, uma vez que, além de produzir atrocidades, violências e brutalidades, a sua dinâmica passa na cooptação, captura e subjetivação do outro dentro de um jogo de domínio universal e hegemônico absoluto sobre todas as esferas da vida.

Assim, seria insuficiente entendermos a teologia do domínio apenas a partir do fenômeno conceitual norte-americano, visto que as suas bases ontológicas e arqueológicas encontram-se na modernidade colonial, pois esta teologia designa a forma moderada de um projeto de poder que se articula pela teocracia, supremacia e um certo nacionalismo/imperialismo religioso como cultura dominante sobre todos desde as primeiras modernidades. Portanto, toda tentativa de compreensão da teologia de domínio precisa ser escavada na noção de colonialidade, visto que a sua base se formula ontologicamente do desejo de dominação e poder universal e absoluto, como escavaremos a seguir.

2. O retrovisor colonial

O nascimento e a ascensão da modernidade, juntamente com o iluminismo, no início do século XVI, emergiu uma "radical dissolução do regime clássico de significado e da perda de um horizonte pré-definido" (BANYWESIZE, 2024, p. 118) que deu origem à aventura de uma consciência universal suprema e absoluta, a qual se perpetua até os dias de hoje. Embora esteja relacionada ao momento histórico do abandono das convenções, costumes, tradições, particularismos e crenças antigas, a modernidade designou a entrada no universalismo por meio do exame crítico da razão e experimentação, isto é, um conjunto de ideais que se configuram como um projeto petulante da razão emergido e estruturado a partir do pensamento científico racional herdado do iluminismo, cuja tese é: "a razão, e só ela, pode servir a si próprio como guia, critério e condição da certeza do conhecimento" (ABRÃO, 1999, p. 187).

Tendo a razão como a faculdade determinante na autonomia do sujeito e na ordenação do mundo, nasce, assim, uma nova tecnologia capaz de nivelar as relações humanas e inter-humanas, cuja percepção do outro a um tempo como semelhante e como outro – "alter-ego" – passou a ser dada no âmbito do espírito absoluto da liberdade, autonomia e alteridade, isto é, o reconhecimento do outro como "um-ser-semelhante", possuidor da razão. Destarte, a humanidade passou a definir-se pela posse de uma "identidade genérica, de essência universal [...] [que] une todos os seres humanos" (MBEMBE, 2018a, p. 155), pois, pela razão, os indivíduos seriam capazes de conduzir as suas vidas conforme os valores morais, éticos e a ideia do bem.

Ora, dada esta formulação, as sociedades e os indivíduos cujas ontologias, epistemologias e identidades eram diferentes, foram excluídos e exterminados, uma vez que se encontravam fora do círculo racional. A nova humanidade anunciada pela modernidade, supostamente, não estava dada, *a priori*, a todos (MBEMBE, 2018a, p. 155), pois abarcou apenas os sujeitos semelhantes e, no último caso, os assimilados. De fato, a modernidade visou à construção de um mundo com demarcação das diferenças, criação de estrutura de conhecimento, governança e ideologia a partir do "paradigma do iluminismo" (CHUKWUDI EZE, 1997) que debateu a inclusão dos negros dentro da família humana a partir da lógica racionalista. A demarcação é fruto da criação de uma imagem (ficção) do outro enquanto o diferente, estranho ou "resto" (HALL, 2016), quer dizer, aquele que possui a sua própria identidade, raça, tradição, concepção de sociedade e do mundo diferente do Ocidente.

Deste recorte ocidental, desenvolveu-se uma história hegemônica, absoluta e universal compactuada com o sol da racionalidade burguesa, "que do ponto de vista da história universal é extremamente recente e paralela à construção de uma outra ideia excludente: a raça" (BARROS, 2021) – técnica de domínio de certos povos considerados superiores sobre os inferiores –, cujo capitalismo é o seu demiurgo (cf.: FOUCAULT, 1999, p. 03-25). Entretanto, o elemento central a se perceber aqui é a construção de uma visão do mundo *(Weltanschauung)* que se impôs ao longo dos séculos de forma totalizante e determinante sobre outros povos, culturas, pensamentos e sociedades. Um imaginário de um mundo unificado e heterogêneo sob a égide do capitalismo, com a formulação de uma identidade para si e para outros de forma fictícia, justificada pela noção da civilização avançada e progressiva ofertada pela modernidade construída na Europa.

Ademais, o conceito de Ocidente levantado aqui está correlacionado ao próprio conceito de modernidade, pois, além de um lugar geográfico, o "Ocidente é um conceito histórico" (HALL, 2016, p.

16) que se deu enquanto um projeto firmado pela industrialização, capitalismo e secularismo, com o fim do feudalismo. Este projeto ocidental é o que Mbembe (2018a, p. 12) compreende como modernidade, ou seja, a modernidade "é, na realidade, outro nome para o projeto europeu de expansão sem limites que se desenvolveu a partir dos últimos anos do século XVIII" (MBEMBE, 2018a, p. 105). Neste sentido, o Ocidente e a modernidade são conceitos correlacionados a um projeto cuja hegemonia, supremacia e absolutismo são as suas pretensões feitas, por um lado, pelas explorações e conquistas, por outro lado, pela expansão territorial e padronização do mundo baseada na política da assimilaridade dentro do jogo capitalista. Dessa compreensão, Immanuel Wallerstein (2007, p. 29) escreve:

> A história do sistema-mundo moderno tem sido, em grande parte, a história da expansão dos povos e dos Estados europeus pelo resto do mundo. Essa é a parte essencial da construção da economia-mundo capitalista. Na maioria das regiões do mundo, essa expansão envolveu conquista militar, exploração e injustiças em massa.

Ambas as pretensões descrevem a consciência colonial, quer dizer, a força expansiva de um povo, o seu poder de reprodução e a sua multiplicação através dos espaços; a submissão do universo ou de uma vasta parte dele à sua língua, aos seus costumes, às suas ideias e às suas leis, como dizia Paul Leroy-Beaulieu (*apud* MBEMBE, 2018a, p. 120). Portanto, a crítica à modernidade coincide com o surgimento de técnicas de dominação que conjugam com as práticas coloniais. De outro modo, a modernidade e o colonialismo são duas faces da mesma moeda, pois, além de ser um fenômeno histórico, o colonialismo consiste exatamente na padronização das sociedades a partir de um caráter provinciano, hegemônico e dominante do projeto/paradigma social e epistemológico da moderno-iluminista que influenciou o pensamento e a prática missionária, por meio de um sentimento de superioridade e dominação fortalecido pelos projetos coloniais, como veremos abaixo.

3. Propagação da fé e a lógica da conquista

Paralelamente, não se pode esquecer a presença do cristianismo no enredo da modernidade e colonialismo, uma vez que a história do cristianismo é uma história de ascensão e hegemonia. As teses de David Bosch (2002) sobre o projeto e paradigma missionário ao longo da história, fortemente contaminado por sua origem colonial ocidental que se caracterizou como um símbolo da universalidade do imperialismo ocidental, esclarecem isso de melhor forma, pois, historicamente, o anseio pela pregação e implementação do governo de Cristo no mundo "abriu caminho para a afirmação do direito de conquista" (MBEMBE, 2001, p. 227), formando uma tripla economia universal entre o cristianismo, a igreja e a política, que se deu por meio da conversão. Para Mbembe (2001, p. 215), ao rejeitar firmemente qualquer noção de relatividade da verdade e ao postular a existência de um universo com um único significado, o cristianismo formulou um protótipo político que se definiu na modernidade colonial. Assim, tanto o cristianismo moderno como a modernidade em si aspiraram ao domínio universal colonial.

Partindo do pensamento Mbembiano (2020) de que a colonização foi o lugar e ambiente fundador de toda essa catástrofe e brutalidade política que o cristianismo mergulhou por meio da tríplice violência colonial que normalizou insidiosamente o intolerável desejo de poder e dominação – a saber: o direito de conquista e as prerrogativas que dele decorrem; a ordem da legitimação que justifica e dá sentido à missão universalizante; e a manutenção, multiplicação e permanência da violência fundadora –, pode se perceber a construção do caminho da subordinação dos povos dominados, a reivindicação pela universalidade etnocêntrica ou provinciana, bem como a aparição de um cristianismo do tipo colonial aplicado às igrejas e sociedades modernas.

A pretensão ocidental de expansão que se deu a partir do século XV instrumentalizou-se de maneira acentuada pela religião num empreendimento de civilização ou dita humanização de sujeitos classificados como diferentes, a saber: negros/africanos. A preocupação pela salvação deles, e também dos indígenas nas Américas, "gerou um empreendimento de propagação da fé cristã ou do reinado de Cristo" (MADUKU, 2024, p. 86). As descobertas geográficas direcionaram a pulsão evangelizadora e conquistadora universal do século XVI a XVIII – também conhecida como missões cristãs – conectada às instituições europeias da qual derivaram o poder de conferir a salvação dos povos (BOSCH, 2002, p. 281) dentro de um otimismo escatológico cuja pretensão não era, *a priori*, a conversão de almas, mas sim a exploração e conquista do universo por meio da "tecnologia moderna" (MBEMBE, 2020, p. 38) de dominação.

A travessia do Atlântico, ocorrida por volta do século XV a XVIII, não inaugurou apenas a idade moderna, como pensava Enrique Dussel (2013), ao reforçar a reivindicação da universalidade – o modelo da modernidade – fazendo da Europa a referência única para progresso do Novo Mundo, mas também promoveu um modelo de propagação de fé que carregava consigo as pretensões etnocêntricas que definiram a missão. Alonso Gonçalves (2021, p. 48) foi feliz ao afirmar que:

> A teologia desenvolvida quando da conquista, foi marcada pela perspectiva eurocêntrica, uma visão de mundo eugênica, onde o discurso civilizador estava de mãos dadas com a religião cristã ocidentalizada e a espada. Não obstante a isso, o ouro constava como prioridade da conquista: 'Que o Senhor me ajude, em sua misericórdia, a descobrir este ouro'. Assim orava Colombo.

A evangelização do continente africano – assim como a América do Sul – não consistia simplesmente no anúncio da pregação da fé e preocupação com a salvação da alma dos povos, senão, também, na sujeição e dependência destes povos dominados a um sistema cristão ocidental de compreensão e interpretação das Escrituras e do mundo. A prática de evangelização nestes continentes enredou-se por perseguição às religiões indígenas, apagamento de memórias originais, ocupação e tomada de terras e recursos naturais, bem como a "supremacia cultural, científica e militar" (MBEMBE, 2013, p. 42).

Para Mbembe (2013, p. 19-32), essa relação do cristianismo missionário da modernidade com a pretensão e projeto ocidental de supremacia europeia, sobre outras sociedades, revelou uma concepção partidária e exclusiva de Deus com traços do nacionalismo ibérico que descrevem a teologia colonial. Pois, desta projeção eurocêntrica no cristianismo, ignorou-se e excluiu-se as outras identidades, historicidades, culturas, valores, hábitos, saberes, religiosidades e formas de viver comunitárias produzidas pelos povos colonizados, em função da finalidade de supremacia. Assim escreve Mbembe (2013, p. 37):

> No seu projeto para[de] pensar o outro, a inteligência ocidental subordinou a produção do saber em função das diferentes finalidades de supremacia. Depois de ter conferido o mandato de proclamação da verdade derradeira sobre o ser humano

> e divino, atribuiu-se a missão de civilizar a terra. [...] cujo objetivo era impor e fazer reconhecer o Ocidente como centro exclusivo do sentido, único lugar com competência para arquitetar o discurso sobre a humanidade e sobre o universo.

A propagação da fé não foi diferente do sistema de pensamento e inteligência ocidental, pois a "pretensão de dominar simbolicamente as sociedades indígenas se justifica[ou] pela ideologia do destino universal da revelação" (MBEMBE, 2013, p. 43). Por mais que não pareçam, ambas visaram a conquista e a supremacia sobre pessoas (o outro) ou culturas com as quais se julgava nada haver em comum. Dessa leitura, Mbembe (cf. 2013, p. 35-39; 2018a, p. 155) compreende o cristianismo missionário moderno enquanto um vetor colonial e de dominação. Ao observar a missão civilizadora do cristianismo, o pensador camaronês percebe a existência de "uma lógica de conquista, confronto e exclusão subjacentes a uma teologia imperial e colonial, bem como uma teodiceia da dominação" (MADUKU, 2024, p. 87). Um entrelaçamento entre o cristianismo e o imperativo de europeizar ou ocidentalizar o mundo que se resume pela fala de Joseph Schmidlin: "colonizar é missionar", também, "missionar é colonizar" (*apud* RASCHIETTI, 2022, p. 23).

4. A nuvem de testemunhas

Não se trata de uma relação generalizada entre o cristianismo e a colonização, como Matthijs Blok alerta (2004, p. 3-4), mas uma relação histórica e simbólica de perspectiva. "Um acontecimento de verdade no seio de uma espécie de estranha cisão no próprio campo de uma verdade sempre prestes a desabrochar" (MBEMBE, 2018a, p. 301). Todavia, é exatamente na segunda modernidade, isto é, na colonização imperial no início do século XVIII ao século XX, que essa lógica conquistadora ganhou o rosto e configurou-se num corolário. As ocupações coloniais nos territórios africanos, e não só, marcados por três grandes eventos históricos – escravatura, colonização e apartheid – cuja finalidade consistia na ocupação de territórios, domínio político e regulação dos povos, testemunharam a força deste projeto no mundo por meio do discurso de civilização, desenvolvimento e subdesenvolvimento, atravessados por violências e brutalidades de subordinação dos povos originários.

A colonização não passava "de uma tecnologia ou de um simples dispositivo" (MBEMBE, 2014, p. 19) de subjugação e regulação de sujeitos tidos como supérfluos ou excedentes, que visava a apreensão, demarcação e afirmação do controle físico e geográfico (MBEMBE, 2018b, p. 38). Consistia na construção de zonas e enclaves, e "classificação das pessoas de acordo com diferentes categorias" (MBEMBE, 2018b, p. 39). Também era um dispositivo de construção de uma ordem e padrão. Foi a partir dessas definições que o Ocidente empreendeu uma missão civilizadora (padronização) abençoada pelo cristianismo em África, com a instalação de "parâmetros a serem seguidos pelos demais povos" (BUENO, 2019, p. 21; cf.: MBEMBE, 2018a, p. 158). De fato, "a evangelização da África carregava os defeitos dessa pretensão etnocêntrica que deu origem a uma missão de tipo colonial" (MBEMBE, 2022, p. 87).

O contato com nativos africanos forçou os europeus, por um lado, a delimitarem e repartirem suas terras e, por outro, a legitimarem a pretensão dominadora sobre eles à bala de canhão. O fundamento dessa pretensão se deu inicialmente no campo da linguagem, pois, foi pelo discurso sobre a humanidade dos povos negros e o discurso sobre Deus, atravessados por códigos políticos-morais de caracteres dogmáticos e a força militar, que se conjunturou a supremacia europeia sobre os africanos. Segundo Mbembe (2013, p. 38) "a penetração cristã nas sociedades negras inscreve-se marcadamente numa lógica de conquista que se apoia numa antropologia do indígena, que faz deste um objeto de maldição".

Embora ambígua, o cristianismo colonial "baseou-se na ideia de domínio universal no tempo e no espaço [demonstrando o] apetite por conquista, da qual as conversões eram apenas um aspecto" (MBEMBE, 2001, p. 226). Ao valorizar apenas a dita "salvação das almas" – "a partida do mundo como condição essencial da salvação" (MBEMBE, 2013, p. 20) – na evangelização e plantação de igrejas, o cristianismo, segundo a teóloga Regina Fernandes (2019, p. 36), teve a sua "participação efetiva, inclusive na validação teológica, na terrível empresa de escravidão [e colonização] de pessoas africanas", uma vez que a sua pregação favoreceu os projetos imperiais de dominação no continente. Do desejo de europeizar ou ocidentalizar a África, o cristianismo produziu uma "verdadeira religião cuja pretensão de universalidade está já justificada e fundada pelo seu próprio conteúdo como verdade revelada" (FORNET-BETANCOURT, 2007, p. 9) e consequentemente introduziu uma teologia "que se julga superior; detentora de uma revelação que está além do próprio tempo (atemporal) e da história" (GONÇALVES, 2021, p. 16). Uma teologia imperial e colonial que evoca o poder na sua relação com o outro.

Portanto, se por um lado a colonização se definiu como "uma forma de poder constituinte" (MBEMBE, 2018a, p. 105), por outro lado, o cristianismo constitui-se como uma máquina de poder, ou seja, institucionalização de "um sistema particular de dominação" (MBEMBE, 2001, p. 224) absoluto sobre a vida que se confere enquanto um *status quo* político de dominação de forma integral a partir da sua teologia. A ação política nessa relação se concretiza pela construção de uma ordem indissociável da proclamação de um regime de verdade e forma de organização que define a dimensão essencial de poder, seja ela temporal (físicas, econômicas e materiais) ou espiritual (simbólicas). Indubitavelmente,

> a lógica cristã é uma lógica imperialista na medida em que engloba sob a mesma esfera a construção de conceitos organizadores deste mundo e de outro com um imaginário de poder, da autoridade, da sociedade, do tempo, da justiça e do sonho, em suma, da História e da derradeira verdade (MBEMBE, 2013, p. 27).

A partir da sua correlação com o pensamento político, o cristianismo constitui-se como um operador histórico, social e político capaz de formar uma mentalidade e realidade, já que, da sua capacidade, produz subjetividades e realidades sociais e políticas. Trata-se de uma tecnologia e agenciamento capaz de agrupar um conjunto de subsídios heterogêneos e conectados em volta da necessidade de governo sobre todas as esferas: família, religião, educação, mídia, lazer, negócios e governo (GUILLEN, 2009). É desse olhar que o cristianismo é um dispositivo colonial de poder que não se insere necessariamente num jogo das instituições, mas a uma lógica sistêmica – o que seria a teologia – que rompe as instituições, pois baseia-se no desejo de dominação unificadora de controle.

5. Teologia do domínio na pós-colônia

"Ainda que as posturas dos missionários nas aldeias tenham sido mudadas em anos recentes, [...], ainda assim a teologia não foi alterada. [...]. As mesmas raízes teológicas colonizadoras ainda perduram" (GONÇALVES, 2021, p. 16) na contemporaneidade, ou, como diz Bénézet Bujo (2010, p. 149), "apesar do fim do domínio colonial, continuam a praticar um colonialismo ideológico". Nas palavras de Nascimento (2015, p. 12):

> O modelo de missão [cristianismo] que predomina, principalmente no mundo evangélico, continua reproduzindo a mesma lógica colonial eurocêntrica de dominação, que em sua abordagem verticalista reforça a negação da identidade do outro e o reduz a objeto.

Não se trata apenas da eclesiologia e a teodicéia dos séculos passados, mas também de questionamentos sobre o legado colonial na era pós-colonial, especialmente nos territórios colonizados, uma vez que o cristianismo enquanto um vetor de dominação, como já dissemos, estrutura os espaços de referências heterogêneas e os campos simbólicos. Além disso, também revela um caráter de lógica imperial perversa de dominação e exclusão numa dinâmica de violência, controle, poder e traumas que se perpetuam nos nossos dias.

Na pós-colônia, o campo religioso cristão tem servido como o grande dispositivo de produção de divisões, hierarquias sociais, dominação, controle e regulação de massas. Os comportamentos e discursos de certos atores sociopolíticos e religiosos da atualidade (presidentes, ministros, líderes religiosos, influencers, dentre outros), movidos por interesses econômicos, políticos, financeiros, poder e mergulhados nos espírito messiânico, têm firmado o projeto de dominação instaurado pela lógica cristã maniqueísta de pretensão colonial, isto é, de dominação universal e absoluta sobre a vida, ao buscarem a reconstrução da teocracia na sociedade contemporânea com a imposição de uma cultura cristã dominante segundo os preceitos divinos (CUNHA, 2020, p. 18) sobre todos.

Encruzilhados por mudanças das dinâmicas sociais e tecnologias digitais, esses autores sociopolíticos e religiosos têm suscitado modelos de controles coloniais, ainda que ressignificados no campo simbólico. É o caso de discursos como o da ex-ministra dos Direitos Humanos do Brasil, Damares Alves: "É o momento de a igreja ocupar a nação. É o momento de a igreja dizer à nação a que viemos. É o momento de a igreja governar". A fala do atual presidente dos EUA, Donald Trump: "eu fui salvo por Deus para fazer a América grande de novo".[2] O *slogan* teopolítico de Jair Bolsonaro nas eleições de 2017: "Brasil acima de tudo, Deus acima de todos", entre outras que poderíamos citar. Contudo, afirmamos que tudo gira, por um lado, em volta de uma ideologia de poder atravessada por sentimentos nacionalistas e de superioridade. Assim como ocorreu na evangelização da primeira e segunda modernidade, também ocorre na atual conjuntura teopolítica: "a vontade de poder (MBEMBE, 2020, p. 40) e o controle sobre os outros são elementos centrais e caracterizadores do dinamismo colonial permanente, pois o colonialismo não foi apenas um evento histórico, senão um processo que reorganiza e determina as sociedades, subjetividades e até mesmo a forma como agimos, sentimos e entendemos o mundo dentro de uma lógica de dominação.

Por outro lado, o equívoco hermenêutico bíblico oferecido pela tradição cristã fundamentalista de caráter totalitarista, sobre o texto bíblico de Gênesis 1, 28 *"Encham e subjuguem a terra! Dominem sobre [...]"*, tem servido como o mecanismo e a grande pulsão justificadora, teológica e cosmogônica de captura e subjetivação

2 Discurso messiânico para marcar sua volta ao poder nesta segunda-feira (20/01/2025). Cf. CNN Brasil, 20 de julho de 2024. Disponível em: https://www.youtube.com/watch?v=yD3V-hcjwck.

cristã sobre pessoas, sociedade, famílias, recursos e instituições, visando à reconstrução de uma sociedade baseada em preceitos bíblicos. Mergulhado na ideologia de poder acima comentada, a leitura bíblica fundamentalista captura e subjetiva as pessoas num sistema totalizante que se coloca num dinamismo de competitividade (nos moldes neoliberais) sobre os outros.

Portanto, a teologia do domínio é uma das características do cristianismo na era pós-colonial, pois o cristianismo contemporâneo de aspirações fundamentalistas caracteriza-se como a manifestação do neocolonialismo global que permite aos cristãos fundamentalistas formularem uma teologia do *status quo* colonial para dominarem as esferas sociais. É desta leitura que Kisukidi (*apud* MADUKU, 2022, p. 96) afirma que a "grande noite" (MBEMBE, 2014) colonial foi seguida pela noite neocolonial que produziu uma teologia mimética colonial. Em outras palavras, a colonização, hoje, se dá numa dimensão simbólica e ideológica que se manifesta pretensiosamente pelos discursos absolutistas, universalistas e hegemônicos, como a teologia do domínio propaga de forma categórica.

Enfim, é dessa leitura colonial que se pode compreender a arqueologia da teologia de domínio, uma vez que este fenômeno teológico conservador fundamentalista e reconstrucionalista que se apresenta atualmente contém no seu âmago o desejo pelo poder, controle, regulação de massa, domínio, supremacia e padronização do mundo a partir de uma visão particular, assim como o cristianismo colonial anunciado nos séculos XVI a XVII – era da escravidão – e séculos XVIII a XIX – era da colonização histórica. Esta teologia, por meio dos seus elementos e discursos teopolíticos e, atravessados por mecanismos coloniais, carrega implicações políticas e sociais como a crise da democracia, a laicidade do Estado e as polarizações. Além disso, da sua instrumentalização dos textos bíblicos, justifica-se posições hegemônicas e políticas, econômicas, religiosas e culturais visando a subversão dos valores de igualdade e direitos humanos, em nome de uma agenda de controle e poder absoluto sobre todos.

Se por um lado o cristianismo tem servido como o grande dispositivo de produção de divisões, hierarquias sociais, dominação, controle e regulação de massas, na concepção pós-colonial também se apresenta como consciência de uma condição de subalternidade epistemológica e ferramenta hermenêutica de desconstrução de discurso teológico de poder e controle, ou seja, enquanto de um lado se apresenta como a permanência do imaginário colonial, por outro lado, como revisão crítica em torno de "questões de diferença cultural, autoridade social e discriminação sociopolítica a fim de revelar os momentos antagônicos e ambivalentes" (BHABHA, 2014, p. 275).

Referências

ABRÃO, B. S. (org. e red.). *História da filosofia.* Nova Cultural. Cultural Ltda. São Paulo: Editora Nova, 1999.

BANYWESIZE, E. M. "De Valentin Yves Mudimbe a Achille Mbembe: conceitos para renovar ciências sociais". Afroglobe, v. 2, n. 1, 2024.

BHABHA, H. K. *O local da cultura.* 2. ed. Belo Horizonte: UFMG, 2014.

BARROS, D. R. "O que é eurocentrismo?". São Paulo: Boitempo, 16 de jun. de 2021. Disponível em: https://blogdaboitempo.com.br/2021/06/16/o-que-e-eurocentrismo/.

BLOK, M. J. C. "Christianisme et quête d'identité en Afrique: la genèse et l'évolution de la théologie africaine dans la tradition ecclésiale catholique Romaine". *La Revue*, v. 228, n. 3, junho, 2024.

BOSCH, D. J. *Missão Transformadora*: *Mudança de Paradigma na Teologia da Missão.* São Leopoldo: Sinodal, 2002.

BUENO, R. D. "Continente africano: de protagonista na propagação do evangelho à escravidão em nome de Deus". In: JOÃO, E. Jamba A.; BUENO, R. D. *Teologia & negritude: os deslocamentos da teologia a partir das experiências negras*. São Paulo: editora Recriar, 2019.

BUJO, B. "Le christianisme africain et sa théologie". *Revue des sciences religieuses*. v. 84, n. 2, p. 159 - 174, 2010. Disponível em: https://journals.openedition.org/rsr/342.

CHUKWUDI EZE, E. *Postcolonial african philosophy*: *a critical reader*. Londres: Blackwell, 1997.

CUNHA, M. do N. *Fundamentalismos, crise da democracia e ameaça aos direitos humanos na América do Sul*: *tendências e desafios para a ação*. Salvador: Koinonia, 2020.

DUSSEL, E. "Descolonização epistemológica da teologia". *Concilium*. Petrópolis, 350, n. 2, p. 19-30, 2013.

FERNANDES, R. *Introdução às teologias Latino-Americanas*. São Paulo: Saber Criativo, 2019.

FOUCAULT, M. "Aula do dia 07 de janeiro de 1976". In: *Em defesa das sociedades*: *curso no Collège de France* (1975-1976). Trad. Maria E. Galvão. São Paulo: Martins Francisco, 1999, p. 03-25.

FORNET-BETANCOURT, R. *Religião e interculturalidade*. São Leopoldo: Sinodal, 2007.

GILROY, P. *O Atlântico Negro. Modernidade e dupla consciência*. São Paulo; Rio de Janeiro, 34/Universidade Cândido Mendes Centro de Estudos Afro-Asiáticos, 2001.

GONÇALVES, A. *Revelação e decolonialidade: subversão teológica e epistemologia decolonial*. São Paulo: Editora Recriar, 2021.

GUILLEN, F. *Sete Montes*. 1. Edição. Brasil. Editora Sete Montes, 2009.

HALL, S. "O ocidente e o resto: discurso e poder". *Projeto História*. São Paulo, n. 56, p. 314-361, Mai. - Ago. 2016. Disponível em https://revistas.pucsp.br/index.php/revph/article/view/30023/20834.

MADUKU, N. "Discourir sur Dieu en postcolonie. Lecture de la théologie sous l'arbre de Jean-Marc Ela à l'aune de la pensée d'Achille Mbembe". In: ABADIE, D; METENDE, U. *Achille Mbembe. Une pensée de la postcolonie*. Afroglobe, v. 2, n. 1, mai. 2024, p. 82-111.

MIGNOLO, W. D. *La ideia de América Latina: herida colonial y la opción decolonial.* Barcelona: Gedisa, 2007.

MBEMBE, A. *Políticas de inimizade.* Trad. Marta Lança. 1. ed. Lisboa: Antígona, 2017.

______. *Sair da grande noite: ensaio sobre a África descolonizada.* Lisboa: Edições Pedágio e Edições Mulemba, 2014.

______. *Crítica da razão negra.* Trad. Sebastião Nascimento. São Paulo: N-1 edições, 2018a.

______. *Necropolítica.* Trad. de Renata Santini. São Paulo: N-1 edições, 2018b.

______. *África Insubmissa: Cristianismo, poder e Estado na sociedade pós-colonial.* Luanda: Edições Mulembo, 2013.

______. *On the postcolony:* studies on the history of society and culture. California: University of California Press, 2001.

______. *Brutalismo.* Trad. Sebastião Nascimento. São Paulo: N-1 edições, 2020.

NASCIMENTO, A. *Evangelização ou colonização? O risco de fazer missão sem se importar com o outro.* Viçosa, MG: Editora Ultimato, 2015.

RASCHIETTI, E. *A missão em questão: A emergência de um paradigma missionário em perspectiva decolonial.* 1. ed. São Paulo: Editora Vozes, 2022.

WALLERSTEIN, I. *O universalismo europeu: a retórica do poder.* São Paulo: Boitempo, 2007.

Uma cosmovisão integrista

João Décio Passos

A TD descansa sobre a fé no poder absoluto de Deus que ultrapassa os limites de espaço e tempo: poder eterno a ser implantado no mundo por meio de seus representantes. A profissão de fé na onipotência divina é a marca das religiões monoteístas e negá-la seria negar a própria natureza de Deus. O credo cristão começa afirmando a fé no *Deus Todo-poderoso*. Afinal, um Deus sem poder não seria Deus, ao menos para a mentalidade do mundo antigo, seja pela matriz da mitologia, dos textos bíblicos ou da filosofia grega. No fluxo intercultural formado na simbiose dessas matrizes e que alimentou a formação do ocidente e das próprias tradições monoteístas, não se poderia pensar em outro Deus. Ele é todo-poderoso e, portanto, nada pode ficar fora de seu domínio, uma vez que se encontra presente em todos os tempos e lugares (KÜNG, 1992, p. 37-40).

A TD repete este credo dentro de novas molduras hermenêuticas e de novos ambientes culturais e devolve ao poder divino a plenitude de sua ação na história, uma vez que para as consciências crentes Ele jamais se afastou do comando da natureza e das vidas individuais. Se Deus é todo-poderoso, é preciso reconhecer seu poder direto, imponderável e legítimo sobre todas as dimensões da realidade. A política é não somente uma dessas dimensões, mas o meio privilegiado de estabelecer seu domínio na totalidade do mundo. O Reino de Deus anunciado por Jesus vencedor da morte deverá ser implantado na terra e recriar a vida humana em todos os seus aspectos e esferas. E tudo o que separar Deus do mundo, ou seja, ignorar, evitar ou impedir seu domínio, segue a trilha do ateísmo e do pecado e alinha-se aos inimigos de Deus a serem combatidos. A TD promete a solução da grande crise que se encontra instalada no mundo, de modo particular no ocidente, sobretudo nos tempos modernos. O poder de Deus exercido por meio de seus eleitos – povo fiel e seus líderes – constitui o único meio de solução para os males da história, conforme já descrito em narrativas/promessas contidas na Bíblia. Os poderes humanos não se separam do poder de Deus, assim como a sociedade em seu conjunto e em suas partes. Uma civilização cristã deverá, portanto, suplantar a civilização moderna, edificada sobre valores e poderes secularizados, raiz de todos os males. Esta perspectiva e projeto retomam precisamente o que constituiu o regime da cristandade: totalidade histórica que fundamenta, agrega e institui todas as dimensões da vida individual e coletiva num sistema governado por Deus através de seus legítimos ungidos.

A conjuntura atual, evidentemente nova, não permite reproduzir a cristandade medieval de matriz católica, mas repete seus enredos fundamentais quando se busca uma civilização cristã edificada sobre a unidade de valores cristãos e coordenada por poderes fundamentados em Deus. A chave de leitura aqui para analisar este domínio divino sobre o conjunto da vida social será o integrismo, conceito adotado originalmente para definir as tendências católicas tradicionalistas que rejeitaram as revoluções modernas como ilegítimas por serem consideradas maléficas na medida em que rompem com a unidade estável e eterna entre Deus e a história. Nesse sentido pode-se pensar a TD como um projeto de neocristandade que carrega em sua cosmovisão um neointegrismo que crê, postula e busca uma sociedade cristã em sua totalidade.

1. O SISTEMA DA CRISTANDADE

A cristandade foi construída como sistema totalizante centrado em Deus – teocentrismo –, entendido antes de tudo como poder onipotente. A imagem do Todo-poderoso que governa todas as coisas é uma herança multicultural que soma matrizes míticas gregas, matrizes judaicas e matrizes cristãs. Uma simplificação que esconda aquelas diversidades e se solidifica como consenso geral coordenado politicamente pelos poderes políticos (poder político-religioso) e reproduzido culturalmente (nas representações populares e reflexões teológicas). Embora o sistema da cristandade tenha sido construído na dialética dos confrontos e simbioses culturais, na longa temporalidade da formação europeia, gestação tensa entre identidade latina ocidental e identidade bizantina oriental, e na mutação de modelos gestores de poder, prevaleceu como um regime que avança na busca: a) da unidade entre os mundos sobrenatural e natural, entre os poderes religioso e político; b) na cosmovisão hierárquica em que tudo descende de um poder central que é o próprio Deus que conta com seus representantes diretos na Terra; c) na estabilidade garantida pela imutabilidade divina, pela criação ordenada e fixa, pela ordem política reproduzida pela descendência hereditária, pela filosofia das essências estáveis herdadas do platonismo e, na baixa Idade Média influenciada pelo aristotelismo; d) na afirmação de uma identidade sempre mais nítida que expurga os inimigos internos pelos mecanismos político-jurídicos, separa sempre mais as civilizações cristãs latina e bizantina, rejeita e enfrenta os inimigos externos e luta pela hegemonia entre os poderes espirituais dos Papas e o poder temporal dos Reis.

Unidade, hierarquia, estabilidade e identidade são estabelecidas como ordem fundada em Deus, tradução terrena de sua vontade e desígnio, expressão de sua imagem e palco histórico provisório de uma época que caminha para o fim escatológico do juízo definitivo de Deus. A base central de todo o regime se encontra no Deus onipotente. É sobre esse princípio, origem e causa de todas as coisas que a cristandade foi sendo edificada e se sustentou milenarmente. Deus é o Senhor – *Dominus Deus* – que tudo fundamenta, tudo liga e tudo comanda e que distende sua atuação por meio de seus representantes terrenos. O imaginário político-religioso faz a ligação entre os Reis antigos do Antigo Testamento e os Reis de então (LE GOFF, 2007, p. 68-69). As estéticas e os rituais de sagração dos reis e monarcas representavam traduções imagéticas das monarquias judaicas acrescidas de elementos e narrativas cristãs. Nas representações em práticas da cristandade, o rei é a imagem de Deus, *Rex imago Dei*, o administrador de seu reino, defensor e protetor de sua comunidade eleita, agora concretizada na Igreja e nos territórios políticos a ela associados.

A unidade desejada e construída de seu reino na Terra é decorrência da unidade de sua atuação no Universo, o poder de seus ungidos é a realização de sua onipotência, a luta contra os inimigos que ameaçam seu reino é luta exigida por sua vontade e ordem, a expansão do seu reino é igualmente ordem a ser cumprida para seu louvor e glória. O regime teocrático é a concretização histórica do único domínio legítimo, o do Todo-poderoso, imagem da centralidade, da potência e da providência divina que conduz a história. A unidade Deus-Reino se concretiza na unidade Igreja-Estado e na unidade cultural sobrenatural-natural. O sistema teocósmico e o sistema sociopolítico se retroalimentam como imagens análogas e como totalidade que não conhece efeitos, forças e razões que não descansem no poder supremo de Deus.

2. As autonomias e a dissolução da cristandade

O teocentrismo sistêmico da cristandade sofreu um longo desgaste com as progressivas revoluções modernas. Ainda que as datações e os momentos de fratura do regime estejam sujeitos a debates, o fato é que desde a baixa Idade Média (VAZ, 2002) um novo sistema foi se configurando e se instalou sob a dinâmica e o regime de uma crescente autonomia da práxis e do pensamento dos indivíduos e das sociedades a partir da Europa ocidental. As autonomias comercial, social, política, cultural e religiosa foram modificando por dentro e de forma estrutural o velho regime, pondo fim à unidade, à hierarquia, à estabilidade e à cosmovisão teocêntrica. O cosmos e a história se separaram gradativamente da causalidade e do domínio divinos, mostrando suas leis imanentes na medida em que o sujeito moderno se torna o protagonista e o centro das interpretações e das ações referentes ao mundo natural e histórico. É verdade que a velha ideia da causalidade divina já sofrera revisões desde a chegada da obra aristotélica na baixa Idade Média. O telescópio de Nicolau Copérnico havia desencadeado um desencantamento cósmico que foi completado por Galileu e consumado por Newton. Deus fora colocado na condição de relojoeiro alheio às leis internas da natureza, causa e sentido de uma totalidade autônoma. A autonomia da história vai conhecer suas primeiras expressões nas antigas *universitates* (corporações) e nas primeiras cidades-estados criando bolhas dentro da totalidade da cristandade. A invenção completa do poder autônomo teve que aguardar a invenção das democracias modernas. O poder político de Deus exercido por seus representantes legítimos foi superado ou adaptado às regras da origem popular do poder, da instituição do Estado laico e dos regimes republicanos. A autonomia política se impôs com suas regras em um vai e vem de conflitos e invenções que sobrepuseram a pluralidade à unidade, a igualdade à hierarquia, a historicidade à estabilidade. O todo-poderoso sobreviveu como um dogma inquestionável para os crentes, porém fora da ação direta da natureza e da política, como uma convicção profunda e enraizada culturalmente, porém fora do espaço público. O princípio e o dogma da teocracia sobreviveram paralelamente aos princípios e às práticas democráticas que se tornaram hegemônicas, embora tenha conhecido momentos de retrocessos, cenários de adaptação do religioso dentro do laico e vice-versa e, de modo residual, sobrevivências em grupos político-religiosos tradicionalistas de matriz católica (LABOA, 2019).

Vale salientar que no âmbito do cristianismo o movimento de acolhida das perspectivas modernas foi ocorrendo de forma gradual e dialética, jamais linear, homogênea ou global. Os movimentos de renovação da teologia nos campos protestantes e católico reconfiguraram as velhas hegemonias. A renovação dos estudos bíblicos e da reflexão propriamente teológica e, no catolicismo, a construção de um modelo de interpretação social (Doutrina Social da Igreja) reconheciam as mudanças modernas e assimilavam seletivamente as contribuições da filosofia e das ciências humanas modernas. Para os protestantes e católicos a sociedade moderna era um dado e os cristãos deveriam nela se inserir de forma crítica e ativa. No fluxo deste movimento era forçoso desenvolver uma reflexão capaz de pensar teologicamente as autonomias históricas como algo legítimo do ponto de vista da fé cristã. As pluralidades, o progresso, as construções com seus aspectos positivos e negativos não constituíam decadência e oposição ao plano de Deus, mas, ao contrário, dinâmicas históricas chanceladas pelo próprio Deus, autor das criaturas inteligentes e livres e encarnado historicamente em Jesus Cristo. As revoluções modernas deixam de ser vistas como antípoda do cristianismo e passam a ser objeto de discernimento e de valorização teológica. No território protestante, Friedrich Gogarten desenvolve a teologia da secularização e no católico Marie-Dominique Chenu elabora a teologia dos sinais dos tempos que terá impacto decisivo no Vaticano II (MONDIN, 2003, p. 547-584; GIBELLINI, 1998, p. 123-254). A autonomia humana com todas as suas manifestações modernas adquire um lugar legítimo no âmbito da fé cristão. O poder humano não se contrapunha ao poder de Deus. As conjunturas históricas deveriam ser sempre discernidas criticamente e não rejeitadas como expressão do mal.

No âmbito católico, o Concílio Vaticano II foi o marco oficial de assimilação desta perspectiva, ponto de chegada de reflexões que foram construídas no decorrer do século XX. A autonomia da realidade terrestre é reconhecida e valorizada como expressão da criação divina e, de modo especial, do sujeito humano livre e inteligente criado por Deus. A Constituição *Gaudium et spes* oferece em seu conjunto uma síntese multifacetada desta teologia. As revoluções modernas deixam de ser ameaças a serem rejeitadas e condenadas:

> Movido pela fé, conduzido pelo Espírito do Senho que enche a orbe da terra, o Povo de Deus esforça-se por discernir nos acontecimentos, nas exigências e nas aspirações de nossos tempos, em que participa com outros homens, quais sejam os sinais da presença e dos desígnios de Deus (11).

No fundo reside a percepção de que, embora Deus seja o Senhor da história, a natureza e o ser humano são autônomos, sendo este convocado pelo próprio Deus a conduzir a história. Era o fim definitivo da cosmovisão integrista que marcara a cristandade católica. Da parte protestante, vale lembrar uma obra referencial contemporânea às decisões conciliares, *A cidade do homem*, de Harvey Cox. O teólogo oferece uma sistematização magistral sobre o processo de secularização, situando-o como fruto a própria tradição judaico-cristã; localiza as raízes da secularização nas origens da fé bíblica:

> ...o desencantamento da natureza começa com a criação, a dessacralização da política com o Êxodo, e a desconsagração de valores com o pacto do Sinai, e especialmente com a proibição dos ídolos. Longe de ser algo contra o que os cristãos devam se levantar, a secularização representa uma consequência autêntica da fé bíblica (1971, p. 28).

Nessas perspectivas, o mundo sem a ação direta de Deus não é mais visto como fruto da desobediência ou do ateísmo, mas é algo querido pelo próprio Deus. No palco do mundo e na trama da história o ser humano se eleva como sujeito inteligente e livre condutor da história. Observa-se, assim, que dentro da própria cosmovisão cristã abre-se uma dupla possibilidade de interpretação das realidades seculares, para além de suas vicissitudes morais e, ainda mais, superando a ontologia da decadência intrínseca que atravessara os séculos nas tradições católicas e protestante. Reproduzindo aquela cosmovisão clássica integrista e colocando em cena uma perspectiva positiva da era moderna.

3. As afirmações integristas

As resistências da velha cristandade acompanharam o processo das revoluções modernas, afirmando uma tendência de pensamento conservador de diferentes vieses. O marco primordial é a obra de Edmund Burke, *Reflexões sobre a revolução em França,* de 1790 (1997). As reações ao novo regime e à modernidade de um modo geral contavam com o consolidado arcabouço político, cultural e teórico do antigo regime e a ele se voltava como modelo histórico de organização e interpretação da vida social. A Igreja Católica era a herdeira direta da velha cristandade e reproduzia sua totalidade no âmbito do pensamento e da práxis eclesiástica, centrada, evidentemente no Pontífice Romano. Foi, de fato, a resistência política e teórica mais feroz e estruturada ao processo de modernização, sobretudo a partir do século XIX. No âmbito católico afirmou-se um paradigma tradicionalista, politicamente conservador e reacionário às revoluções modernas, rejeitadas como disruptivas dos valores e práticas mais estáveis e sagrados que haviam fundamentado por mais de um milênio o conjunto da vida social ocidental. Esse movimento, que recrudescia na medida em que a modernidade se consolidava de forma cada vez mais definitiva, reivindicava um modo integralista/integrista de ver e organizar a sociedade em oposição às fragmentações trazidas pela modernidade. No fundo tratava-se da afirmação da totalidade teocósmica definidora da cristandade com sua tradução teocrática. As revoluções modernas caracterizadas pela autonomia e pela igualdade, pela pluralidade e pela laicidade rompiam com a unidade, a ordem, a hierarquia e a estabilidade do mundo pré-moderno (PASSOS, 2020).

A reintegração da unidade assentada na verdade eterna e a retomada do regime político teocrático, de uma sociedade católica governada por líderes católicos, preferencialmente pelo modelo monárquico, sobreviveram como ideal e pauta dos movimentos integristas ao longo do século XX. As considerações de Plinio Corrêa de Oliveira, maior líder do movimento no Brasil, são esclarecedoras e emblemáticas, ao afirmarem: a) A ideia de que duas ordens distintas se encontram em luta: a ordem revolucionária (modernidade) e a ordem contra-revolucionária (cristandade); b) Não são duas ordens paritárias, mas uma ilegítima emergida das revoluções modernas e outra legítima destruída; c) A cristandade é um totalidade que abrange todas as dimensões da realidade histórica, tendo seu fundamento no próprio poder de Deus realizado em Jesus Cristo; d) A cristandade constitui, portanto, um regime que deve ser resgatado legitimamente por ser fundamentado em Deus. Vale citar literalmente algumas passagens emblemáticas dessa percepção, extraída da página 29 do Capítulo VII, da obra *Revolução e contra-revolução* de 1959:

1ª A CRISTANDADE É A ÚNICA ORDEM VERDADEIRA

A ordem das coisas que vem sendo destruída é a cristandade medieval. Essa cristandade não foi uma ordem qualquer possível como seriam possíveis muitas outras ordens. Foi a realização nas circunstâncias inerentes aos tempos e lugares, da única ordem verdadeira entre os homens, ou seja, a civilização cristã.

2ª A CRISTANDADE É UMA TOTALIDADE ORGANIZADA COMO CIVILIZAÇÃO CATÓLICA

Civilização católica é a estruturação de todas as relações humanas, de todas as instituições humanas e do próprio Estado, segundo a doutrina católica.

3º A CIVILIZAÇÃO CATÓLICA INTEGRA TODAS AS DIMENSÕES DA REALIDADE

Ela não se cinge ao campo teológico ou filosófico, ou científico, mas abrange todo o saber humano, reflete-se na arte e implica na afirmação de valores que impregnam todos os aspectos da existência.

4º A cristandade é uma ordem política teocrática pela qual o católico tem o dever de lutar

Há uma legitimidade mais alta, aquela que é característica de toda ordem de coisas em que se torna efetiva a realeza de Nosso Senhor Jesus Cristo, modelo e fonte de todas as realezas e poderes terrenos. Lutar pela autoridade legítima é um dever, e até um dever grave.

A cosmovisão integrista edifica-se na sequência negativa *modernidade-crise-erro* a ser superada pela sequência positiva *cristandade-estabilidade-verdade*. A consciência e a cosmovisão integristas se afirmam, portanto, como: reacionária (às mudanças modernas), conservadora (dos valores e padrões perenes da cristandade), tradicionalista (por beber de fontes teóricas da era pré-moderna), fundamentalista (por afirmar fontes de uma verdade única e imutável) e intolerante (quando nega outras formulações e padrões distintos daqueles da cristandade católica).

No universo católico a consciência integrista sobrevive de forma explícita em grupos, segmentos e sujeitos que assim se autodeclaram. Mas persiste também como pano de fundo como uma espécie de inconsciente religioso coletivo que interpreta a realidade como uma totalidade que deverá fundamentar-se e estruturar-se em fundamentos religiosos puros e integrais. A TD é uma versão atual dessa perspectiva e que traz à tona com seus métodos, propósitos e estratégias a centralidade dos valores, das normas e da ação de cristãos no governo do mundo.

A cosmovisão integrista da TD

A postura fundamentalista que define e orienta a TD traz consigo uma perspectiva de fundo integrista, na medida em que crê e postula uma única e eterna verdade revelada por Deus como fundamento de todas as coisas: naturais e históricas. Nas raízes neocalvinistas (Capítulo 3) a teologia política se trata de uma visão sistêmica urdida no diálogo com as ciências e com os valores da democracia, o que deixava o integrismo na mera condição de suspeita. De sua parte, o fundamentalismo em suas origens do movimento centrava-se na luta com as ciências modernas, particularmente com o darwinismo. Não manifestava uma preocupação teológico-política, centrado que era numa soteriologia escatológica, espiritual, individual e numa preocupação eclesiocêntrica. Nos tempos atuais esta perspectiva se encontra em um segundo plano e ganha fôlego nos segmentos pentecostais e neopentecostais. O político ganha cada vez mais centralidade e versões teológicas fundadas em determinadas leituras bíblicas. A mesma palavra revelada que nega de modo definitivo todas as discrepâncias advindas das teorias científicas nega agora de modo ainda mais radical o conjunto do edifício moderno estruturado sobre os valores da pluralidade e da laicidade. A verdade divinamente revelada significa o poder absoluto de Deus sobre todas as coisas e, traduzida missionariamente, significa poder político a ser exercido pelo povo crente nos contextos em que vivem. As expressões *Deus no comando*, *Deus acima de tudo*, *Reinado de Cristo* são as expressões políticas da onisciência/onipotência divina que exigem a superação de qualquer percepção positiva das autonomias do pensamento e dos governos nos termos instituídos pela racionalidade moderna. Deus, que sempre foi a única fonte autêntica da verdade e sempre esteve no comando direto da natureza, está agora no comando direto da história por meio de seus eleitos.

O fato é que o roteiro da TD se encontra em curso e assume rumos em cada contexto, onde se instala por dentro dos aparelhos institucionais democráticos que entendem estar falidos. A ideia de povo eleito delegado a governar em nome de Deus constitui o pressuposto primeiro, sobre o qual todos os valores políticos e instituições deverão se assentar e se ajustar. As instituições e regras republicanas, assim como a noção de Estado de direito e de bem-estar social, tornam-se relativas ao que consideram valores revelados por Deus para todas as esferas da vida social. Vale relembrar que as esferas da sociedade elencadas como frentes de ação reveladas por Deus como tarefas para o Seu domínio são: governo, economia, ciência, igreja, família, educação, comunicação, artes e entretenimento (ENLOW, p. 11-12; COPE, 2021, p. 71-193).

A imagem das sete montanhas a serem dominadas, utilizada por Johnny Enlow, ou das sete áreas da sociedade de Landa Cope, revela a convicção de um domínio completo de Deus de todas as áreas da vida social que se encontram corrompidas pelo pecado e deverão ser reabilitadas a partir de valores e modelos já revelados por Deus e disponíveis nos textos bíblicos.

"Cada crente precisa entender que seu chamado não é 'secular', mas sim uma missão determinada por Deus" (ENLOW, p. 14). A esfera secular com todas as suas institucionalizações não goza de legitimidade; ao contrário, deve ser reconquistada para Deus por meio de seu povo que deverá ocupar lugares de decisão na sociedade (na família, na cultura, na ciência, na mídia) e, de modo decisivo, na política.

Pode-se definir essa postura como neo-integrista, na medida em que visa: a) a construção de uma sociedade que supera todo dualismo entre as esferas secular e religiosa; b) uma vez que a secularidade se encontra sobre o domínio do pecado e do Demônio; c) que a conquista do poder político constitui um caminho delegado por Deus; d) que os cristãos devem ocupar postos de comando como enviados de Deus; e) que a meta final é a recriação de uma civilização cristã.

> Reconhecer este fenômeno de graça divino, iniciado por Deus, à sociedade, precisa ser seguido da compreensão de que precisamos usar a armadura de Deus para poder dominar os inimigos demoníacos que operam nestas sete montanhas de influência (...) A influência de Deus só será possível mediante o nosso operar no espírito oposto àquele que opera no mundo (ENLOW, p. 14).

Landa Cope completa com a visão explícita de uma reintegração da sociedade que se encontra dividida. Explica que o Evangelho se encontra dividido entre o espiritual e o material, a salvação e o social, o eterno e o temporário, o celestial e o terreno, evangélicos e liberais, sagrado e secular (2021, p. 35). A tarefa dos cristãos é superar essas dicotomias e reconstruir uma civilização cristã em todas as suas dimensões. Esta perspectiva centrada em valores cristãos nega a autonomia das esferas seculares e continua regendo os defensores da TD, dos mais radicais, os teonomistas, que defendem uma sociedade edificada a partir do Decálogo, como aos mais moderados. Há uma totalidade religiosa cristã a ser resgatada como único caminho de libertação de todas as decadências pelas quais passa o ocidente. Esse caminho atinge todas as esferas da vida social e conta com governos estabelecidos a partir de Deus.

A perspectiva se encontra em marcha, certamente no contexto estadunidense de onde fala Johnny Enlow em 2008:

> Hoje as nações (...) estão caminhando sob a influência de presidentes cristãos, congressistas e outros líderes-chaves

> no governo. Educadores cristãos estão sendo atraídos a tomarem à frente e estão sendo reconhecidos por seus novos conceitos e currículos nas escolas. Os filmes e as artes têm experimentado influências cristãs como nunca antes. À medida que o mundo escurece, a luz verdadeira de Cristo está começando a brilhar com maior intensidade. A Igreja está tendo uma oportunidade sem precedentes em manifestar as soluções de Cristo para a sociedade – como estando "fora do contexto das quatro paredes" (p. 13-14).

Nosso país se encontra em plena recepção teórica e prática desses propósitos ou dessas metas por parte dos crentes no poder político de Deus. Superamos o que poderia ser uma simples retórica neointegrista numa luta política que atravessa o país de alto a baixo e conta com a adesão de milhões de adeptos. A pátria cristã, comandada pelos cristãos e para os cristãos, ainda sobrevive como desejo e meta bastante sólidos no imaginário político-religioso dessa parcela da população. "Deus acima de tudo. Não tem essa historinha de Estado laico, não. O Estado é cristão e minoria que for contra que se mude. As minorias têm que se curvar para as maiorias" (Jair Messias Bolsonaro, Paraíba em fevereiro de 2018).

Referências

BURKE, E. *Reflexões sobre a revolução na França*. Brasília: UNB, 1997.

CARVALHO, G. V. R. (Org.). *Cosmovisão cristã e transformação social*. Viçosa: Ultimato, 2006.

Constituição Pastoral. "Gaudium et spes". In: *Compêndio do Vaticano II*. Petrópolis: Vozes, 1985.

COPE, L. *Template social do Antigo Testamento; redescobrindo princípios de Deus para discipular as nações*. São Paulo: Quatro Ventos, 2021.

COX, H. *A cidade do homem*. Rio de Janeiro: Paz e terra, 1971.

ENLOW, J. *A profecia das sete montanhas: desvendando a próxima revolução de Elias*. São José dos Campos: Shofar, s/d.

GIBELLINI, R. *A teologia no século XX*. São Paulo: Loyola, 1998.

KÜNG, H. *Credo; a profissão de fé Apostólica explicada ao homem contemporâneo*. Lisboa: Instituto Piaget, 1992.

LABOA, J. M. *Integrismo e intolerância en la Iglesia*. Madri: PPC, 2019.

LE GOFF, J. *O Deus da idade média*. Rio de Janeiro: Civilização Brasileira, 2007.

MONDIN, B. *Os grandes teólogos do século vinte*. São Paulo: Teológica/Paulus, 2003.

OLIVEIRA, P. C. *Revolução e contra-revolução*. Campos: Boa Imprensa, 1959.

PASSOS, J. D. *A força do passado na fraqueza do presente. O tradicionalismo e suas expressões*. São Paulo: Paulinas, 2020.

VAZ, H. C. L. *Escritos de filosofia VII: raízes da modernidade*. São Paulo: Loyola, 2002.

PARTE III

Os Messias e seus Reinos

Deus salvou minha vida por uma razão: para salvar nosso país e restaurar a América em sua grandeza.
Vamos seguir essa missão juntos.

Donald Trump

A providência divina ajudou a eleger Bolsonaro. Deus está de volta e a nação está de volta: uma nação com Deus. Deus através da nação. De fato, a pedra que os órgãos de imprensa rejeitaram, que a mídia rejeitou, a pedra que os intelectuais rejeitaram, a pedra que tantos artistas rejeitaram, a pedra que tantos autoproclamados especialistas rejeitaram, essa pedra tornou-se a pedra angular do edifício, o edifício do novo Brasil.

Ernesto Araújo

O líder forte que governa na relação direta com Deus e os seus eleitos constitui a marca das teologias do domínio de ontem e de hoje. Os governantes escolhidos (ungidos), conduzidos e sustentados por Deus buscam os meios de implantar uma ordem por ele revelada, estabelecendo fronteiras geopolíticas identitárias e defensivas. Os propósitos, regimes e governos assim fundamentados e configurados esgotam em seus projetos a vontade divina e se localizam, por conseguinte, acima de qualquer outro parâmetro institucional, legal e mesmo ético. Essa escatologia intramundana, além de desenhar uma realidade histórica imediata, traduzida em termos de projeto de poder, é parte de um sistema que inclui valores morais, modelos familiares, modelo econômico, modelos de governo, leituras de realidade e de história, compreensão de ciência, hermenêutica bíblica etc. Na base desta cosmovisão reside a ideia de um Deus todo-poderoso que tudo governa. Deus está no comando! Deus no comando de todas as esferas da vida e da convivência humanas. O avanço de frentes, personagens e governos autocráticos de extrema direita conta com bases políticas que se ampliam por meio das redes digitais e adquirem naturalidade político-religiosa que rompe com os consensos modernos que construíram e embasaram as civilizações ocidentais.

O pressuposto de fé no poder absoluto de Deus que comanda a natureza e a história com seus desígnios implacáveis jamais abandonou a consciência da imensa maioria dos povos do ocidente e de outras partes do globo, não obstante suas diferentes matrizes. A TD do passado e do presente edificaram-se sobre esta base sólida, tirando dessa premissa as consequências histórico-políticas: a condução da vida social por parte de líderes escolhidos por Deus. O gatilho das crises que geram medo agrega aqueles que creem fielmente em um líder escolhido e amparado por Deus para oferecer a solução (salvação) para as nações. Nas pegadas de Weber, os Messias políticos nascem da indigência, do entusiasmo e da esperança. Nessa condição, estão autorizados a governar com plenos poderes. Todos se submetem à regra da obediência, a uma verdade que descende de alto a baixo, do soberano infalível ao último fiel seguidor. Aos que estão de fora resta aderir, sob pena de ser execrado ou eliminado como inimigo.

Os muitos sionismos judaicos

Pietro Nardella-Dellova

Nos tempos atuais em que política e religião se misturam em chave neofascista e, por outro lado, movimentos emancipatórios são confundidos, ora a serviço do capitalismo, ora do stalinismo com desdobramentos socioculturais, é importante revisitarmos o conceito e evolução do *sionismo* ou, como preferimos, *sionismos*, um dos movimentos políticos mais expressivos em relação à comunidade judaica.

Não há qualquer dúvida de que *os sionismos* têm a ver com o espírito do Judaísmo e com o Povo Judeu em sua dispersão, ou, em outras palavras, em sua *Galut*. Enquanto movimento, *os sionismos* têm um caráter emancipatório, de resistência e de afirmação da comunidade judaica forçada a *estar no mundo* com o qual não se sente integrada, aliás, *não se sente integrada por ser constantemente repelida*, acusada do alto dos púlpitos, católicos ou luteranos, de deicídio, perseguida e, pior, massacrada sob pogroms, guetização, discriminação cultural e religiosa, marginalização e, no século passado, destinatária do projeto de extermínio do nazifascismo.

Muitos intelectuais judeus perceberam que, mesmo sendo integrados em determinados países, obtendo a plena nacionalidade e falando a língua daquele povo, seriam discriminados pelo fato de serem judeus. Ser judeu era o problema. Albert Einstein relembra (1981, p. 119) que o fato de alguém ser judeu sempre acarretou dificuldades materiais, perigos físicos e perseguições.

Segundo Einstein, um jovem judeu na escola e na universidade está sob a influência de uma sociedade estruturada de maneira nacional, e ele a respeita, mas, ao mesmo tempo, percebe ser tratado por ela como estrangeiro, com um certo desdém e até aversão.

Por isso, desenvolveu-se a ideia de que o judeu só estaria livre e protegido se, e quando, em seu próprio país: um Estado Judeu.

Na mesma direção, Hannah Arendt anota (2016, p. 183) que os inimigos dos judeus, sobretudo, na Europa e, em especial, na Alemanha, acusavam os judeus de serem *estrangeiros*, e lembrando alguns antissemitas: *judeu, um povo asiático estrangeiro a nosso continente*. O sionismo e a construção da comunidade judaica na *região palestinense*[1] passaram a ser, segundo Arendt, a política judaica tendo o antissemitismo como sua causa essencial.

É disso que cuidaremos no presente texto.

1. Conceito

O *sionismo* etimologicamente tem a ver com *Sion*, um dos nomes de Jerusalém, epicentro da história judaica, especialmente davídica e salomônica. Logo, *sionismo* é a ânsia, real ou imaginária, cultural ou política, religiosa ou histórica, que emerge da alma judia em estar em Jerusalém como sua cidade eterna, epicentro de sua vida religiosa e cultural e de seu desenvolvimento político.

---

1 Conforme registramos em nosso *Pierre Proudhon e sua Teoria Crítica* (2021, p. 148), *palestinense* é palavra usada como referência à *região administrativa Palestina*. É o nome dado pelos romanos à *região* como um todo (referência aos filisteus "*philistaeu*", um antigo povo não semita que viveu ali onde hoje é a região de Gaza). Após 135 e. c. (era comum) as regiões da *Síria Romana* e da *Judeia Romana*, com a revolta do grupo judaico liderado por Bar Kokhba, foram reunidas sob o nome de *Syria Palaestina*. Importante ressaltar que antes de 1948 não se pode falar em Israel e Palestina (enquanto Estados Judeu e Árabe), já que um nasce em função do outro apenas em 1948 com a Resolução da ONU.

A ideia de que Jerusalém é o lugar da mítica *Escola de Shem*, um dos filhos de Noah; lugar de vida do grande e antigo sábio *Melki-Tzedek* (o rei de justiça); lugar de chegada do Patriarca *Avraham* (Abraão); de residência e retorno do Patriarca *Ya'akov* (Jacó); que tem a ver com o sepultamento dos ossos de *Yosef* (José do Egito); com o destino dos Hebreus libertos da servidão egípcia e guiados por *Moshe* (Moisés); Cidade dos reis *Davi* e *Shlomò* (Salomão); onde se escreveu o *Shir HaShirim* (Cântico dos Cânticos para Sulamita); o lugar da construção do *Beit HaMikdash* (Templo) onde ficavam a Arca da Aliança, a Menorá e outros objetos sagrados; a Cidade de conflito entre Profetas e Sacerdotes; a Cidade de retorno dos judeus que estavam nos Cativeiros e renovação do Judaísmo; a Cidade de criação da *Festa de Chanucá*. Jerusalém onde Jesus de Nazaré esteve na sua infância e durante os anos de seu ministério; e onde viveu Flávio Josefo.

Jerusalém é a cidade em torno da qual se criaram e viveram os grupos judaicos: *Fariseus* (das duas Escolas: Shammai e Hillel), *Zelotes, Saduceus, Essênios, Discípulos do Rabi Jesus de Nazaré* (aliás, até os anos 70 d.C.). Após 70, com a Guerra dos Judeus (contra Roma, conforme Josefo), grande parte da população judia foi expulsa, vivenciando a realidade da Diáspora.

Enfim, *Sion* ou *Jerusalém* é o centro histórico, espiritual e cultural do judaísmo e do Povo Judeu ao longo dos milênios, tanto em vivência local, quanto em subjetividade na Galut e, sobretudo, nos últimos setenta e sete anos desde a formação do Estado de Israel e da conquista da Cidade Velha em 1967, quando a Jordânia, que a governava, perdeu a guerra contra Israel.

2. Evolução subjetiva do sionismo

Após a destruição de Jerusalém nos anos 70 d.C., os judeus sobreviventes foram espalhados para a circunvizinhança de Jerusalém e pela região do Oriente Médio, como Iraque e Líbano, e lugares distantes como Egito, Marrocos, Atenas, Roma, mantendo, contudo, um constante sonho de *retorno* à Cidade de Davi. Ao longo de milênios, em algumas Festas Judaicas, em especial *Pessach* (Páscoa judaica), se diz: *Leshaná Habaá BiYerushalaim Habnuiá*! (no próximo ano em Jerusalém Reconstruída!).

Sendo assim, Jerusalém, o lugar de Reinado de Davi e Salomão, após a dispersão, tornou-se o reino da utopia judaica, da ideia de retorno como nos tempos dos cativeiros, da reconstrução da cultura, ancestralidade e nacionalidade judaicas.

É fundamental entender que *Sion*, ou seja, *Jerusalém*, povoa o imaginário judaico desde a Antiguidade. É, no sentido do *Judaísmo anarquista*, conforme explica Michael Löwy (1989, p. 47), uma expressão do messianismo-romântico que alcança, entre outros, o filósofo judeu Martin Buber. É, ainda, um tipo de *u-topos* (Jerusalém, lugar para se chegar e realizar um ideal), saindo de um *topos* (Ur dos Caldeus, Egito, Cativeiro babilônico, Império Romano, Diáspora etc). É a relação entre o *topos* e o *u-topos*, como já desenvolvemos anteriormente, que criará condições propícias para o estabelecimento de *Kibutzim*[2] nas terras vizinhas a Jerusalém (2021, p. 231).

Após o início da Diáspora, Jerusalém, com o sionismo embrionário que inspira, é elemento espiritual e, de certa forma, religioso, dos serviços sinagogais em todo o mundo, especialmente

2 *Kibutzim* são organizações judaicas anarquistas e socialistas estabelecidas na região de Jerusalém desde 1870.

nos guetos, e, depois disso, em qualquer Sinagoga. Portanto, perdura por quase dois milênios.

3. Os vários sionismos judaicos contemporâneos

Modernamente, diante do antissemitismo europeu, o sentimento de emancipação judaica e a busca de concretização da liberdade judaica criaram, em termos políticos, o *sionismo* ou *movimento sionista*. Qualquer judeu que buscava a emancipação e resistia à perseguição antissemita reconheceu-se como *sionista*. Porém, o termo *sionista* foi utilizado pela primeira vez em 1885, por Natan Birenboim, estudante da Europa Oriental, em caráter político (Sionismo Político). Aliás, como disse Theodor Herzl (1949, p. 9), o século XIX foi o despertar de nacionalidades e, com razão diaspórica, os judeus também tiveram despertamento do seu nacionalismo, o que, em termos ideológicos e políticos, refere-se ao sionismo.

Conforme esclarece Rifka Berezin (1977, p. 100), Birenboim fundou um Jornal cujo tema era mesmo a emancipação dos judeus. Após Birenboim, vários grupos se formaram na Áustria, Alemanha, Inglaterra, França e Estados Unidos. Em 1893, Natan Birenboim publicou um pequeno livro (brochura) conclamando para o renascimento em *Eretz Israel* (terra de Israel) e incentivou a criação de um Congresso Sionista Internacional para discutir a questão da *emancipação judaica*.

Em 1894, o caso emblemático de Alfred Dreyfus fortaleceu o sentimento sionista. Dreyfus, um judeu, capitão do serviço militar francês, acusado injustamente (por grupos de jesuítas) de traição, por conta de um texto achado no lixo de seu escritório, foi condenado à prisão perpétua. Provou-se, depois (1897), que o documento foi feito por um outro militar, major, espião pago pela

Alemanha. Tal a percepção de injustiça, que o escritor Émile Zola, também judeu, publicou em defesa de Dreyfus a Carta ao Presidente da República, conhecida até hoje como *J'Accuse* (eu acuso). Ao final, Dreyfus foi julgado novamente e declarado inocente.

Entrementes, Theodor Herzl, judeu formado em Direito, jornalista, acompanhou o caso Dreyfus e como se deu a sua degradação pública, pois todos sabiam da inocência, mas mantinham a acusação em caráter antissemita.[3] Disse ele, mais tarde: "o julgamento de Dreyfus, 1894, fez de mim um sionista". Para Herzl, a questão era o antissemitismo, e sua contraposição lógica e efetiva era o sionismo político.

Theodor Herzl organizou o Primeiro Congresso Sionista, na Basiléia, de 29 a 31 de agosto de 1897, momento em que foi aprovado o Programa Sionista, conhecido como Programa de Basiléia. De caráter político, dizia o documento: "o sionismo pretende criar um abrigo para o povo judeu em Israel, garantido por um documento político público", firmado internacionalmente, ou seja, reconhecido internacionalmente.

Em 1897, Herzl foi eleito presidente do Congresso Sionista e Presidente da Organização Sionista Mundial, com a adoção de um Hino: *Hatikvah* e uma Bandeira Judaica. Seu trabalho pressupunha princípios a serem concretizados:

a) Princípio diplomático de Herzl (busca de apoio internacional).

b) Princípio dos sionistas não se imiscuírem nas questões dos países onde estivessem para não despertar o ódio.

---

3 Anos depois, Hitler também acusaria, falsamente, os judeus alemães de traição e responsabilidade pela derrota na I Guerra Mundial, buscando, com isso, legitimar seu projeto de extermínio da população judaica.

c) Princípio não cultural (e não religioso), com distanciamento da Língua e da Cultura hebraicas, mas tão somente político.

Em oposição ao *sionismo político* de Herzl, em 1901, com Chaim Weizmann e Martin Buber, chamados de *facção sionista democrática,* com alguma base nacionalista judaica do sionismo, democratização interna da organização e uma certa visão anarquista religiosa, conferir Michael Löwy (1989, p. 47).

Logo depois, em 1902, criou-se um novo grupo sionista, agora de oposição a Herzl e a Buber. Trata-se dos Mizrachi, organizado por judeus ortodoxos. Chamou-se Centro Espiritual - Mizrachi. Foi a base do *sionismo religioso* (ortodoxo).

Segundo Michael Lövy (2008, p. 131), tratava-se do *messianismo judeu e utopias libertárias na Europa Central* (1905-1923), com os seguintes aspectos:

a) Judeus religiosos anarquizantes;

b) Messianismo judeu e modernas ideias revolucionárias: corrente utópica e corrente restauradora, ou seja, conceito hebraico de *tikun*: restauração, reparação e reforma.

O pensamento libertário, conforme Löwy, em Mannheim, Bakunin, Proudhon e Gustav Landauer (um dos países do anarquismo judaico), é a relação entre a *topia* e *utopia*, ou seja, a combinação entre *conservantismo* e *revolução*. Registra Löwy, que a *utopia messiânica* não era o *sionismo*, mas o *anarquismo*. O *ideal sionista* é uma coisa e o *ideal messiânico*, outra.

Podemos dizer que o *sionismo* seria não mais que um movimento emancipatório específico de um povo contra o antissemitismo, enquanto o *anarquismo*, um ideal a ser realizado: *u-topos* e o caminho da redenção do mundo.

A redenção no pensamento judaico é um acontecimento necessário na *cena da história*, e nisso difere do messianismo cristão. Há, entretanto, afinidade eletiva entre *tradição messiânica judaica* e *utopias revolucionárias*, conforme Michael Löwy (1989, p. 19) quando retoma os estudos de Max Weber e Goethe. Contudo, na Europa do final do século XIX, a afinidade eletiva entre redenção, messianismo e sionismo vai tomando forma com grupos judaicos:

a) Anarquistas religiosos judaizantes;

b) Judeus assimilados (diferente de integrados), ateus-religiosos, anarco-bolchevistas.

Judeu religioso anarquista sionista, como Buber, contra os Ortodoxos, citando Jeremias, Jesus, Spinoza. Martin Buber será um crítico da direção do *sionismo oficial*. Ao chegar na região da Palestina, em 1938, Buber foi um dos idealizadores e incentivadores do *movimento de fraternização judio-árabe ichud* (união).

Importante ressaltar que Buber, enquanto judeu anarquista, recusava um Estado exclusivamente judeu, pois para ele não se tratava de emancipação de um povo, mas redenção do mundo. O filósofo judeu, como outros judeus de sua época, imaginava uma organização política plural ou de caráter binacional.

Herzl, ao visitar a Rússia em 1903 e ver a situação dos Judeus russos, chegou até a sugerir ao governo britânico que os Judeus pudessem se estabelecer em Uganda a fim de lhes dar um lugar onde pudessem desenvolver-se política, econômica e socialmente e, ao mesmo tempo, assumirem a soberania nacional.

Porém, os delegados do Congresso Sionista (chamados de *sionistas em Sion*) rejeitaram o *projeto Uganda*, e pediram que Herzl não apresentasse qualquer outro projeto estranho ao objetivo de

Sion, ou seja, de retorno às antigas terras israelitas. Herzl concordou e, pouco depois, faleceu (1904).

Mesmo sem Herzl, propôs-se que se buscassem outros lugares, pois seria melhor o sionismo sem Sion do que Sion sem o Sionismo. Em outras palavras, sionismo como emancipação e liberdade. Qualquer lugar poderia ser estabelecido como ambiente judaico, desde que com garantia internacional e autodeterminação. Este sionismo sem envolvimento com as terras palestinenses seria conhecido como *sionismo territorialista* ou *sionismo em qualquer lugar*.

Aqui já se vislumbram dois sionismos opostos: *sionistas territorialistas* e *sionistas em Sion*. Estes defendiam o renascimento e fortalecimento dos grupos judaicos em *Eretz Israel*, na construção e organização de fazendas, fundamental para os *Kibutzim judaicos*.[4]

Após a morte de Herzl, o 7º Congresso Sionista, em 1905, marcou a oposição entre os *sionistas políticos* que defendiam a defesa dos judeus e seu fortalecimento na região palestinense, mas com apoio político internacional, e os *sionistas práticos*, que também defendiam o apoio aos judeus na região, mas sem necessidade de apoio político internacional.

No 8º Congresso Sionista, realizado em Haia, 1907, foi decidido criar um *Escritório Israelense* e uma *Sociedade de preparação do Yshuv*, ou seja, de apoio aos judeus que já estavam na região palestinense e outros que ali chegavam fugidos dos pogroms russos e perseguições europeias. Chaim Weizmann, um dos líderes, fez

---

4 Usei no nosso livro (2021, p. 148), e volto a usar aqui o termo "*kibutzim judaicos na região palestinense*" para evitar, e quiçá corrigir, um equívoco recorrente, ou seja, o uso das expressões "*kibutzim de Israel*" ou "*kibutzim israelenses*", termos impróprios porque os Kibutzim são bem anteriores ao Estado de Israel, e têm o qualificativo "judaico" e não "israelense".

a exigência de que se criasse uma síntese entre *sionistas políticos* e *sionistas práticos*. Daí surgiu o compromisso de se buscar uma *Carta-Patente* (político) e de se promover o apoio e *estabelecimento judaico em Eretz Israel* (prático).

Em 1913, como expressão judaica e sionista cultural, no 11º Congresso Sionista de Viena, discutiu-se a criação da Universidade Hebraica de Jerusalém e o ensino do Hebraico como parte da educação judaica diaspórica.

O *sionismo cultural*, fundado em 1893, por Ahad Ha'am (Asher Ginsberg), filho de judeus hassídicos, pregava o renascimento moral e espiritual do povo judeu, para ele um problema maior que o de caráter político. A luta, nesse sentido, era contra a desintegração do povo judeu. A chamada Eretz Israel seria não um lugar para concentrar judeus, mas um centro espiritual judaico. Defendia a criação de uma comunidade judaica nas terras antigas, mas via no Sionismo o objetivo de salvar o judaísmo.

Como já estudamos (2021, p. 231), desde 1870 as *Moshavot* e os *Kibutzim* foram organizados em Eretz Israel, fazendas produtivas de caráter sionista socialista e anarquista. Martin Buber, que, como vimos, era sionista anarquista e judeu anarquizante, afirma (1971, p. 171) que, à época, havia dois polos socialistas no mundo: o de caráter materialista, ou seja, de Moscou, e o de caráter sionista judaica, a saber, de Jerusalém.

De fato, é possível afirmar que de 1870 a 1948, portanto, antes da proposta da ONU para formação do Estado de Israel e de um Estado Árabe, o sionismo judaico anarquista realizou parte do ideal emancipatório judaico nas terras palestinenses, em especial, no Kibutzim, promovendo uma comunidade judaica com liberdade e autonomia.

Entretanto, após 1948, houve o desenvolvimento de um Judaísmo de caráter messiânico (ortodoxo), propondo o retorno aos fundamentos judaicos da Torah. Trata-se de um sionismo messiânico judaico que pressupõe o estabelecimento judaico em Israel como pressuposto da chegada de *Mashiach* que, pode ser, conforme o ponto de vista, uma pessoa ou uma era de paz, conforme estudamos e anotamos em nossa obra de coautoria (2023, *passim*).

Registremos que na corrente do judaísmo messiânico ortodoxo (moderno), alguns grupos são chamados de ultraortodoxos. Entre eles, os *haredim*,[5] com apego extremo à Torah e à *Halakha* (lei judaica). Os *haredim* não formam um único grupo uniforme. Entre eles, há os *judeus hassídicos*, com ênfase nos rituais tadicionais e leis da Torá. Todo e qualquer haredi se fundamenta na ortodoxia, com maior ou menos grau de apego. Porém, entre os haredim há grupos mais acadêmicos e grupos mais praticantes de uma religiosidade judaica ou, em outras palavras, que defendem a superioridade da piedade e observância sobre o academicismo judaico.

Entre os vários grupos *haredim* há aquele que, diferente dos *ortodoxos modernos* e dos *haredim hassídicos*, ambos sionistas, é *antissionista*. Segundo uma parcela dos haredim, o sionismo não expressa o judaísmo fundamental e Israel é um Estado laico e político, cuja fundação não foi autorizada por Deus. Segundo estes, Israel só poderá ser fundada com a chegada do Mashiach, pois será ele o grande rei a estabelecer o reino judaico no mundo.

Os ortodoxos e haredim hassídicos sionistas, ao contrário dos haredim antissionistas, enxergam no sionismo o caminho de preparação

---

5 *Haredi*, em hebraico, significa *tremer*. Termo que se encontra no Livro do Profeta Isaías e se refere ao ato de tremer diante do poder de Deus. É a ideia plena de respeito a Deus, central para os ultraortodoxos.

messiânica e de poder de Deus. Ou seja, o sionismo, ao proteger o judeu em Israel, permite que, com liberdade e independência, se possa praticar o judaísmo longe dos pogroms e perseguições antissemitas. Exatamente isso é o preparo para a chegada do Mashiach ou da época messiânica. Para os haredim antissionistas é o Mashiach quem constitui o reino de Israel no mundo; para os sionistas, em oposição, é o sionismo que propicia a chegada do Mashiach.

Nos anos subsequentes à constituição do Estado de Israel, especialmente após 1950, cria-se uma divisão entre judeus sionistas de Esquerda e judeus sionistas de Direita (ambos em Israel).

Os judeus sionistas de esquerda defendiam, de início, um Estado binacional com a presença de judeus e árabes. Atualmente, os judeus sionistas de esquerda defendem, como solução para os conflitos entre judeus e árabes-palestinos, o exato sentido da Resolução da ONU - dois povos e dois Estados: Israel e Palestina.

Por outro lado, os judeus sionistas de direita, principalmente depois dos anos 1970, com um discurso cada vez mais forte de segurança nacional contra inimigos circunvizinhos ou atos terroristas, defendem o estabelecimento israelense completo com a ocupação da Cisjordânia e de Gaza, territórios palestinos. Segundo os sionistas de direita com assento no messianismo, toda aquela terra fora dada por Deus apenas para os judeus.

Enquanto os judeus sionistas de esquerda, geralmente pouco ou nada religiosos, estão nos movimentos trabalhistas, de pluralidade, diversidade e defesa das minorias, os judeus sionistas de direita se aproximaram de grupos religiosos conservadores evangélicos que, como eles, veem Israel como a casa do Mashiach e da presença divina para salvação do mundo.

Para os sionistas ortodoxos ligados à extrema direita, a região toda deve ser dos Judeus. Para os sionistas de esquerda, Israel deve conviver ao lado de um Estado da Palestina e com proteção das minorias cristãs, drusas etc.

Considerações finais

Como movimento emancipatório e de afirmação da cultura e nacionalidade judaicas, assim como resposta ao antissemitismo, pogroms, perseguições e, por último, nazifascismo alemão, o sionismo em suas muitas facetas, religiosas ou não, políticas ou culturais, cumpriu um papel importante.

Desde suas primeiras e embrionárias ideias, o sionismo tinha como objetivo a salvaguarda do judeu, tanto o que vivia nas terras palestinenses ou em territórios árabes quanto o que estava estabelecido na Europa.

Nos conflitos contemporâneos chamam as políticas de governo de direita ou de extrema direita israelenses de sionismo. Parece-nos uma falsa caracterização. Uma política de governo é caracterizada pelos grupos que estão envolvidos naquele dado governo. O sionismo, como vimos, de caráter multifacetado, não tem a ver com governo, mas com política, cultura, religião, tradição etc.

A nosso ver, as ideias básicas dos Sionismos e os próprios Sionismos (fundamentalistas) deixaram de existir como proposta em 1948, exatamente por ter chegado ao seu objetivo maior: a criação do Estado de Israel e de um lar nacional judaico contra as enxurradas antissemitas anteriores. A partir disso, tem-se política estatal, desempenho maior ou menor da democracia e grupos de interesse que lutam pelo poder político.

Referências

ARENDT, H. *Escritos Judaicos*. Tradução de Laura Mascaro *et al.* São Paulo: Amarilys, 2016.

BEREZIN, R. *Caminhos do Povo Judeu.* V. IV. São Paulo: FISESP, 1977.

BUBER, M. *O Socialismo Utópico*. São Paulo: Perspectiva, 1971.

EINSTEIN, A. *Como Vejo o Mundo*. Rio de Janeiro: Nova Fronteira, 1981.

HERZL, Th. *O Estado Judeu*. São Paulo: OPJ, 1949.

LÖWY, M. *Redenção e Utopia: O Judaísmo Libertário na Europa Central.* São Paulo: Cia. das Letras, 1989.

______. *Romantismo e Messianismo*. São Paulo: Perspectiva, 2008.

NAGERONI, A. *La Filosofia Ebraica*. Milão: Xenia Edizioni, 2000.

NARDELLA-DELLOVA, P. *Pierre Proudhon e sua Teoria Crítica do Direito*. São Paulo: Scortecci, 2021.

PASSOS, J. D.; NARDELLA-DELLOVA, P.; KUSH, A. *et al. Judaísmo, Cristianismo, Islam*. Petrópolis: Vozes, 2023.

Sionismo cristão: uma versão da teologia do domínio

Marina dos Santos Correa

A Teologia do Domínio é um conceito teológico que sustenta a ideia de que os cristãos são chamados a exercer autoridade e influência sobre as estruturas sociais, políticas e culturais do mundo, interpretando essa missão como parte do mandato divino para a instauração do Reino de Deus na Terra. Essa perspectiva possui profundas implicações escatológicas e políticas, uma vez que relaciona a atuação cristã no mundo ao cumprimento de profecias bíblicas.

Ao longo da história, a TD tem sido ressignificada por distintos movimentos religiosos e políticos. No contexto do Sionismo Cristão, essa teologia manifesta-se na fusão entre crenças escatológicas e práticas políticas concretas, influenciando desde relações diplomáticas até mobilizações populares. O apoio ao Estado de Israel, anteriormente compreendido como um aspecto escatológico vinculado ao fim dos tempos, passou a ser também uma ferramenta estratégica de influência política e geopolítica. Esse movimento reflete uma dinâmica em que religião, nacionalismo e poder se entrelaçam, moldando discursos e práticas que extrapolam o campo teológico e impactam significativamente o cenário político contemporâneo.

Esse movimento teológico influencia não apenas o pensamento escatológico das igrejas, mas também as estratégias políticas e diplomáticas de diversas nações. Nos Estados Unidos, grupos evangélicos exercem forte pressão sobre decisões relacionadas ao Oriente Médio, defendendo o apoio incondicional a Israel como um imperativo tanto bíblico quanto político. No Brasil, essa influência se manifesta na intersecção entre fé e política, onde simbolismos proféticos e escatológicos legitimam discursos e práticas que transcendem o campo religioso, impactando manifestações públicas e alianças estratégicas.

O uso de símbolos religiosos em eventos políticos reflete uma dinâmica em que religião, nacionalismo e poder se entrelaçam. A manifestação pró-Bolsonaro na Avenida Paulista, em fevereiro de 2024, exemplifica esse fenômeno ao mobilizar elementos do Sionismo Cristão para consolidar lideranças e agendas políticas. Entretanto, essa instrumentalização da religião também se observa em contextos urbanos distintos, como no Complexo de Israel, no Rio de Janeiro, onde a facção conhecida como *Tropa do Arão* se apropria de símbolos religiosos para justificar práticas violentas, convertendo crimes em uma espécie de "guerra santa". Esse caso ilustra como a teologia pode ser distorcida para legitimar práticas de domínio territorial e reforçar polarizações sociais.

Compreender o desenvolvimento histórico dessa teologia é fundamental para analisar seu impacto no campo político e religioso contemporâneo. Ao longo do tempo, diferentes grupos reformularam essa simbologia para atender a interesses específicos, tornando-a um elemento central nos discursos religiosos e políticos. Esse fenômeno evidencia como o Sionismo Cristão continua a moldar não apenas as relações internacionais, mas também os discursos e práticas locais, influenciando de forma decisiva as dinâmicas sociopolíticas da atualidade.

Atualmente, o Sionismo Cristão passou por transformações significativas. A desescatologização desse movimento se manifesta na forma como a relação com Israel deixou de ser apenas uma esperança de cumprimento profético futuro, passando a ser fundamentada em razões políticas e teológicas pragmáticas. Dessa maneira, o apoio ao Estado de Israel tornou-se mais um elemento estratégico do que exclusivamente um componente escatológico dentro da tradição cristã.

A politização desse movimento reflete-se na fusão entre o Israel bíblico e o moderno Estado de Israel. Essa perspectiva fortalece um discurso de apoio a políticas conservadoras e militaristas, frequentemente alinhadas a governos de direita. Assim, o Sionismo Cristão assume um papel central na formulação de estratégias políticas internacionais, influenciando decisões governamentais e relações diplomáticas.

A popularização do Sionismo Cristão ocorre por meio da disseminação de seu discurso através de líderes religiosos, igrejas e instituições. Essa ideologia ganhou força entre evangélicos e pentecostais, principalmente em países como os Estados Unidos e o Brasil, onde igrejas e organizações religiosas têm desempenhado um papel ativo na promoção de uma visão política e teológica favorável ao Estado de Israel. No Brasil, essa influência manifesta-se não apenas em discursos religiosos, mas também em eventos públicos e mobilizações políticas, como as manifestações na Avenida Paulista, que se tornaram espaços de expressão dessa conexão entre fé e política.

1. A simbologia de Israel entre fé, política e territorialidade

A utilização de símbolos religiosos na esfera política não é um fenômeno recente. Ao longo da história, esses elementos foram mobilizados para legitimar discursos e fortalecer identidades coletivas. No Brasil contemporâneo, essa prática se intensificou, especialmente entre setores evangélicos conservadores, nos quais Israel se tornou um dos principais símbolos dessa mobilização.

Antes da manifestação pró-Bolsonaro na Avenida Paulista, em fevereiro de 2024, o ex-presidente já recorria a uma retórica carregada de simbolismo religioso para atacar o Supremo Tribunal Federal (STF) e reforçar sua narrativa de confronto. Em diversas ocasiões, Bolsonaro evocou elementos do Sionismo Cristão e da Teologia do Domínio, sugerindo que sua luta política era uma batalha espiritual, na qual ele representaria a defesa da liberdade e dos valores cristãos contra forças opressoras. Seu discurso remetia a promessas bíblicas de justiça e redenção, apresentando-se como um líder destinado a cumprir um papel divino na proteção do Brasil.

Ao afirmar que "só Deus" poderia retirá-lo do cargo, Bolsonaro reforçava a ideia de que sua permanência no poder não dependia apenas de processos institucionais, mas de um desígnio celestial. Essa visão encontra eco no Sionismo Cristão, que enxerga a história política como um campo de cumprimento das profecias divinas. Assim, suas críticas ao STF e ao sistema eleitoral não eram apenas políticas, mas carregavam uma dimensão espiritual, onde ele e seus apoiadores se viam como combatentes de uma "guerra santa" contra aqueles que ameaçariam o futuro da nação.

Esse discurso foi amplificado nas manifestações de 7 de setembro de 2021, quando Bolsonaro enfatizou que sua luta era pela liberdade do povo brasileiro contra supostos inimigos internos que conspirariam contra a democracia. A presença de símbolos como a bandeira de Israel nesses eventos evidenciava a influência dessa teologia, consolidando a ideia de uma missão divina para o Brasil. Ao associar sua causa às promessas de Cristo e à esperança de redenção, Bolsonaro mobilizou emocionalmente sua base, transformando a narrativa política em um chamado messiânico para seus seguidores.[1]

---

1 BBC News Brasil. "As ameaças de Bolsonaro em discursos no 7 de

Em fevereiro de 2024, a Avenida Paulista tornou-se palco de uma manifestação de grande significado político e religioso. Apoiadores de diversas partes do Brasil reuniram-se para ouvir os discursos pró-Bolsonaro, em um ambiente permeado por emoção e devoção religiosa. O local estava adornado com bandeiras do Brasil e de Israel, símbolos cuidadosamente escolhidos para reforçar a conexão entre valores nacionais e religiosos, um elemento recorrente nos discursos da família Bolsonaro.

Esse uso estratégico da simbologia dialoga diretamente com a visão sionista cristã e a TD, que atribuem um papel central a Israel nos planos divinos e defendem que os cristãos devem exercer influência sobre as sete esferas da sociedade. Assim, os discursos na Av. Paulista reforçaram uma narrativa que une fé, política e identidade nacional, consolidando a fusão entre o Israel bíblico, o Estado de Israel e o governo atual.

A manifestação não se limitou a um ato político, mas constituiu-se também como uma expressão de devoção coletiva, na qual as fronteiras entre o sagrado e o secular se diluíam. Os discursos evocavam símbolos religiosos e valores tradicionais, fortalecendo a conexão entre fé cristã e identidade nacional. Esse evento exemplificou como a desescatologização, politização e popularização do Sionismo Cristão transformaram Israel em um símbolo geopolítico e teológico, reconfigurando sua presença no imaginário evangélico brasileiro.

Diante desse contexto, a presença da bandeira de Israel levanta questionamentos sobre sua função na retórica bolsonarista. Ela representa uma aliança espiritual e profética ou um recurso

---

Setembro." BBC News Brasil, 7 set. 2021. Disponível em: https://www.bbc.com/portuguese/brasil-58479785.

estratégico de mobilização política? Até que ponto esse tipo de evento fortalece um imaginário religioso que transcende a política convencional e se aproxima de um culto messiânico?

A presença da bandeira de Israel em manifestações políticas e religiosas no Brasil não se restringe a grandes avenidas e palcos institucionais. Seu uso expande-se para contextos urbanos periféricos, revelando novas camadas de significado na interseção entre fé, territorialidade e identidade comunitária.

1.1 Complexo de Israel: quando a terra prometida se torna território de disputa

No Rio de Janeiro, a simbologia de Israel se manifesta de forma peculiar em comunidades periféricas, onde a bandeira israelense é hasteada em becos e vielas. Mas qual o significado dessa apropriação em um contexto tão distinto dos templos evangélicos ou dos palanques políticos? O que leva grupos locais a adotarem esse símbolo como parte de sua identidade territorial?

No contexto sionista cristão, Israel é compreendido como o território divinamente escolhido, cuja restauração política e espiritual faz parte do plano escatológico de Deus. No entanto, no Complexo de Israel, essa narrativa é reinterpretada em um cenário urbano marcado pela violência, onde a ocupação territorial se dá pela imposição de um controle social armado e pela adoção de símbolos religiosos para legitimar o domínio da facção criminosa.

A facção que controla essa área apropriou-se da ideia de Israel como "terra prometida", estabelecendo um paralelo entre a luta bíblica pela posse da terra e sua própria disputa pelo controle da favela. O nome "Complexo de Israel" e a presença da bandeira israelense em pontos estratégicos refletem um deslocamento da teologia dispensacionalista para um contexto de criminalidade, onde a noção de "promessa divina" é ressignificada como um instrumento de poder e segregação territorial.

A guerra espiritual é frequentemente enfatizada como um desdobramento escatológico da história, sugerindo que a humanidade está dividida entre forças divinas e malignas até a restauração final de Israel e a segunda vinda de Cristo. No Complexo de Israel, essa visão é transformada em uma dinâmica concreta de violência territorial, onde a identidade cristã se mistura ao controle social imposto pela facção. Práticas como orações obrigatórias, referências a "Jesus Senhor dos Exércitos" e a exigência de conversão para a adesão ao grupo ilustram como elementos do pentecostalismo são instrumentalizados para criar uma estrutura de poder.

Dessa forma, a análise do Complexo de Israel desloca a discussão sobre o Sionismo Cristão dos espaços tradicionais de mobilização religiosa e política para territórios urbanos marginalizados. Nesse contexto, a fé e a violência se entrelaçam na construção de novas identidades coletivas e dinâmicas de pertencimento, revelando como a religiosidade evangélica, a escatologia sionista e as dinâmicas sociais das periferias convergem na incorporação desse símbolo a novas narrativas de poder e autoridade.

A presença da Estrela de Davi no ponto mais alto da favela, visível da Avenida Brasil, reforça essa identidade simbólica e territorial. A bandeira não é apenas um adorno decorativo, mas um marco de dominação e consagração territorial, funcionando como um sinal de autoridade sobre o espaço. Essa territorialização do sagrado cria uma geopolítica simbólica onde religião, poder e violência convergem para redefinir a ocupação urbana (COSTA, 2023).

No Complexo de Israel, a bandeira de Israel não se limita a um elemento decorativo, mas se estabelece como um símbolo de poder e dominação territorial. Sua exibição no ponto mais alto da favela confere à ocupação um caráter simbólico e sagrado, transcendendo o mero controle físico. Esse fenômeno reflete uma territorialização do sagrado, onde a bandeira se torna um marco visual de autoridade, legitimando a posse do espaço e reforçando sua distinção dentro da lógica das periferias urbanas. Assim, a ocupação do território assume contornos de proteção e consagração, consolidando-se como um espaço de identidade e domínio (COSTA, 2023).

Assim como na Avenida Paulista, onde a exaltação de Israel carrega uma dimensão religiosa e escatológica, no Complexo de Israel, essa apropriação vai além do discurso teológico, transformando-se em um mecanismo de legitimação territorial e exclusão social. Essa ressignificação impõe questionamentos sobre até que ponto a nomeação do território reflete uma real associação com a narrativa bíblica da terra prometida ou se funciona como um recurso estratégico para consolidar poder dentro da lógica da periferia.

O impacto desses símbolos ultrapassa as fronteiras do discurso religioso e se insere na disputa pelo controle territorial. Ele cria um espaço identitário onde religião, poder e domínio se entrelaçam, consolidando a bandeira como um emblema não apenas espiritual, mas também político e estratégico dentro da favela.

A ocupação da simbologia de Israel na favela sugere uma reivindicação das promessas bíblicas de proteção e restauração, ou trata-se de uma apropriação estratégica para legitimar uma nova lógica de poder e domínio territorial? Em que medida essa ressignificação dialoga com a escatologia sionista e sua concepção de território sagrado?

A presença desse imaginário religioso na periferia carioca evidencia a complexidade do fenômeno. O que leva grupos locais a utilizarem esse símbolo como parte de sua identidade e discurso? Como o conceito de "terra prometida" é reinterpretado em um contexto de dominação territorial violenta? Em que medida essa fusão entre teologia, política e identidade nacional no Brasil pode ser comparada a outros usos políticos do Sionismo Cristão em diferentes contextos globais?

Se a apropriação da simbologia religiosa no Complexo de Israel ilustra um deslocamento do discurso escatológico para um contexto de violência urbana, a exaltação de Israel no cenário político brasileiro reflete outro tipo de instrumentalização teológica, como visto nos discursos políticos de Bolsonaro e nas manifestações pró-Bolsonaro na Avenida Paulista.

A comparação entre o uso da simbologia de Israel na Avenida Paulista e no Complexo de Israel evidencia um espectro amplo de apropriações:

- **No campo político**, a fusão entre fé e nacionalismo reforça a legitimidade de projetos autoritários, consolidando a polarização entre "nós" e "eles".
- **No território periférico**, a simbologia religiosa fortalece práticas de domínio territorial, transformando elementos da fé em instrumentos de coerção e poder.

A desescatologização, politização e popularização do Sionismo Cristão no Brasil demonstram como Israel foi ressignificado em diferentes espaços e discursos. Essa fusão entre religião e política ultrapassa os debates estritamente teológicos, influenciando relações de poder, coesão social e disputas ideológicas.

Quando a ideia de "guerra espiritual" e "restauração de Israel" se mistura a práticas de coerção e violência, torna-se evidente a instrumentalização religiosa para fins políticos e territoriais. O uso de símbolos sagrados como justificativa para disputas de poder revela não apenas a plasticidade da religião, mas também seus potenciais riscos na legitimação de narrativas de exclusão e dominação.

No caso do bolsonarismo, a retórica religiosa conecta-se diretamente ao discurso de defesa de valores cristãos, apresentando Israel como um parceiro profético do Brasil. A interseção entre patriotismo e devoção religiosa cria uma narrativa messiânica, atribuindo legitimidade divina a projetos políticos e consolidando seguidores que veem nessa aliança a confirmação de um propósito histórico e espiritual.

Compreender essas ressignificações contemporâneas exige um olhar crítico sobre as origens históricas do Sionismo Cristão e sua instrumentalização política atual. Afinal, até que ponto a história ilumina (ou obscurece) os caminhos políticos do presente?

2. Origem do Sionismo

O Sionismo surgiu no final do século XIX como resposta à crescente perseguição contra comunidades judaicas na Europa Oriental, especialmente na Rússia Imperial. O contexto de hostilidade foi marcado pelos pogroms, ataques violentos que envolviam saques, destruição de propriedades, agressões e assassinatos de judeus, frequentemente incentivados ou tolerados pelas autoridades locais. Entre os episódios mais notáveis, destacam-se os de 1881 e 1882, que fomentaram debates na imprensa judaica sobre possíveis destinos para a migração em massa: os Estados Unidos ou a Palestina (SELZER, 1989, p. 631).

Embora muitos judeus tenham emigrado para os Estados Unidos, a ideia de restabelecer um lar nacional na Terra de Israel ganhou força, especialmente entre iluministas e intelectuais ligados ao movimento Chibat Sion[2] ("Amantes de Sião"). Fundado no final do século XIX, esse movimento teve um papel crucial na literatura hebraica e na consolidação da consciência nacional judaica. O Sionismo emergiu, assim, como uma afirmação identitária e uma resposta concreta à exclusão e à discriminação sofrida pelos judeus na diáspora (SCHNEER, 2010).

Além de consolidar a identidade judaica, o Sionismo ultrapassou os limites do judaísmo e influenciou outras tradições religiosas, especialmente o cristianismo protestante. A ideia da restauração de Israel encontrou apoio entre grupos cristãos que interpretavam esse retorno como parte do cumprimento profético bíblico. Esse pensamento se consolidou no Sionismo Cristão, um movimento teológico amplamente influenciado pelo Dispensacionalismo, que entende a volta dos judeus à Terra Prometida como um elemento fundamental do plano escatológico divino.

3. As Raízes do Sionismo Cristão

Antes de adentrar as discussões específicas sobre as origens do Sionismo Cristão, é importante compreender que esse movimento não surge de uma única fonte ou em um único momento histórico.

---

2 Chibat Sion é uma expressão em hebraico que pode ser traduzida como "Amantes de Sião". O termo faz referência a um movimento sionista anterior ao movimento sionista político formal, composto por judeus que, no final do século XIX, promoveram o retorno à Palestina e o estabelecimento de um centro de vida judaica na Terra de Israel.

Sua formação resulta de uma confluência de fatores teológicos e políticos, marcados tanto pela expectativa escatológica dos cristãos quanto pelas mudanças sociais e culturais dos séculos XVIII e XIX. O conjunto dessas influências conferiu ao Sionismo Cristão uma identidade heterogênea, na qual se sobrepõem perspectivas de fé, interpretações da profecia bíblica e visões de mundo que antecipam o futuro de Israel como parte indispensável do plano divino.

Várias vertentes teológicas apresentam Israel como o epicentro da manifestação do Reino de Deus. Entre elas, destacam-se:

- **Os Sionismos Judaicos**: Diferentes tradições dentro do judaísmo desenvolvem perspectivas sobre o retorno à Terra Prometida, variando entre abordagens seculares e religiosas.
- **O Sionismo Cristão**: Caracteriza-se por uma leitura escatológica e política que vê o moderno Estado de Israel como um cumprimento profético e, portanto, como um elemento necessário para a consumação do Reino de Deus na terra.
- **O Clássico Dispensacionalismo**: Enfatiza uma leitura literal das profecias bíblicas e estabelece uma distinção clara entre Israel e a Igreja. No dispensacionalismo clássico, Israel tem um papel central no plano divino para o fim dos tempos, com a restauração de Jerusalém como elemento fundamental.[3]

3.1 A Raiz Clássica do Sionismo Cristão: o Dispensacionalismo

---

3 Para aprofundar sobre esse tema: BOCK, D.; BLAISING, C. A.; MERRILL, E. H.; KREIDER, G. R.; BINGHAM, D. J.; SVIGEL, M. J.; CAMPOS, O. A.; HOLSTEEN, N. D.; TOUSSAINT, S. D.; PUBH, T. M. Dispensacionalismo e a História da Redenção. São Paulo: Carisma, 2023. RYRIE, C. C. Dispensationalism revised and expanded. Chicago: Moody Publishers, 2007.

Nessa perspectiva teológica, o desenvolvimento da história humana é dividido em diferentes "dispensações" ou estágios, cada qual marcado por uma intervenção divina específica. De acordo com o Dispensacionalismo, Israel é visto como um elemento-chave, pois sua restauração política e espiritual se torna um sinal claro da iminência dos eventos finais descritos na profecia bíblica. Assim, o apoio a Israel é considerado parte fundamental do cumprimento profético, transformando questões geopolíticas em um assunto de urgência divina. Essa visão histórico-teológica alicerça boa parte do Sionismo Cristão, conferindo-lhe uma natureza teleológica e escatológica.

Embora o movimento sionista cristão se consolide com o advento do Dispensacionalismo, suas raízes podem ser rastreadas em teólogos e pensadores europeus que, nos séculos XVIII e XIX, passaram a especular sobre o papel de Israel na redenção final do mundo. A compreensão de que a volta dos judeus à Terra Santa seria indispensável para a segunda vinda de Cristo abriu caminho para os primeiros defensores de um "lar nacional judaico".

O Sionismo Cristão é um movimento teológico que não apenas apoia o Estado de Israel, mas o vê como peça-chave na realização das profecias bíblicas. A crença na restauração de Israel e em seu papel escatológico baseia-se em diversas passagens das Escrituras, amplamente interpretadas no contexto do Dispensacionalismo e do Restauracionismo Protestante.

Desde o século XIX, essa visão foi moldada por John Nelson Darby e posteriormente amplificada por Cyrus Scofield, cuja Bíblia de Referência ajudou a difundir a interpretação escatológica do retorno dos judeus à sua terra ancestral. Gênesis 12:3 ("Abençoarei os que te abençoarem e amaldiçoarei os que te amaldiçoarem") e Isaías 66:8 ("Pode uma nação nascer num só dia?") são frequentemente citados para justificar a ideia de que a fundação do Estado de Israel em 1948 foi o cumprimento direto das promessas divinas.

No Novo Testamento, Romanos 11:25-26 é uma das passagens centrais da teologia do Sionismo Cristão, pois afirma que "todo Israel será salvo" após a plenitude dos gentios, reforçando a crença de que os judeus continuam a desempenhar um papel essencial na escatologia cristã. Além disso, Ezequiel:37, com a visão do vale de ossos secos, é interpretado como uma profecia sobre a restauração política e espiritual de Israel.

Assim, o Sionismo Cristão, amplamente fundamentado no Dispensacionalismo, não apenas enxerga Israel como um ator central no cumprimento profético, mas também influencia relações políticas e geopolíticas contemporâneas, legitimando o alinhamento entre grupos evangélicos e o Estado de Israel.

3.2. As Correntes do Sionismo Cristão

No cenário contemporâneo, o Sionismo Cristão pode ser classificado em três principais vertentes, que refletem diferentes formas de interpretar e justificar o apoio teológico e político ao Estado de Israel:

Sionismo Cristão Restauracionista: defende a restauração literal de Israel como um cumprimento profético e um pré-requisito para a Segunda Vinda de Cristo. Diferente de outras vertentes, enfatiza a obrigação dos cristãos de apoiar ativamente o retorno dos judeus à Terra de Israel e a reconstrução de elementos do culto judaico, incluindo o Terceiro Templo de Jerusalém (MACHADO & MARIZ, 2022).

Sionismo Cristão Apocalíptico: Enfatiza a escatologia apocalíptica, vendo o retorno dos judeus a Israel como um sinal iminente da Segunda Vinda de Cristo (LAHAYE & ICE, 2001, p. 96). Para os adeptos dessa vertente, apoiar Israel é uma missão divina necessária para acelerar ou preparar a consumação dos eventos finais, conforme descrito em profecias bíblicas como Mateus 2, 32-34, Ezequiel 37, 1-14 e Romanos 11, 25-26. Essa corrente influenciou movimentos pentecostais e neopentecostais, consolidando uma teologia política alinhada ao apoio incondicional ao Estado de Israel (MCARTHUR, 1999, p. 123).

Essas raízes históricas explicam o entrelaçamento entre a expectativa escatológica e o apoio político à construção de um Estado judeu, estabelecendo um legado que se reflete em movimentos atuais. A crença na restauração de Israel como peça-chave para a concretização das promessas de Cristo não apenas impulsionou o sionismo político, mas também conferiu ao Sionismo Cristão uma posição singular nas relações internacionais contemporâneas.

4. A interpretação escatológica no Brasil na chave do Sionismo Cristão

Nos últimos anos, o crescimento do conservadorismo evangélico no Brasil impulsionou ainda mais a exaltação de Israel como símbolo religioso e político, reforçando a ideia de que sua existência representa um sinal profético e uma aliança espiritual entre nações. Sob essa perspectiva, Israel deixa de ser apenas um tema teológico e passa a servir também como elemento de mobilização política, conquistando espaço em discursos que associam sua história a um desígnio divino.

Ao longo do século XX, essa visão se consolidou dentro do conservadorismo evangélico brasileiro, amparada por lideranças religiosas que passaram a destacar Israel não apenas como um pilar central da escatologia cristã, mas também como um baluarte de resistência moral e espiritual contra ideologias percebidas como contrárias ao cristianismo. Desse modo, a conexão entre fé, política e geopolítica se intensificou, fazendo do apoio a Israel um marcador identitário importante no campo evangélico conservador.

Nesse cenário, o Sionismo Cristão encontrou terreno fértil nas igrejas evangélicas, onde a simbologia de Israel passou a ser utilizada tanto em cultos como em manifestações públicas. Exemplos disso podem ser vistos na presença da bandeira de Israel em eventos religiosos, veiculando a crença de que há uma ligação espiritual entre Brasil e Israel. Esse fenômeno se viu ainda mais fortalecido com a crescente influência política dos evangélicos, especialmente durante o governo Jair Bolsonaro, onde o apoio a Israel ganhou destaque como estratégia cultural e geopolítica.

Os movimentos pentecostais e neopentecostais brasileiros também contribuíram para a difusão desses valores, pois costumam enfatizar temas apocalípticos e a expectativa da Segunda Vinda de Cristo. Essa afinidade decorre da compreensão de que acontecimentos atuais integram um plano profético, envolvendo uma "batalha espiritual" que prepara o mundo para o desfecho final. Nesse contexto, a narrativa de Israel como "território sagrado" e "peça essencial" nos planos divinos encontra ampla ressonância.

Lideranças evangélicas, tanto locais quanto estrangeiras, tiveram papel significativo na popularização do Sionismo Cristão no Brasil. Entre os nomes internacionais, pensadores como Cyrus Scofield e John Nelson Darby exerceram influência indireta por meio de publicações e do legado missionário disseminado em igrejas e instituições de ensino bíblico. No cenário nacional, pastores e televangelistas influentes incorporaram em seus discursos a ideia de que a restauração de Israel faz parte de uma promessa divina que também se estende ao Brasil.

Vários pastores pentecostais proeminentes no Brasil incorporam a promessa de Israel em seus discursos, enfatizando a importância de apoiar a nação israelense com base em interpretações bíblicas. Entre eles, destacam-se:

- **Silas Malafaia**: líder da Assembleia de Deus Vitória em Cristo, Malafaia frequentemente ressalta a bênção divina associada ao apoio a Israel, fundamentando-se na promessa bíblica de que Deus abençoará aqueles que abençoarem Abraão.
- **Edir Macedo**: fundador da Igreja Universal do Reino de Deus, Macedo incentiva orações pela paz de Jerusalém, associando essa prática à prosperidade prometida nas Escrituras.
- **Estevam Hernandes**: líder da Igreja Renascer em Cristo, Hernandes é conhecido por organizar a "Marcha para Jesus", evento que frequentemente destaca a conexão espiritual entre Brasil e Israel, reforçando a aliança entre as nações sob uma perspectiva religiosa. [4]

Lideranças pentecostais frequentemente enfatizam a centralidade de Israel em seus discursos, associando o destino da nação judaica às bênçãos prometidas tanto à Igreja quanto ao próprio país. Essa visão é reforçada em eventos internacionais, como conferências e encontros evangélicos, nos quais a participação de pastores norte-americanos fortalece a convicção de que Israel desempenha um papel único no "plano de Deus". Além disso, a mídia religiosa, por meio de programas

4 UFMG. Repositório Institucional UFMG, 2018. Disponível em: https://repositorio.ufmg.br/.

de TV, rádio e plataformas digitais, amplia essa narrativa ao veicular mensagens apocalípticas que associam a nação israelense ao cumprimento das profecias bíblicas, consolidando seu status como um símbolo fundamental na teologia de diversas correntes evangélicas.

Também surgem divergências quanto à interpretação das Escrituras e ao papel de Israel no plano divino, gerando debates sobre suas implicações escatológicas e políticas. Esse tensionamento se manifesta tanto nos discursos de lideranças religiosas quanto nas práticas comunitárias, revelando que o Sionismo Cristão não se limita à legitimação de alianças estratégicas, mas também atua como um elemento mobilizador em diferentes esferas sociais, influenciando tanto a dinâmica política quanto a organização de manifestações religiosas e coletivas.

Diante dessa mobilização, o Sionismo Cristão fortaleceu essa relação ao interpretar Israel como peça fundamental no cumprimento profético, promovendo sua defesa irrestrita no meio evangélico conservador. Essa visão tem sido incorporada em discursos religiosos e políticos, nos quais Israel é exaltado como uma nação escolhida e um símbolo da aliança divina. O uso da bandeira de Israel em cultos e manifestações políticas, a adoção de elementos da tradição judaica no evangelicalismo e a ênfase na proteção de Israel como parte da missão cristã são manifestações diretas dessa teologia.

Essa tensão teológica e política vai além de uma mera interpretação escatológica, evidenciando um movimento de mobilização religiosa que influencia alianças diplomáticas, discursos geopolíticos e ações políticas. O Sionismo Cristão traduz essa visão em um imperativo político e espiritual, fortalecendo o compromisso religioso com o Estado de Israel e consolidando sua importância dentro do imaginário evangélico contemporâneo.

No entanto, a associação entre teologia e agendas políticas específicas, como o apoio incondicional a Israel, levanta questionamentos sobre os limites éticos dessa aliança e o risco de instrumentalização da fé. A adoção de uma perspectiva teológica que prioriza questões geopolíticas pode levar a uma redução da universalidade da mensagem cristã, desviando-se de seus princípios centrais de justiça, reconciliação e amor ao próximo. Diante desse cenário, é essencial que os evangélicos brasileiros reflitam criticamente sobre essas tensões, buscando um equilíbrio entre compromisso teológico e responsabilidade ética no contexto global.

5. Questões Geopolíticas do Sionismo Cristão

A recepção do Sionismo Cristão exerceu um impacto significativo, especialmente durante o governo Jair Bolsonaro. Seu discurso frequentemente associava Brasil e Israel como nações guiadas por Deus, consolidando apoio entre as bases evangélicas. Um exemplo claro foi a promessa de transferência da embaixada brasileira para Jerusalém, seguindo o modelo dos Estados Unidos. Embora a mudança não tenha ocorrido devido a pressões diplomáticas e econômicas, a iniciativa ilustra como o Sionismo Cristão influencia a política externa brasileira, combinando teologia e estratégia diplomática.

A influência do Sionismo Cristão não se restringe ao contexto norte-americano, mas também se reflete em outros países, onde essa visão teológica molda a relação entre fé e política. No Brasil, por exemplo, o uso da bandeira de Israel em manifestações e discursos religiosos expressa a crença de que o destino espiritual do país está diretamente ligado ao cumprimento das promessas bíblicas feitas ao povo de Israel.

Essa perspectiva foi reforçada pelo reconhecimento de Jerusalém como capital israelense por Donald Trump, um gesto que consolidou a ideia de uma aliança espiritual entre os Estados Unidos e Israel. Esse movimento teve repercussões diretas no cenário político brasileiro, influenciando Jair Bolsonaro, que durante seu governo manifestou a intenção de transferir a embaixada brasileira para Jerusalém, seguindo o modelo adotado pelos norte-americanos. No entanto, essa mudança não se concretizou devido a pressões diplomáticas e econômicas, especialmente pela dependência do agronegócio brasileiro em relação aos países árabes.

Como alternativa, em 2019, o governo brasileiro inaugurou um "Escritório de Negócios" em Jerusalém, um gesto simbólico de aproximação com Israel. Essa iniciativa reflete como a política externa brasileira, em determinados momentos, dialoga com as influências do Sionismo Cristão, utilizando-se de sua retórica e simbologia para fortalecer alianças estratégicas e consolidar uma identidade política voltada para setores conservadores e evangélicos.

Esse alinhamento político e religioso, intensificado no governo Bolsonaro, tem sido objeto de análises acadêmicas. O estudo de Henrique Sanchez e Helena Manfrinato, publicado na *Revista Diáspora – Oriente Médio/Norte da África* (2018), examina como o discurso de Bolsonaro construiu uma aliança simbólica e política com Israel. A pesquisa destaca não apenas a retórica religiosa utilizada, mas também suas implicações no cenário nacional e internacional, demonstrando o papel da religião na configuração de estratégias políticas contemporâneas.

Nas suas argumentações os autores citados acima afirmam que

> Apesar do patriotismo ser a tônica da retórica de Jair Bolsonaro, o fenômeno em torno de sua candidatura presidencial

> também trouxe consigo explícitos acenos e sinais de um alinhamento a Israel no plano geopolítico e simbólico. Simultaneamente, a presença de bandeiras de Israel tornou-se um signo comum observado em manifestações bolsonaristas ao lado de bandeiras brasileiras e americanas e menções recorrentes de Bolsonaro a uma provável ampliação de acordos comerciais e iniciativas de cooperação tecnológica, agrícola e militar entre Brasil e Israel preenchem lacunas e superficialidades do seu programa de governo.[5]

Apesar do patriotismo ser a tônica da retórica de Jair Bolsonaro, sua candidatura presidencial também trouxe explícitos acenos e sinais de um alinhamento a Israel no plano geopolítico e simbólico. Durante seu governo, a presença de bandeiras de Israel tornou-se comum em manifestações bolsonaristas, ao lado de bandeiras brasileiras e americanas. Bolsonaro também mencionava frequentemente a possibilidade de ampliação de acordos comerciais e iniciativas de cooperação tecnológica, agrícola e militar entre Brasil e Israel, reforçando a conexão entre as duas nações sob um viés teológico.

Sanchez e Manfrinato analisam como essa relação se manifesta na adoção de símbolos nacionais e religiosos, como as bandeiras de Israel, Estados Unidos e Brasil em manifestações bolsonaristas. Esse uso constrói uma identidade político-religiosa, associando o destino do Brasil a nações vistas como "abençoadas", mas também

---

5 SANCHEZ, H.; MANFRINATO, H. "Bolsonaro, Israel e o sionismo cristão: Alianças eletivas e o triunfo das utopias regressivas." Revista Diaspora, 26 out. 2018. Disponível em: https://neom.uff.br/aliancas-eletivas-e-o-triunfo-das-utopias-regressivas-bolsonaro-israel-e-o-sionismo-cristao/.

pode deslocar o foco de políticas nacionais para um simbolismo teológico esvaziado de conteúdo crítico.

Além da dimensão simbólica, Bolsonaro fortaleceu sua retórica política ao prometer acordos comerciais e cooperação tecnológica com Israel. No entanto, como apontam os autores, tais promessas muitas vezes são instrumentalizadas dentro de uma agenda religiosa e escatológica, priorizando interesses simbólicos em detrimento de objetivos econômicos concretos.

O apoio evangélico a Jair Bolsonaro teve impactos profundos tanto na organização das igrejas quanto na dinâmica política nacional. Sua retórica, marcada por referências bíblicas, menções a Deus e pela ideia de um embate entre o bem e o mal, estabeleceu um vínculo direto com os fiéis evangélicos, apresentando-se como um líder providencial na defesa dos valores cristãos.

Contudo, esse alinhamento também gerou tensões internas. Muitos líderes evangélicos passaram a questionar até que ponto a fé pode ser instrumentalizada para fins políticos, alertando para os riscos de comprometer a independência das igrejas e de subordinar a mensagem do Evangelho a agendas partidárias.

Além disso, a adoção de uma retórica polarizadora, que divide a sociedade entre "nós" (defensores da moral cristã) e "eles" (opositores desses valores), colocou em xeque a capacidade do evangelicalismo de dialogar com a diversidade religiosa e cultural brasileira. O uso de símbolos judaicos em cultos e manifestações reforça a visão escatológica que associa o Brasil a Israel, mas também desvia o foco de questões sociais urgentes, como justiça e inclusão.

Segundo Viviane Costa (2023, p. 106), as práticas religiosas são frequentemente ressignificadas em cenários de vulnerabilidade e violência urbana, criando formas únicas de espiritualidade comunitária que refletem tanto resistência quanto adaptação a novas realidades sociais.

> As manifestações religiosas e as expressões éticas atuais seguem ressignificadas por toda parte, com representações do Deus evangélico do traficante, chefe da facção local. Realiza-se, de forma comunitária, o rito do Santo Guerreiro, "Jesus Senhor dos Exércitos". Diariamente, às cinco da manhã, o radinho do tráfico sintoniza a benção divina, conduzindo toda a comunidade em oração do Deus evangélico pentecostal.

A influência do Sionismo Cristão vai além do campo teológico, moldando discursos políticos e sociais de maneira complexa. No Brasil, essas teologias são apropriadas em contextos urbanos de vulnerabilidade e violência, como exemplificado no Complexo de Israel, no Rio de Janeiro. A associação entre a "terra prometida" e a imposição de práticas religiosas revela um uso instrumentalizado da fé para legitimar estruturas de poder e controle social. A nomeação do território como "Complexo de Israel" estabelece um paralelo entre a narrativa bíblica da terra prometida e as dinâmicas de dominação territorial da facção, ressignificando o imaginário religioso para justificar sua ocupação.

O apoio irrestrito a Israel, promovido por grupos sionistas cristãos, muitas vezes extrapola o contexto geopolítico e se infiltra em esferas sociais, reforçando polarizações e exclusões. Esse fenômeno se intensifica quando símbolos religiosos são deslocados de suas funções originais para justificar práticas de dominação territorial, como ocorre no Complexo de Israel. A apropriação teológica para fins de legitimação do poder não apenas instrumentaliza a fé, mas também dificulta a promoção da justiça e da paz.

As práticas religiosas em contextos de vulnerabilidade e violência urbana são frequentemente ressignificadas, evidenciando como a espiritualidade pode ser incorporada às dinâmicas de poder locais. A ritualização comunitária, como a oração matinal conduzida pela facção criminosa e a invocação de figuras bíblicas, demonstra uma fusão entre religiosidade pentecostal e estruturas de violência. Nesse contexto, a fé, ao invés de promover inclusão e reconciliação, pode ser manipulada para justificar práticas coercitivas e exclusão social (COSTA, 2023).

Diante do exposto, surgem algumas questões: Até que ponto o alinhamento evangélico com Bolsonaro fortaleceu ou comprometeu a autonomia das igrejas? A busca por influência política ampliou o alcance da fé ou subordinou a mensagem do Evangelho a interesses partidários? O discurso religioso adotado no bolsonarismo promove, de fato, valores cristãos como reconciliação e compaixão, ou reforça divisões e polarizações? Como essa retórica afeta o diálogo inter-religioso e a diversidade dentro das próprias igrejas evangélicas?

Ainda cabe questionar: O caso do Complexo de Israel, no Rio de Janeiro, representa uma apropriação da simbologia religiosa como mecanismo de controle social? De que maneira a ressignificação da "terra prometida" reflete a instrumentalização da fé em contextos marcados pela vulnerabilidade e violência? Como igrejas e lideranças evangélicas podem resgatar o papel do Evangelho como uma força de transformação social, garantindo que sua mensagem não seja cooptada por discursos políticos que reforçam exclusão e opressão?

Além disso, de que maneira a lógica dispensacionalista e sionista cristã molda a visão dos evangélicos sobre a relação entre Brasil e Israel? Até que ponto essa associação teológica influencia decisões políticas e econômicas do país?

Considerações finais

O Sionismo Cristão, ao longo da história, consolidou-se como uma teologia que vai além do campo religioso, influenciando diretamente disputas políticas, estratégias diplomáticas e dinâmicas sociais. A fusão entre o Israel bíblico, o Estado de Israel e agendas políticas contemporâneas reflete um fenômeno global, que encontra forte ressonância em contextos como os Estados Unidos e o Brasil, onde lideranças religiosas e políticas instrumentalizam essa simbologia para legitimar discursos e ampliar sua base de apoio.

No Brasil, essa influência manifesta-se em duas dimensões principais: (i) na mobilização política, como observado nos discursos bolsonaristas e em manifestações como a da Avenida Paulista em 2024, e (ii) na territorialização da simbologia religiosa, como exemplificado no Complexo de Israel, no Rio de Janeiro. Enquanto no primeiro caso a exaltação de Israel reforça um projeto messiânico e nacionalista, no segundo a simbologia sionista cristã é apropriada em contextos urbanos periféricos, funcionando como uma ferramenta de dominação territorial e identidade coletiva.

A desescatologização, politização e popularização do Sionismo Cristão mostram que, para além do discurso teológico tradicional, esse movimento tem sido instrumentalizado para fins estratégicos, seja na configuração de alianças políticas, seja na legitimação de práticas de poder e coerção social. A presença da bandeira de Israel em manifestações políticas e religiosas e a adoção de elementos do judaísmo por segmentos evangélicos evidenciam como essa teologia se adapta a diferentes contextos, mantendo-se relevante como um marcador ideológico e identitário.

Entretanto, essa forte associação entre teologia e política levanta desafios e questionamentos. O apoio incondicional a Israel, promovido por setores do Sionismo Cristão, muitas vezes desconsidera as implicações geopolíticas e humanitárias dessa posição, reduzindo debates complexos a uma lógica binária de alianças divinas e inimigos espirituais. No contexto brasileiro, essa teologia também tem sido usada para legitimar discursos polarizadores, criando uma narrativa de confronto entre fiéis e opositores, em vez de fomentar diálogo e reconciliação.

Diante desse cenário, é fundamental refletir criticamente sobre os limites e impactos dessa teologia na sociedade contemporânea. Até que ponto o alinhamento entre religião e política fortalece ou compromete a autonomia das igrejas? A instrumentalização da fé para agendas geopolíticas e partidárias amplifica a influência da teologia ou a reduz a uma ferramenta de poder? O uso da simbologia de Israel em manifestações políticas e na ocupação territorial de periferias reflete uma real associação com a promessa bíblica da terra prometida, ou trata-se de uma ressignificação estratégica para fins de dominação e exclusão social?

A relação entre o Sionismo Cristão e o discurso político permanece como um tema central para o debate teológico, sociopolítico e geopolítico contemporâneo. O desafio está em compreender essas ressignificações sem perder de vista os princípios éticos e teológicos fundamentais do cristianismo, garantindo que a fé não seja cooptada por discursos de exclusão e instrumentalização política.

Referências

COSTA, V. *Traficantes Evangélicos: quem são e a quem servem os novos bandidos de Deus.* Rio de Janeiro: Thomas Nelson, 2023.

DARBY, J. N. *Escritos Coletados de J. N. Darby.* São Paulo: Imprensa Bíblica, 1983.

ICE, T. *Sionismo Cristão.* Porto Alegre: Actual Edições, 2010.

MACHADO, M. das D.; MARIZ, C. L. "Genealogia do sionismo evangélico no Brasil. *Religião e Sociedade*". Rio de Janeiro, v. 42, n. 2, p. 225-248, 2022. Disponível em: https://www.scielo.br/j/rs/a/CQGqnNvQcWHcqV7yDK3Q5Yz/?format=pdf.

MAC ARTHUR, John. *The Second Coming: Signs of Christ's Return and the End of the Age.* Wheaton: Crossway, 1999.

RYRIE, C. C. *Dispensationalism: revised and expanded.* Chicago: Moody Publishers, 2007.

SCOFIELD, C. I. *Bíblia de Referência Scofield.* São Paulo: Hagnos, 2009.

SCHNEER, J. *A Declaração de Balfour: As Origens do Conflito Árabe-Israelense.* Londres: Bloomsbury, 2010.

SELZER, R. *Povo judeu, pensamento judaico. Judaica II.* Rio de Janeiro: A. Koogan, 1989.

SANCHEZ, H.; MANFRINATO, H. "Oriente Médio/Norte da África". *Revista Diáspora*, 2018. Disponível em: https://abpnrevista.org.br/site/issue/view/29.

Messianismo e extrema direita

Ricardo Hida

É possível pensar em movimentos totalitários aliados aos fundamentos mais ortodoxos do liberalismo econômico e aos inimigos do Estado que se apresentam como defensores irrestritos das liberdades individuais? Como marxistas podem explicar o forte apoio e mobilização popular contra leis trabalhistas e adesões aos sindicatos? Como compreender um período histórico construído essencialmente sobre ideais de secularização, racionalidade e ciência voltar-se para o fundamentalismo religioso, elegendo líderes políticos messiânicos, no sentido histórico do termo? Como é possível uma sociedade que se compreende altamente individualista ser facilmente explicada por teorias quase centenárias de psicologia de massa?

Neste capítulo o objetivo é estabelecer conexões entre neoliberalismo e totalitarismo, rediscutindo o conceito de extrema direita neste início do século XXI, e apontar reflexões sobre messianismo, comparando líderes populistas hodiernos com a figura passada do autocrata que dominava a comunicação de massa há quase cem anos.

O conceito de messias, vivo em pleno século XXI, não é metafórico, mas literal. O messianismo nestas primeiras décadas do terceiro milênio da era comum representa não apenas uma ruptura com o sistema político considerado explorador e corrupto, liderando populações em grave momento econômico. Tampouco assume apenas a responsabilidade de proteger as massas ressentidas lhes restituindo a justiça, restabelecendo a prosperidade, a segurança e a ordem social. Os novos messias, presentes diariamente nas diferentes mídias do planeta, assumem-se incumbidos principalmente de uma missão espiritual. Aliam-se a líderes religiosos fundamentalistas, sobretudo cristãos carismáticos, prometendo restituir o poder que o Iluminismo e a Modernidade lhes tiraram. E diante de qualquer derrota em seus projetos, uma vez que são considerados infalíveis por seus apoiadores, essas lideranças messiânicas atribuem seus fracassos a inimigos ocultos e forças adversas espirituais. Forças essas que, para seus apoiadores, são representadas por grupos sociais e políticos que se não rejeitam como universais, ao menos debatem esses costumes religiosos.

Embora a relação entre religião, extrema direita e o messianismo literal se dê na Hungria, na Rússia e diversos outros países, inclusive no Oriente Médio e Ásia, o foco deste trabalho se dá, em seus exemplos, no Brasil e EUA.

1. Um presente profético, que cientistas não previram

A ascensão de Vladimir Putin à presidência da Rússia, em 2012, possibilitou que o binônimo messianismo-extrema direita voltasse a ocupar posição privilegiada nos debates acadêmicos, gerando muitas teorias e, mais ainda, dúvidas. Principalmente por não se tratar de um fenômeno isolado. Na mesma década o mundo observou, aturdido, a improvável eleição de Donald Trump nos EUA, em 2016; as manobras de Viktor Órban para se manter, desde 2010, no poder da Hungria; e a vitória de Jair Bolsonaro nas eleições presidenciais brasileiras em 2018. No caso desses políticos, além de apresentarem pública e eleitoralmente uma postura autoritária, muitas vezes avessa a elementos-chave do Estado de Direito, foi possível observar um forte discurso religioso conservador e, igualmente, a projeção de uma imagem pessoal construída em cima do mito do homem-messias, que corajosamente conduziria sua nação, fragmentada e em crise, rumo a um destino maior, de prosperidade e vitórias, restituindo a dignidade de uma população fragilizada e injustiçada.

Muitas teorias surgiram apressadamente para dar conta daquele cenário político. Até então, a direita radical, na Europa e nas Américas, era vista como perigosa, mas folclórica e numericamente irrelevante. O histrionismo do brasileiro Enéas Carneiro e do francês Jean-Marie Le Pen, nos anos 1990, por exemplo, contribuíam para a imagem caricata do movimento. No entanto, na década de 2010, por conta das vitórias eleitorais da extrema direita em diferentes nações, expressões como fascismo e nazismo foram resgatadas dos livros de história e repetidas à exaustão em colóquios, dissertações, teses, noticiários de TV, artigos em jornais e revistas e, sobretudo, discussões virulentas em redes sociais e até mesmo em ambientes domésticos. Torna-se curioso observar que xingamentos como "fascista", disparados à exaustão pela oposição aos apoiadores de tais movimentos, nunca foram tomados a sério por esses últimos. É possível que poucos eleitores se vissem como tal. Uma hipótese plausível para tal comportamento negacionista é a de que os movimentos de extrema direita dos anos 1930 eram diferentes, em conteúdo e estrutura, daqueles deste presente século.

Os pesquisadores das ciências humanas perceberam, então, um cenário completamente novo em que categorias e ferramentas analíticas disponíveis naquele momento não explicavam com precisão o cenário contemporâneo. Expressões "pobre de direita", "liberal conservador", "neoliberalista nacionalista", até então paradoxais, com conceitos naturalmente antagônicos, ganharam o público e exigiram, e continuam exigindo, reflexões sobre novos campos políticos e novas tensões sociais. Soma-se ao cenário confuso dois ingredientes.

O primeiro deles, abordado por Bustamante no capítulo 6, é inédito: as redes sociais e a inteligência artificial, confundindo a compreensão da realidade, com leituras equivocadas, muitas vezes propositalmente mentirosas, causando pânico e revolta na população. E o segundo, que embora antigo, assume um protagonismo renovado desde o surgimento da modernidade: a religião. Quando intelectuais debruçados sobre a secularização pensavam estar resolvida a posição da religião, como assunto privado e não público, a reviravolta acontece. Religiosos passam a pautar não apenas a produção cultural, movimentar a economia, mas assumiram papéis de influência e liderança no mundo político em diferentes áreas do planeta.

Percebeu-se que fascismo, messianismo, totalitarismo como eram entendidos até os anos 2000 não explicavam mais integral e facilmente os fenômenos Donald Trump, Jair Bolsonaro e Vladimir Putin.

Entendemos que os atuais movimentos da extrema direita, fortemente conectados com as teologias da prosperidade e do domínio, não apenas nasceram dentro do neoliberalismo, que dialoga fortemente com elementos constituintes do totalitarismo, mas têm a função de defendê-lo, ajudando a desmontar o Estado democrático de direito e substituí-lo pelo conceito de Nação, cuja identidade pode ser amplamente (re)construída através da história e, sobretudo, da religião.

Para isso, tornou-se igualmente necessário, por parte dos movimentos partidários radicais de direita, o esvaziamento do debate político racional redirecionando as tensões para o campo religioso emocional e simbólico. A luta de classes foi substituída por uma luta estruturada em ideologias morais, com ares de batalha espiritual. O ressentimento das classes médias e populares se voltou, então, para grupos que defendiam debates identitários, vistos como fragmentadores, revanchistas, revisionistas históricos, e para aqueles que não compartilham dos mesmos valores morais e práticas religiosas. O líder político assume a aura de um messias, pronto para o sacrifício de conduzir a nação reunificada, de forma segura, viril e firme, para um futuro determinado por Deus. Para tal missão, lhes é concedida além de uma presumida autoridade sobrenatural, o apoio eleitoral das massas, que põem em risco os fundamentos do Estado de Direito.

2. Direita ou esquerda? Eis a questão.

Já nos anos 1990, o cientista político italiano Norberto Bobbio questionava a validade dos termos políticos direita e esquerda e se perguntava se tais posições assumiram novas características e sentidos inéditos no final do século XX.

Para Bobbio (2011), a posição acerca da igualdade poderia definir o espectro político de um indivíduo. Assim, segundo ele, um simpatizante da esquerda "considera mais o que os homens têm em comum do que os divide, e de que a pessoa da direita, ao contrário, dá maior relevância política ao que diferencia um homem do outro" (BOBBIO, 2011, p. 23).

Nesse sentido, pode-se afirmar que partidos políticos de esquerda consideram a desigualdade entre as pessoas como uma anomalia histórica e, portanto, humanamente construída, que deve ser corrigida, enquanto seus adversários de direita entendem a naturalidade das desigualdades, exceto em raras ocasiões. A exclusão é, assim, para adeptos da direita, sob essa perspectiva, muito anterior ao surgimento do sistema capitalista. Tratar-se-ia de um fenômeno natural, atemporal e universal, quando não, para muitos grupos, também uma questão biológica e genética.

O autor italiano esclarece ainda que a posição diante do conceito de liberdade, gêmea da igualdade na Modernidade, a seu ver, determina também o extremismo político de um indivíduo, independentemente de sua posição ser de esquerda ou direita.

Para ele, os movimentos de extrema esquerda são aqueles que, ao mesmo tempo, são autoritários e igualitários; por sua vez, a posição centro-esquerda reúne movimentos igualitários e libertários, ou seja, pregam a igualdade dos indivíduos sem sacrificar suas liberdades; já os partidos e indivíduos que se colocam no espectro centro-direita são fiéis à democracia, assumem uma posição libertária e o igualitarismo mínimo, isto é, uma igualdade unicamente diante da lei. Por fim, a extrema direita se estabelece como uma posição antiliberal e anti-igualitária, ou seja, questionam não apenas os pilares da democracia, mas se colocam radicalmente contra a ideia de igualdade entre os sujeitos.

Neste ponto, vale um esclarecimento. O conceito de democracia, conforme aponta Chaui (2020), pode ser definido muito além da possibilidade e da universalidade de um processo eleitoral, de um sistema tríplice republicano com os poderes executivo, legislativo e judiciário coexistindo harmoniosamente e servindo uns aos outros como contrapesos. Para a pesquisadora brasileira, a democracia é o respeito à vontade da maioria sem prejuízo da minoria e, sobretudo, a possibilidade de criação de direitos reais novos com ampliação e garantia de direitos existentes.

Bobbio assume uma posição cautelosa em sua explicação sobre extremismos: prefere o termo libertário para tratar de liberdades individuais do que a palavra liberal. Isso porque esse adjetivo gera comumente confusão, presente inclusive em Isaiah Berlin (2022), teórico do romantismo, para quem o liberalismo é naturalmente de esquerda. Tal fenômeno se dá uma vez que a esquerda "se opõe ao excessivo poder da autoridade fundada sobre a força da tradição, na qual identifica a principal característica das direitas" (BOBBIO, 2011, p. 36). O termo liberal seria, portanto, o oposto a conservador nas escolas mais antigas de pensamento político.

O conservadorismo, embora polissêmico, é compreendido de forma geral como uma visão social, cultural, política e econômica avessa a mudanças radicais (GONZALEZ *et al.*, 2021). No campo político, conservadores entendem a sociedade como um corpo orgânico, construído a partir de uma evolução histórica prática, cética e racional. Para eles, é preciso assegurar a manutenção das tradições, do convencionalismo e das hierarquias, que expressam a natureza desigual dos seres humanos. Nesse ponto, a definição de Bobbio para o campo da direita vai ao encontro da definição de conservadorismo dos autores brasileiros.

Bobbio, por sua vez, esclarece que o liberalismo social, que defende as liberdades individuais, distancia-se do liberalismo clássico, defendido à exaustão por liberais-liberistas, que buscam uma liberdade econômica, no melhor estilo *laissez-faire, laissez passer.* Liberal, desse modo, passa a ser entendido como o defensor da liberdade econômica, da mínima interferência do Estado, sem necessariamente defender a liberdade nos costumes.

A liberdade individual enquanto ideal da Modernidade, para o cientista italiano, pode não ser impossível, parâmetro a partir do qual direita e esquerda se posicionam. Ele problematiza a ideia de liberdade dos indivíduos como um valor essencial e fundamental para a esquerda, como defendia Berlin. Na verdade, para Bobbio, a liberdade não definiria um indivíduo como esquerdista ou direitista, mas, antes de tudo, indicaria uma posição política mais ou menos extremista das diferentes perspectivas.

Vê-se, portanto, que a posição de esquerda ou direita, já nos anos 1990, para Bobbio não mais estava construída essencialmente em torno de luta de classes, mas em direitos e liberdades individuais. Uma possível razão para tal construto é o cenário globalizado, neoliberal e individualista que já mostrava sua face antes da virada do milênio.

Para Singer (2011) a preferência política de um indivíduo também pode ser explicada através da prioridade de bem-estar que ele atribui à sociedade, expressa graficamente através de um modelo teórico em que um círculo expansivo é a base. Para ele, é preciso desenhar um círculo - como aqueles usados para o tiro ao alvo - em que o ideal de família está em seu centro; a vizinhança aparece em seguida, em um círculo concêntrico, porém maior; depois vem a cidade em outro círculo sobreposto; o país surge então, em uma terceira camada, representando o círculo com maior diâmetro, até chegar a um outro, final, nas bordas, englobando os demais, que representa a Humanidade. O foco e a preocupação imediata dos direitistas, para o autor, começa do centro do círculo, ou seja, a família, até chegar, sucessivamente, às bordas, a Humanidade. O discurso da esquerda, ao contrário, ao menos teoricamente, tende a se preocupar com a Humanidade em primeiro plano, com os direitos universais, até chegar na família, em um movimento de fora para dentro.

Assim, tal perspectiva ilustra a ideia de que a esquerda tem uma visão global, holística, priorizando primeiramente o coletivo e a sociedade, enquanto a direita procura se concentrar primeiramente nos microcosmos e, se necessário, ampliar o campo de preocupações para um coletivo maior, priorizando o indivíduo, a família e a nação em ordem crescente. Assim, embora possuam um sentimento de solidariedade com relação aos vulneráveis de outros países distantes, os direitistas não entendem que as necessidades estrangeiras sejam de sua responsabilidade.

As populações mais pobres, nessa perspectiva, no Brasil e nos EUA podem se sentir mais alinhadas aos discursos de direita, na medida em que precisam se preocupar primeiramente com a própria sobrevivência e a de suas famílias antes de se preocupar com a sociedade como um todo, e menos ainda com populações estrangeiras.

Como veremos adiante, em uma sociedade cada vez mais individualista e narcisista, se não criada, ao menos alimentada por ideais neoliberais, os cidadãos que deixaram de ser agricultores e operários e transformaram-se em prestadores de serviço autônomos, em empreendedores individuais. Para eles, a igualdade e políticas assistenciais seletivas, já que muitos não fazem parte, é um conceito fortemente rejeitado.

De acordo com Souza (2024) "a estratégia conservadora é acusar a justa compensação às minorias perseguidas de pretenderem um privilégio indevido e exagerado em uma sociedade igualitária", ao menos de forma ilusória, de oportunidades.

O autor brasileiro relembra que

> toda vez que o princípio da igualdade não for generalizado e expandido – o que leva ao reconhecimento social de todos segundo seu desempenho específico, obtido, portanto, "com os outros" –, o reconhecimento social terá que ser obtido "contra os outros" (especialmente os mais frágeis e sem defesa) (SOUZA, 2024, p. 203).

Assim, homens negros olham com desconfiança para políticas empresariais que priorizam a contratação de mulheres e transexuais; mulheres e homens brancos das classes médias baixas sem acesso à universidade pública combatem as cotas raciais no ensino superior.

Esses "grupos de ressentidos", expressão que Souza utiliza para se referir a um grupo de indivíduos que se sente excluído pelo poder público, se voltam também contra políticas de renúncia fiscal em favor de artistas, por exemplo. Seguindo o senso comum, os impostos que aqueles pagam servem para sustentar grupos que não contribuem para o crescimento econômico da nação. Nessa mesma linha, os negros e brancos de classe média no Brasil apoiam o fim de políticas como a do Bolsa Família, acreditando que tais medidas serviriam para reduzir o pagamento de impostos. Incorporando o espírito neoliberal, a cada um conforme suas obras. Assim, pode-se usar sem nenhum constrangimento a expressão popular "farinha pouca, meu pirão primeiro". Ou, tal cenário permite que se reescreva a frase: "se não tem farinha para mim, não tem pirão para ninguém".

3. Extrema direita, direita ultrarradical ou direita radical? Eis outra questão.

Se Bobbio (2011) determinava o extremismo da direita a partir de sua posição frente à democracia e à igualdade de direitos dos indivíduos, Mudde (2022) apresenta, a partir de suas pesquisas em diferentes países, nas duas primeiras décadas do século XXI, um cenário mais plural, a começar pela própria expressão "extrema direita". Para ele, há uma direita tradicional, conservadora ou liberal/libertária, e uma direita antissistema, hostil à democracia liberal, chamada de extrema direita. Esta, por sua vez, se subdivide em duas frentes: uma direita ultrarradical que rejeita a democracia em todos os seus aspectos e uma direita radical que aceita a democracia eleitoral e a defesa dos interesses da maioria, mas contesta os elementos liberais democráticos, como o direito das minorias, a separação incondicional de poderes e as bases do Estado de Direito.

Mudde reforça que a direita ultrarradical é revolucionária, enquanto a direita radical é reformista, mas ambas podem ser reacionárias, buscando trazer de volta uma idade de ouro, que diferentemente do passado longínquo mencionado por Minois (2010) e Eliade (2019), é mais recente, não ultrapassando 100 anos. Seja a América dos anos 1950 ou o Brasil do milagre econômico dos anos 1970.

Uma outra diferença apontada entre a direita ultrarradical e a direita radical diz respeito ao populismo. Como bem aponta Miguel (2021), o populismo, por definição, é democrático. Trabalhando um conceito de William Riker, o pesquisador aponta que "liberalismo e populismo são polos entre os quais se move a democracia"(MIGUEL, 2021, p. 15). Embora as práticas populistas possam ser apropriadas pela direita e pela esquerda, a direita ultrarradical tem ojeriza ao populismo, enquanto a direita radical pode abraçá-lo sem constrangimento e como se viu nos EUA e Brasil, com Donald Trump e Jair Bolsonaro entre os anos 2016 e 2022.

O autor explica que, além do populismo entre os diferentes grupos da extrema direita, há muito mais discordâncias do que consenso entre si.

É essencial lembrar que há diferentes subgrupos dentro dessa segmentação proposta por Mudde (2022). Um deles é a *alt-right*, abreviação para direita alternativa. O termo foi popularizado por Richard Spencer, supremacista branco estadunidense, como forma de melhorar a imagem pública do movimento. Eles acreditam no ataque orquestrado globalmente aos valores ocidentais por movimentos multiculturais. Os adeptos do *alt-right* acreditam que a identidade branca é ameaçada cotidianamente com as políticas de justiça social e campanhas, como as do politicamente correto. Um outro diferencial muito importante quando se pensa nas eleições dos EUA é que a *alt-right* é um fenômeno majoritariamente online e anônimo. Vê-se, portanto, que a questão racial é polêmica e não consensual.

A questão religiosa também evidencia a falta de unidade na leitura da realidade. Os movimentos políticos radicais de direita podem se associar a diferentes discursos religiosos, sem esquecer, no entanto, que há nesse universo, em menor número, posições não religiosas, como a de Marine Le Pen, na França, e posições claramente antirreligiosas, como entre os skinheads. Mas como bem aponta Mudde,

> a maioria dos grupos contemporâneos de direita populista radical são, no máximo, culturalmente cristãos, no sentido de que consideram o cristianismo, ou alguma denominação específica – por exemplo, o catolicismo- como parte da cultura nacional. Alguns dão um passo além, afirmando que uma religião específica é parte da nação. Por exemplo, o programa do DF dinamarquês estabelece que a "Igreja Evangélica Luterana Dinamarquesa é a igreja do povo da Dinamarca" (2011, p. 55).

Entre os poucos consensos pode-se mencionar a culpabilização das elites políticas e intelectuais libertárias por todo tipo de insegurança à qual os indivíduos estão submetidos; a defesa do familismo (conceito em que família tradicional heteronormativa é a base da nação e que os direitos reprodutivos individuais são secundários); o apreço pelo nativismo (conceito que conjuga nacionalismo e xenofobia) e o combate às políticas identitárias, chamadas pejorativamen te de identitarismo. A razão maior de convergência desses grupos pode se dar, segundo Mudde, em torno daquilo que também leva muitos eleitores a apoiarem políticos de extrema direita, mesmo com objeções a grande parte dos programas partidários: o sentimento de reprovação em relação ao cenário político contemporâneo e ao discurso dos partidos tradicionais. Ou seja, a ascensão da extrema direita se mostra mais como uma questão de desalinhamento político, e não de realinhamento ideológico. Isso explica, por exemplo, a flutuação dos votos de uma eleição para outra na França, e a não reeleição de deputados, senadores e presidentes no Brasil e nos EUA.

É importante ressaltar, no entanto, que os dissensos entre os grupos não impedem a formação de uma rede internacional de movimentos de extrema direita. Ainda que nacionalistas e avessos ao multiculturalismo e globalização, os movimentos radicais de direita, principalmente na figura de seus líderes, se apoiem mutuamente nas redes sociais, organizando e participando de encontros internacionais como a Cúpula da Demografia em 2019 na Hungria e a Conferência de Ação Política Conservadora (CPAC), que ocorreu em Buenos Aires em dezembro de 2024. A presença de políticos estrangeiros de extrema direita, em detrimento da presença de chefes de Estado, na posse de Donald Trump, em 2025, exemplifica com precisão aquela questão.

Para Mudde (2022), a extrema direita populista não é um fenômeno passageiro, muito pelo contrário, ela está consolidada mundialmente no cenário político garantindo um lugar privilegiado na história do primeiro quarto do século XXI. Suas pautas também direcionam os debates e campanhas eleitorais, influenciando até mesmo os discursos da direita tradicional, com foco principalmente nas questões raciais e de gênero. Esse movimento radical de direita é totalmente diferente dos movimentos de extrema direita do passado e tampouco pode-se afirmar que seja o resultado de um processo evolutivo.

Segundo o cientista político holandês, hoje vivemos a quarta onda dos movimentos de extrema direita. A primeira delas surge vinculado a

Segunda Guerra Mundial, com apoiadores do nazismo e do fascismo. A segunda onda, entre 1955 e 1980, é caracterizada pelo sentimento anticomunista; pelo racismo, fortemente presente nos EUA; pela xenofobia na Europa com as antigas colônias; pelo machismo - sobretudo pós 1968 -, e pelas fortes críticas às elites políticas e econômicas. A terceira onda, entre 1980 e os anos 2000, marca o crescimento significativo dos partidos políticos radicais nos parlamentos como resposta à migração e às crises econômicas do capitalismo - baixas taxas de crescimento econômico, altas taxas de inflação e o despontar dos Tigres Asiáticos.

Não coincidentemente é que no mesmo período as ideias propostas por Von Hayek e Milton Friedman, na década de 1930, conhecidas como neoliberais, são resgatadas por economistas e políticos. É preciso lembrar que o neoliberalismo surgiu após a "Grande Depressão" econômica de 1929 e ganhou força a partir de um encontro de pensadores em 1947, na Suíça, como resposta e contestação ao New Deal, o estado de bem-estar, com bases keynesianas, cujo objetivo era recuperar a economia com o fim da Segunda Guerra Mundial. Tal proposta é a causa *mater* de tais crises, como bem aponta Chaui (2020). Mais do que uma teoria econômica, o neoliberalismo é uma lógica política, cultural e social defendendo um Estado mínimo, ou seja, avesso a encargos sociais e investimentos na economia.

Segundo Chaui (2020), no entendimento dos neoliberalistas, o Estado deve: 1) enfraquecer movimentos sindicais, simplificar leis trabalhistas priorizando contratos de trabalho e negociações privadas entre empregado e empregador; 2) controlar gastos públicos, incentivando investimentos privados na economia através da redução de impostos sobre renda, fortunas e capital; 3) garantir a estabilidade da moeda; 4) promover privatizações de estatais e se afastar da regulação da economia.

Tais medidas, que foram amplamente adotadas em diferentes países, somadas ao surgimento das novas tecnologias na agricultura, nas indústrias, nas comunicações, à transnacionalização da economia, ao aumento do setor de serviços e ao protagonismo do monetarismo e do capital financeiro no capitalismo, geraram inflação, crescimento não sustentável e nem contínuo da economia, sempre à deriva e dependente das instabilidades políticas e econômicas globais, e do desemprego estrutural. Assim, a queda na oferta de empregos deixou de ser conjuntural, não é mais fruto de uma crise passageira ou de uma guerra. Os empregos e os direitos trabalhistas simplesmente deixaram, e deixarão cada vez mais, de existir.

Daí se explica o crescente estímulo ao empreendedorismo, à uberização da economia. Embora o discurso da imprensa, do governo, das igrejas evangélicas argumente que os indivíduos se tornaram empresários, na verdade eles se transformaram em profissionais autônomos, prestadores de serviço terceirizados, sem direito a qualquer proteção do Estado e que deixam de ter qualquer renda quando não trabalham. Daí a diferença semântica entre empresário e empreendedor. O empresário dispõe de capital e pode deixar que outros trabalhem para lhe assegurar renda. O empreendedor, por sua vez, assim como o profissional liberal, e qualquer trabalhador autônomo, depende apenas de seu esforço para garantir receita. Como bem explica Chaui (2020), o proletariado deu lugar ao precariado: o indivíduo cujo patrimônio é si mesmo. Daí fazer sentido a ideia de meritocracia, o argumento de que educação é investimento, valorização da performance e produtividade pessoal em termos quantitativos e objetivos. O fracasso individual, em uma sociedade em que a subjetividade narcisista impera – vide a profusão de influenciadores digitais -, cria ressentimentos nos indivíduos e mais do que isso, medo.

O Estado mínimo, proposto pelo neoliberalismo, ao privatizar direitos sociais, com os quais o trabalhador contava - educação, saúde, aposentadoria e até mesmo a segurança -, trouxe a sensação de abandono e fragilidade.

A privatização dos serviços públicos pode cumprir dois papéis. O primeiro é a reforma fiscal, promovendo a redução de gastos do Estado, justificando, assim, um desejo da sociedade na redução dos impostos e, por que não, e muito mais provável, ampliar o subsídio público a grandes negócios a partir de lobbies realizados na obscuridade. O segundo, da redução do papel nas questões sociais, é a possibilidade de abertura, por parte dos desempregados, de novos empreendimentos. Observamos que serviços públicos de saúde deficientes criam mercados para todo tipo de negócio nessa área: de corretores de seguros a terapias pseudocientíficas. Do mesmo modo, a falta de investimentos na segurança pública abre possibilidades para empresas de segurança privada e mesmo oportunidades para indivíduos autônomos. Por sua vez, no setor da educação, uma oferta pública de vagas inferior à demanda possibilita a abertura de muitas escolas particulares, investimentos privados no setor de EAD e até mesmo a criação de muitas universidades privadas. Obviamente, não sem sacrifício da qualidade.

Soma-se a esse cenário, de reduzida intervenção do Estado no bem comum, o crescente individualismo, a solidão causada por casamentos desfeitos e queda no número de filhos, a liquidez nas relações, a perda de uma identidade nacional por conta da globalização e a perda de uma identidade religiosa por conta da espiritualidade do self. O indivíduo, acometido de pânico, observa paralisado a perda da segurança pública, da segurança social e, até mesmo, a da segurança jurídica.

O sujeito, antes cidadão, tornou-se primeiramente consumidor, que para existir precisa ter renda para comprar. Neste cenário, uma vez que a lógica empresarial enfraquece e desmonta o Estado, produziu e difundiu novos sentidos para a realidade, moldou relações familiares, profissionais e até religiosas, observamos a íntima relação entre neoliberalismo e totalitarismo.

Para Chaui, comumente identificamos totalitarismo na figura de um líder de massas, autocrata como a encarnação do Povo-Um. Mas o conceito é mais complexo. Nesse regime

> Encontra-se o princípio fundamental da formação social totalitária, qual seja, a recusa da especificidade das diferentes instituições sociais e políticas que são consideradas homogêneas e indiferenciadas porque concebidas como organizações. Ou como explica Claude Lefort, o totalitarismo é a recusa da heterogeneidade social, da existência de classes sociais, da pluralidade de modos de vida, de comportamentos, de crenças e opiniões, costumes, gostos, ideias para oferecer a imagem de uma sociedade homogênea, em concordância e consonância consigo mesma (CHAUI, 2021, p. 321).

Assim, a única lógica possível, ao menos na Europa e Américas, é aquela proposta pela inteligência neoliberal, em que a realidade – do estado ao indivíduo- segue princípios financeiros e empresariais. Tudo precisa ter propósito, planejamento, método de execução otimizado e controle para gerar lucratividade. Trata-se de uma sociedade em que o indivíduo só pode existir enquanto produz, de forma individualista, competitiva, seus próprios meios de subsistência. Seu reconhecimento social e familiar depende de seu sucesso profissional e econômico. Vê-se a extinção gradual da solidariedade e do coletivismo. Os antigos filantropos, mesmo que remediados, são perseguidos na prática da caridade porque promovem, segundo seus detratores, a indigência. O conceito de aporofobia é consequência imediata do neoliberalismo.

O neoliberalismo pode, então, cooptar movimentos, definidos por Mudde (2022) como sendo de uma extrema direita radical já que não se coloca totalmente contra a democracia, aceitando, por exemplo, a existência de partidos eleitorais. Mas busca enfraquecer o Estado, fortalecendo as grandes corporações; esvazia o debate político buscando resolver tensões com a judicialização das relações, desarticula e descredibiliza políticas públicas e movimentos sociais que combatam desigualdade, ataca e destrói uma série de direitos, não apenas de minorias. Cria, assim, um campo estéril para o contraditório.

Mas, como aponta Arendt (2012), todo e qualquer movimento que flerte com o totalitarismo precisa da propaganda para conquistar as massas. Trata-se da ferramenta mais importante para enfrentar o mundo plural. Mas não é qualquer propaganda, é aquela que traz mensagens ocultas, insinuações veladas e ameaçadoras a todos os que não derem ouvidos aos ensinamentos. E, por essa razão, não se trata da publicidade de bens e serviços, filha primogênita do neoliberalismo.

É preciso uma forte propaganda, com uma lógica não racional, cujo resultado não pode ser mensurado numericamente para convencer os indivíduos a aceitarem desigualdades de toda espécie como natural, o desmonte do Estado, a retirada de grande parte dos seus direitos, e que coloque o indivíduo fragilizado como único responsável de todas as suas mazelas. Nessa perspectiva, nunca a expressão “cada um por si e Deus por todos” fez tanto sentido.

Se no passado não tão distante Walter Benjamin (2013) trata o capitalismo como algo comparável, ou ao menos com algumas características de religião, hoje é possível se observar a aliança natural e evidenciada entre o capitalismo neoliberal e um tipo específico de religião neocalvinista, tratada por Araújo no capítulo 3, que se torna grande propagandista do sistema econômico.

Para Max Weber, em sua monumental obra *A ética protestante e o espírito do capitalismo,* há que se perceber uma conexão simbiótica entre o protestantismo e o capitalismo, uma vez que cada uma das partes favorece a existência e o desenvolvimento da outra.

É claro que o capitalismo ao qual se refere Weber, na primeira década do século XX, nem chega perto do neoliberalista, financista e transnacional. Tampouco o protestantismo que lhe serve como objeto de estudo não é este neocalvinista do século XXI. Mas ainda, sim, em termos estruturais, a lógica segue atual.

Para justificar toda e qualquer desigualdade entre indivíduos em oportunidades e resultados, incentivando a ideia de empresa individual e a privatização de direitos, o neoliberalismo abraça com fervor a teologia da prosperidade.

Lemos (2017) aponta que as raízes da teologia da prosperidade podem ser encontradas nas pregações do pregador estadunidense William Kenyon (1867-1948). Mas foi com o televangelista batista Oral Roberts, nas décadas de 1960 e 1970, que as ideias ganharam força no universo protestante, chegando ao Brasil no final da década de 1970 no púlpito de Edir Macedo, da Igreja Universal do Reino de Deus.

Conforme explica a autora, a teologia da prosperidade está alicerçada nas seguintes crenças: a existência de profetas nos dias atuais dotados de uma autoridade espiritual dada diretamente por Deus; a remissão de todas as maldições, doenças e pobreza pelo

Cristo; crença na promessa de uma vida plena e abundante; total responsabilidade do indivíduo pela sua realidade material, condicionada a seus esforços e à fortaleza da própria fé e o testemunho da fé e, por fim, na exibição pública das graças alcançadas.

Podemos acrescentar ainda à teologia da prosperidade, sobretudo aquela praticada pelas igrejas pentecostais brasileiras, uma convicção profunda na existência de entidades demoníacas e a certeza de que estamos perto de uma iminente batalha espiritual, com fortes cores milenaristas escatológicas.

Não é objetivo deste capítulo o aprofundamento nos estudos da teologia da prosperidade. É preciso, no entanto, evidenciar na teologia da prosperidade a crença na existência de profetas contemporâneos, que sustentam também a doutrina messiânica.

4. Messianismo e extrema direita

Muitas igrejas evangélicas no Brasil e nos EUA foram influenciadas sobremaneira pela teologia da prosperidade, mas também por outra teologia, a do domínio.

De acordo com Pereira (2023) a

> Teologia do Domínio (TD) é uma expressão mais ampla e popular, usada tanto na mídia como nos grupos evangélicos estadunidenses, para além da teologia calvinista-reformada. O termo domínio deriva da interpretação particular de Gênesis 1,28 — "dominai a terra" —aplicando-a, não ao ser humano em geral, mas restritivamente aos cristãos, como os únicos capazes de cumprir tal mandato. A TD expressa, segundo Diamond (1995, p. 246), "mais uma visão de mundo do que um discreto conjunto de princípios" (2023, p. 150).

Sob essa perspectiva, o autor dialoga com Cunha (2020, p. 18), para quem a teologia do domínio é "a busca da reconstrução da teocracia na sociedade contemporânea". Segundo essa pesquisadora, os teólogos do domínio acreditam que ocupar posições de poder político é o desígnio de Deus para os cristãos.

A teologia do domínio entende que as leis humanas, na maior parte das vezes falhas, devem não apenas estar, mas serem submetidas incondicionalmente às leis de Deus, contidas nas Sagradas Escrituras. Daí que as normas legais, previstas nas Cartas Magnas do Brasil e dos EUA, devem ser pautadas pelos usos e costumes preconizados na Bíblia.

Para isso, é necessário, portanto, uma estratégia por parte dos evangélicos defensores da teologia do domínio para se chegar ao poder. Edir Macedo explicou detalhadamente sua visão e estratégia na obra "Plano de Poder, Deus, os cristãos e a política".

Nos sistemas políticos brasileiro e estadunidense só é possível ascender ao poder através das eleições ou de um golpe de estado. A segunda opção é criminosa nos dois países. No primeiro caso, há duas possibilidades, que podem ocorrer separada ou conjuntamente, as próprias lideranças religiosas se candidatam a cargos eletivos ou criam alianças políticas. Edir Macedo hoje trabalha com a primeira opção: criou o Partido Republicanos, que elegeu o governador de São Paulo, assim como inúmeros deputados, prefeitos e vereadores. No passado, seu sobrinho e também bispo da Igreja Universal do Reino de Deus foi eleito prefeito da segunda maior capital do país. Antes disso, no entanto, estabeleceu diversas alianças. O mesmo ocorre hoje com o pastor Silas Malafaia, cujo apoio favoreceu Jair Bolsonaro.

Pode-se, a partir de então, acreditar que a aliança entre

neoliberalismo, politicamente representado pela extrema direita radical, e movimentos religiosos evangélicos, influenciados pelas teologias da prosperidade e domínio, é vantajosa para ambos.

Para a extrema direita radical neoliberal, esses movimentos religiosos fundamentalistas e neoteocráticos colaboram: 1) ao substituir a antiga luta de classes por uma batalha espiritual, cujo conflito se dá no campo de costumes e crenças. Os ressentidos e fracassados voltam suas raivas para minorias, sejam elas as religiões não cristãs, as feministas, os movimentos LGBT+, e todo e qualquer movimento que combata desigualdades, inclusive raciais; 2) ao valorizar o esforço individual e responsabilizar entidades metaempíricas e o próprio indivíduo e sua falta de fé pelos fracassos em diferentes áreas da vida; 3) ao reforçar uma identidade nacional. O neoliberalismo procura enfraquecer o Estado de Direito e para substituí-lo a extrema direita radical neoliberal procura fortalecer o conceito subjetivo de Nação, a partir de seus mitos, sua história e suas crenças religiosas; 4) ao criar redes de apoio privadas para indivíduos em dificuldade e um ecossistema próprio econômico; 5) ao reforçar dentro da comunidade religiosa um sentimento de pertencimento àqueles que se sentem abandonados pelo Estado; 6) ao substituir medos econômicos pelo pânico moral; 7) ao disponibilizar diferentes canais de comunicação de massa, como programas de TV, rádio, redes sociais e, no caso do Brasil e EUA principalmente, não apenas um púlpito em praticamente todos as cidades, inclusive as mais recônditas; 8) ao desviar a atenção da população para causas polêmicas, tratam de costumes no mesmo momento em que se discute nos parlamentos perdas de direitos.

Para Reich

> Com o aumento da pressão econômica sobre as massas trabalhadoras, a pressão da moral repressiva também se torna mais rígida. Isto só pode ter a função de evitar a revolta das massas trabalhadoras contra a pressão social, através do reforço dos seus sentimentos de culpa sexual e da sua dependência moral em relação à ordem vigente (2001, p. 107).

Além do reforço nos valores religiosos, para as igrejas, a extrema direita liberal colabora com 1) a garantia irrestrita de liberdade religiosa, ao menos para os grupos cristãos; 2) a defesa dos valores religiosos em alianças internacionais, projetos de lei, políticas públicas e na indicação de autoridades para as Supremas Cortes no Brasil e EUA, por exemplo; 3) concessões para emissoras e benefícios tributários para entidades religiosas, mais especificamente no Brasil; 4) apoio financeiro e infraestrutural para grandes eventos religiosos.

Pode-se imaginar, equivocadamente, que existe um desequilíbrio na relação. Mas é importante que se diga que existe uma intercambialidade entre os grupos, ou seja, as lideranças das igrejas defendem o neoliberalismo e as pautas dos movimentos de extrema direita radical. Por sua vez, muitos políticos neoliberais da extrema direita radical são lideranças evangélicas. Percebe-se nessa relação aquilo que Max Weber chamou de afinidade eletiva.

Se a extrema direita radical entende a necessidade hodierna de um processo eleitoral para se chegar ao poder, é imprescindível, então, candidatos às diferentes estâncias que não apenas defendam, mas sintetizem valores religiosos e morais neoliberais, conquistando as massas. Para isso é preciso, no cenário de uma direita radical comprometida com a teologia do domínio, fundir os elementos míticos que fizeram autocratas subir ao poder no passado às características messiânicas presentes nas tradições judaico-cristãs, com mais ênfase no *mashiach* (messias em hebraico), do judaísmo pré-exílico, do que no Jesus de Nazaré, do cristianismo primitivo.

Como bem aponta Mason (2005) há diferentes entendimentos sobre o messias na literatura veterotestamentária pós-exílica. Segundo os profetas, o *mashiach* poderia surgir na classe sacerdotal ou na figura régia. Não necessariamente seria um herdeiro de sangue do Rei Davi, cuja dinastia se encerra com Joaquim. No entanto, o ungido, segundo o cronista, restabeleceria os fundamentos teocráticos do Templo como seu grande objetivo. Por isso, Mason relembra que "a dinastia davídica não era um fim em si mesma, mas a escolha, por parte de Deus, do representante para preparar a teocracia do Templo pós-exílico que agora a substitui e realiza" (Mason, 2005, p. 376). Dito de outro modo, o messias davídico é um tipo ideal weberiano. Trata-se de um líder que carrega características do rei Davi, trazendo consolo e paz para seu povo, assim como a paz às nações.

Reich (2001) aponta que nos regimes totalitários as massas buscam a proteção de uma figura paterna autoritária, personificando os anseios do grupo, mesmo que esse líder apresente características desabonadoras. O psiquiatra entende que tal fenômeno é idêntico àquele comum de famílias que não só aceitam, mas também escondem os desvios do pai provedor.

Para Freud é possível entender que existe uma identificação das massas com o líder, em relação de paixão, idealização e até hipnose. O próprio líder hipervaloriza as características das massas para criar um *rapport* e assim hipnotizá-las.

Para ele

> as massas humanas nos mostram novamente a imagem familiar do indivíduo extraordinariamente forte em meio a um grupo de companheiros iguais, imagem também contida em nossa representação da horda primordial. A psicologia dessa massa, como a conhecemos pelas descrições tantas vezes mencionadas- o desaparecimento da personalidade individual consciente, a orientação dos pensamentos e dos sentimentos nas mesmas direções, o predomínio da afetividade e do psíquico inconsciente, a tendência à execução imediata dos propósitos que sugerem, corresponde a um estado de regressão a uma atividade psíquica primitiva, tal como se poderia atribuir precisamente à horda primordial (2013, p. 124).

Com isso, podemos entender algumas das razões que justificam as escolhas dos brasileiros e estadunidenses por Jair Bolsonaro e Donald Trump, respectivamente, e o comportamento que esses presidentes assumiram, no poder, quebrando protocolos e escandalizando as respectivas sociedades e demais nações com a falta de decoro. Du Mez (2022) sugere que no caso dos EUA, Donald Trump para os evangélicos, a despeito de seus casamentos, de seu comportamento sexual inadequado frente às mulheres, as palavras de baixo calão e seu desconhecimento teológico, "não representava a traição de boa parte dos valores que eles amavam. Sua masculinidade alimentada por testosterona se alinhava, de forma notável, com aquela outra longamente defendida pelos evangélicos conservadores".

Trump, filho e neto de imigrantes, tornou-se um bilionário no ramo imobiliário e hoteleiro, e ficou conhecido por apresentar um programa de TV voltado para o universo de negócios, humilhando os participantes com a frase "You´re fired" (você está demitido, em tradução livre). O 45º e 47º presidente dos EUA exibe força, um espírito empreendedor, truculência, virilidade, agressividade sexual e, portanto, representa um líder disposto a combater as pautas defendidas pelos movimentos em favor das mulheres, dos transexuais e dos que defendem um Estado provedor.

A pesquisadora argumenta, segundo pesquisas, que a maioria dos evangélicos dos EUA entendia que não se estava elegendo um pastor ou um professor da escola dominical, mas se buscava emponderar um líder, protetor, heroico e viril, que não seria reprimido pelo politicamente correto. Para esses eleitores, Trump estava "quebrando as regras pela causa certa" (DU MEZ, 2022, p. 240).

Tais características, sobretudo a quebra de regras para um bem maior, foram fortemente exploradas por Jair Bolsonaro em todas as eleições que disputou (inclusive como deputado) e em sua gestão como presidente do Brasil.

O político brasileiro percebeu o ressentimento das classes médias e dos evangélicos para se projetar nacionalmente. No primeiro grupo identificou a insatisfação em relação à alta carga tributária e ao contravalor do Estado brasileiro na saúde, na educação e na segurança pública. Elegeu como inimigos os artistas – que segundo ele se aproveitavam para enriquecer às custas das renúncias fiscais da Lei Rouanet; as universidades públicas – pejorativamente chamadas de produtoras e difusoras do "marxismo cultural" - e que não eram acessíveis à maior parte da população e, por fim, às ações afirmativas – como cotas raciais. No segundo grupo, detectou o ressentimento dos evangélicos na sociedade brasileira. Essa parcela da população, que cresce significativamente em número desde a metade do século XX no Brasil, percebia-se como sem prestígio junto às grandes mídias e demais produtores e distribuidores de significados. Ao mesmo tempo, dentro de um espírito proselitista que lhe é natural e incentivado, buscava impor seus valores morais para toda a população brasileira, combatendo pautas feministas e dos movimentos LGBT que são consideradas imorais.

Assim como Donald Trump, Jair Bolsonaro se coloca como defensor dos cristãos, mas sempre mostrou pouco conhecimento bíblico. Casado com uma evangélica fervorosa, frequenta cultos protestantes e ostentou, durante todo o mandato como presidente, uma pulseira com o versículo "Conhecereis a verdade e a verdade vos libertará" (Jo 8, 32). Colocou-se como inimigo das falas politicamente corretas, considerando-as censoras. Chamou seus adversários de mentirosos e caluniadores. Porque, segundo ele, a verdade não pode ser calada e não pode ser submetida à mentira. Avesso a qualquer comportamento que pudesse ser considerado pouco másculo, nunca deixou de exibir atitudes viris, combativas e agressivas.

Bolsonaro, ao assinar documentos oficiais com uma caneta esferográfica BIC, ao se apresentar publicamente, já Presidente da República, com camisetas de times de futebol e ao beber café em copos de plástico, com pão encharcado de leite condensado, não apenas cria identificação com o povo, segundo velhas práticas populistas, mas reforça a imagem de que é um *outsider,* alguém que não pertence às elites e é contra o sistema que tem causado tanto medo na população. Assim como Trump, como bem apontam Lage e Saraiva (2021), no exercício do poder preferiu usar nas redes sociais sua conta pessoal (@jairbolsonaro) relegando a segundo plano a conta oficial da Presidência da República (@planalto).

Tal estratégia de comunicação não institucional tem como objetivo reforçar um espírito antissistema, disposto a minar protocolos que sustentam o Estado de Direito, mas também, em um cenário político cuja vitória e a manutenção da opinião pública depende dos cristãos, projetar uma imagem messiânica.

A figura do messias fala diretamente com o povo escolhido, uma vez que já é o intermediário de uma realidade sagrada. Conforme aponta Vasconcellos (2021), os movimentos messiânicos podem ser revolucionários, reformistas ou reacionários. Trump e Bolsonaro optam pela última opção. Buscam tempos gloriosos no passado, entre os anos 1950 e 1970. De toda maneira, aqueles movimentos têm sempre caráter utópico e pré-político, uma vez que buscam instaurar uma sociedade ideal, sem conflitos e pacificada, cuja soberania é espiritual e, portanto, dispensa política. Do mesmo modo pensa Löwy (1990), para quem os movimentos messiânicos são reflexo de uma crítica romântica ao capitalismo, em nome de valores pré-modernos.

O messianismo, como bem sugere o nome, depende da figura do messias. Este último é, como lembra Negrão (2009), um tipo ideal que se apresenta como salvador, um emissário divino que põe fim à era presente, dando início a uma outra, em que as esperanças se concretizam. É ele quem conduz o povo a uma nova ordem ansiada. O messias surge em um momento em que se verifica anomia, em que há tensão entre valores tradicionais e modernos, é o general contra fatores endógenos ou exógenos para restaurar uma ordem baseada em princípios espirituais, o reencantamento do mundo e a redenção dos excluídos.

O messias surge em um momento de fragmentação do grupo para reunificação em torno de valores comuns, fundantes, míticos e moralmente homogêneos.

Batista (2017) nos lembra que o messias rompe com a História, tornando a palavra divina viva. Enquanto o poder mítico obedece às instituições de direito e às leis negociadas no parlamento, o poder divino pode aniquilar direitos e leis humanas, sem grandes explicações.

O messias, enquanto emissário divino e aquele que anuncia a chegada do Reino, efetiva o Estado de Exceção, uma vez que normaliza o fim da política, enquanto possibilidade de negociação de posições contraditórias. No senso comum, não existe política no Reino de Deus, já que não é possível a existência de oposição aos Seus desígnios. As leis nesse cenário não são discutidas, elas são apenas cumpridas.

O líder messias se apresenta como alguém que, enviado pelos céus e apoiado pelas massas, tem a liberdade e autoridade para agir sem freios e contrapesos de qualquer outra instituição ou indivíduo. Nenhuma justiça humana, considerada falha, lhe pode ser aplicada enquanto salvador. Principalmente em cenários caóticos e perigosos.

Assim, como bem explicita Passos

> A sequência medo-massa-salvação constrói as teocracias. A dissolução iminente não pode contar com saídas oferecidas pelo poder rotinizado, no caso, pelo aparelho regular do Estado, nem mesmo pelas regras do jogo democrático. Só um messias político pode oferecer saídas seguras. Os mitos se encarnam em personagens e promessas (2011, p. 14).

De forma parecida pensa Milovic (2009), para quem o "direito se confronta com o messianismo, afirmando a continuidade de uma tradição normativa e não as rupturas. O messianismo não é do direito". Para ele, o messias pode romper com o Estado de Direito.

Tal posição também é a de Reich (2001), para quem o homem religioso reconhece seu desamparo, e quanto mais se sente vulnerável mais é forçado, no combate às dificuldades da vida, a acreditar nas forças sobrenaturais que o apoiam e protegem. E, pode-se intuir, desse modo, que forças metaempíricas jamais se sujeitam às leis humanas temporais.

Torna-se relevante lembrar que o messianismo ao qual nos referimos, que foi cooptado pelos movimentos da direita radical, mais especificamente entre 2010 e 2025, não carrega um significado simbólico. Ele traz uma acepção literal, um sentido religioso explícito, conforme encontrado nas profecias bíblicas.

Mas é preciso lembrar que o messias, o qual Jair Bolsonaro e Donald Trump encarnam sob aplausos da Teologia do Domínio, nem de longe se parece com Jesus de Nazaré, cujo "Reino não é desse mundo" (Jo 18, 36-38) e que deixou claro que era preciso dar a "Deus o que é Deus, e a Cesar o que é de Cesar (...) porque o homem foi criado para as coisas do alto" (Mt, 22). Esse Jesus distribuiu gratuitamente peixes e pães para multidões. Ofereceu cura gratuita a leprosos. Não condenou prostitutas e sequer fez qualquer menção a homossexuais. Tampouco desprezou estrangeiros. Ao contrário, pregou a universalidade dos ensinamentos e a fraternidade entre os povos.

O messias aos quais os dois políticos buscam referência é o *mashiach* judaico, como mencionamos anteriormente. Como bem explica Sousa (2009), se trata de um conceito sociopolítico, de caráter terreno e que pode ser associado a uma monarquia davídica.

Daí que as características bélicas, autoritárias dessas figuras políticas, bem como a ideia de unção - dada no passado aos reis e sacerdotes do judaísmo -, são mais bem compreendidas nessa perspectiva espiritual. Esse messianismo atribuído a Donald Trump e Jair

Bolsonaro não representa apenas uma salvação política, econômica, social e cultural, como foi observado em diferentes líderes totalitários ou populistas, no século XX. Ele traz, sobretudo, a possibilidade, mais do que a salvação religiosa, a promessa de nações dirigidas a partir de interpretações fundamentalistas de regras da tradição judaico-cristã.

A agressividade, no entanto, não impede que esses messias atuais não sofram com o fardo que lhes é imposto. Podem ser vítimas de atentados, se mostram como incompreendidos pelo sistema. Mas seguem firme no propósito espiritual que, segundo os próprios líderes, lhes foi imposto pela Providência Divina. Recorremos a Mason para explicar que há também "uma reinterpretação da ideologia messiânica e régia tradicional à luz da figura do Servo sofredor" (2005, p. 369). Ainda que tais elementos míticos pareçam anacrônicos à humanidade moderna, em um regime com características totalitárias, segundo Reich (2001, p. XVIII), é o "somatório de todas as reações irracionais do caráter do homem médio". Para ele, parte dos sociólogos não quer reconhecer o papel da irracionalidade na história humana, o que dificulta o entendimento da realidade atual. Fica evidente que diante de comportamentos irracionais, a religião e a fé cumprem um papel ao dar plausibilidade e legitimidade àquilo que, em princípio, na modernidade, é irracional.

Considerações finais

O cenário político envolvendo messianismo e extrema direita neste primeiro quarto do século XXI não pode ser compreendido a partir de chaves de leitura propostas no século passado. Tais categorias são melhor entendidas quando se evidencia a lógica neoliberal determinante na construção de novos sentidos para valores sociais, culturais e estruturantes das atuais relações econômicas e políticas.

O neoliberalismo está intimamente conectado à sociedade narcisista e individualista da qual fazemos parte. É responsável, na medida em que refunda a noção de Estado, combate direitos e incentiva novas relações de trabalho, pelo desemprego institucional e a percepção de insegurança que atormenta os indivíduos. Se não é responsável, é ao menos conivente, por uma teologia que, a pretexto da salvação – não apenas em um possível porvir, mas já na atualidade -, depende não mais da graça, mas da ação individual.

Para manter-se vivo, o neoliberalismo se alia a movimentos de extrema direita radical, que refutam qualquer ideia de igualdade de direitos e questionam a democracia liberal, e a propostas religiosas que compactuam dos mesmos valores. Nesse cenário, ao propor o desmonte do Estado, procura substituí-lo pelo conceito de Nação, estruturada em valores morais propostos pelo grupo religioso hegemônico. Com isso, transfere a tensão entre classes para uma tensão entre crenças.

A sensação de desamparo de uma massa que luta entre si por sua sobrevivência é amenizada pela convicção de que um messias terá a coragem, a força sobrenatural e o poder de reorganizar a sociedade e conduzi-la a um porvir idealizado, restabelecendo a ordem e um espírito coletivo que não se sobreponha às liberdades individuais. A distopia atual, através da ação messiânica, poderia assegurar para a sociedade a vivência da utopia, muitas vezes já vivida pela Humanidade em um passado distante. O messias não é mais uma figura apenas política nas primeiras décadas do século XXI. Ele também representa um salvador religioso incumbido de proteger seu povo, mas principalmente assegurar que os valores sagrados possam reencontrar a posição que o Iluminismo e a Modernidade destruíram.

Ao buscar o apoio da fé, torna o irracional plausível. E mais, assegura que um possível fracasso messiânico é responsabilidade daqueles que se recusam a aderir aos valores morais e religiosos propostos por esse messias. No caso dos cristãos, fica evidenciado que o Reino de Deus não virá enquanto não houver as condições espirituais necessárias e os grupos perigosos estiverem neutralizados.

Referências

ARENDT, H. *As origens do totalitarismo*. São Paulo: Companhia das Letras, 2012.

BAPTISTA, M. R. "Sobre o messianismo no fragmento político-teológico de Walter Benjamin". *Griot Revista de Filosofia, [S. l.]*, v. 16, n. 2, p. 382–397, 2017. DOI: 10.31977/grirfi.v16i2.759. Disponível em: https://periodicos.ufrb.edu.br/index.php/griot/article/view/759.

BERLIN, I. *As raízes do Romantismo*. São Paulo: Fósforo, 2022.

BOBBIO, N. *Direita e esquerda: razões e significados de uma distinção política.* São Paulo: Editora Unesp, 2011.

CHAUI, M. "O totalitarismo neoliberal". *Anacronismo e Irrupción, v.* 10, N. 18 (Mayo-Octubre 2020): 307-329. *DOI: https://doi.org/10.62174/aei.5434*

DU MEZ, K. K. *Jesus e John Wayne*: *como o evangelho foi cooptado por movimentos culturais e políticos.* Rio de Janeiro: Thomas Nelson Brasil, 2022.

ELIADE, M. *O mito do eterno retorno.* Lisboa: Edições 70, 2019.

FREUD, S. *Psicologia das massas e análise do eu*. Porto Alegre, RS: L&PM, 2023.

GONZÁLEZ, R.S.; BAQUERO, M.; GROHMANN, L. G. M. (2021). "Nova direita ou vinho velho em odres novos? A trajetória conservadora no Brasil do último século". *Revista Debates*, *15*(2), 9–44. Disponível em: https://doi.org/10.22456/1982-5269.110792.

LAGE, L. R., & SARAIVA, L. S. (2021). "Ressentimento e guerra cultural no populismo de extrema direita: tensões morais e fronteiras de antagonismo". *Revista Eco-Pós*, *24*(2), 124–150. Disponível em: https://doi.org/10.29146/ecopos.v24i2.27704.

LEMOS, C. S. "Teologia da Prosperidade e sua expansão pelo mundo. Desafios e Contribuições Contemporâneas para a Teologia". *Revista Eletrônica Espaço Teológico*, v. 11, n. 20, jul/dez. 2017, p. 80-96.

LÖWY, M. *Romantismo e messianismo. Ensaios sobre Luckács e Walter Benjamin*. São Paulo: Editora Perspectiva, 1990.

MASON, R. "O Messias na literatura veterotestamentária pós-exílica". In: DAY, J. (org.). *Rei e Messias em Israel e no Antigo Oriente Próximo: dissertações do Seminário Veterotestamentário de Oxford*. São Paulo: Paulinas, 2005.

MIGUEL, L. F. "Despolitização e antipolítica: a extrema-direita na crise da democracia". *Argumentum*, *13*(2), 8-20, 2021. Disponível em: https://doi.org/10.47456/argumentum.v13i2.36261

MILOVIC, M. "Política do messianismo: algumas reflexões sobre Agamben e Derrida". *Cadernos de Ética e Filosofia Política*, *1*(14), 103-121, 2009. Disponível em: https://doi.org/10.11606/issn.1517-0128.v1i14p103-121.

MINOIS, G. *A idade de ouro*: *história da busca da felicidade*. São Paulo: Editora Unesp, 2011.

MUDDE, C. *A extrema direita hoje*. Rio de Janeiro: EDUERJ, 2022.

NEGRÃO, L. N. "Sobre os messianismos e milenarismos brasileiros". *Revista USP*, São Paulo, Brasil, n. 82, p. 32–45, 2009. DOI:

10.11606/issn.2316-9036.v0i82p32-45. Disponível em: https://www.revistas.usp.br/revusp/article/view/13748.

PASSOS, J. D. *No lugar de Deus: ensaios (neo) teocráticos*. São Paulo: Paulinas, 2021.

PEREIRA, E. "Teologia do Domínio: Uma chave de interpretação da relação política evangélico-bolsonarista". *Projeto História: Revista Do Programa De Estudos Pós-Graduados De História*, 2023, *76*, 147–173. Disponível em: https://doi.org/10.23925/2176-2767.2023v76p147-173.

REICH, W. *Psicologia de massas do fascismo*. São Paulo: Martins Fontes, 2001.

SINGER, Peter. *The expanding circle. Ethics, Evolution, and Moral Progress*. Princeton: Princeton University Press, 2011.

SOUZA, J. *O pobre de direita: a vingança dos bastardos*. Rio de Janeiro: Civilização Brasileira, 2024.

SOUZA, R. F. "O desenvolvimento histórico do messianismo no judaísmo antigo: diversidade e coerência". *Revista USP*, São Paulo, n. 82, p. 8-15, Junho/agosto 2009.

VASCONCELLOS, D. V. "Interpretações sobre o messianismo". *Estudos Sociedade e Agricultura*, v. 26, n. 1, Fevereiro a maio de 2018. DOI: https://doi.org/10.36920/esa-v26n1-8

"Eu fui salvo por deus para fazer a América grande de novo!" - o messianismo de Donald Trump

Petterson Brey e Rodrigo Serveli

Em perspectiva das proposições levantadas em outro capítulo desta obra (de autoria de Edson M. Nunes Jr. e Petterson Brey), sobre a questão do fundamentalismo bíblico como base hermenêutica da TD e a sua capacidade de gerar uma demanda por figuras messiânicas, pretende-se, aqui, apresentar um exemplo prático a partir de uma breve análise da trajetória de Donald Trump entre seu primeiro e segundo mandato como presidente dos EUA. A intenção, portanto, a partir de uma rápida exposição teórica acerca da hermenêutica bíblica da TD e sua acomodação no discurso político (sobretudo norte-americano), é descrever a sequência de eventos da saga trumpista dentro do enredo messiânico da TD, destacando, em cada etapa, as conexões ideológicas entre as proposições teológicas da TD e o desejo de mercado do neoliberalismo capitalista. Enfim, há de se perceber que o projeto político da TD se constitui como um regime ideológico em que a simbiose entre *fé*, *política* e *economia* redefine, na contemporaneidade, as fronteiras entre *fé* e *política*, bem como entre *religião* e *mercado*.

Há de se demonstrar, no âmbito deste ensaio, que a interpretação bíblica promovida pela TD se configura como um mecanismo hermenêutico voltado à adaptação estratégica do texto sagrado a interesses que transcendem o campo religioso. Tal sistema, como pretende-se apresentar, por meio da escolha seletiva de passagens e da combinação intencional de elementos literais e simbólicos, constrói uma narrativa que legitima determinados projetos de poder. Essa abordagem, todavia, como será visto, não visa esclarecer o conteúdo bíblico, mas instrumentalizá-lo, transformando-o em repertório ideológico. Dessa forma, objetiva-se propor que nesse processo a linguagem religiosa deixa de ser um fim em si mesma, tornando-se ferramenta que organiza discursos políticos e orienta comportamentos coletivos em favor de uma ordem social previamente delineada.

Outrossim, tenciona-se, na perspectiva deste texto, que a força desse processo reside na sua capacidade de moldar a percepção dos indivíduos, apresentando certos valores econômicos e sociais como se fossem derivados diretamente de uma vontade transcendente. O resultado, então, é a construção de uma mentalidade em que *riqueza*, *liderança* e *disciplina moral* são vistas como sinais evidentes de *bênção* e *autoridade legítima*. A prática hermenêutica em questão, por conseguinte, não apenas legitima tais crenças, mas as reforça continuamente, por meio de rituais discursivos e encenações públicas. Dessa forma, propõe-se aqui que a adesão a figuras políticas se torna um imperativo religioso, e o apoio incondicional a determinados líderes passa a ser interpretado como expressão de fidelidade espiritual.

Neste contexto, há de se demonstrar que a ascensão de Donald Trump representa um caso emblemático, no qual elementos simbólicos religiosos são habilmente incorporados a estratégias políticas. Sua trajetória, como os autores deste texto pretendem explicitar, não pode ser entendida como resultado apenas de conjunturas eleitorais ou dinâmicas partidárias, mas como resposta a uma construção narrativa que o posiciona como figura redentora. O imaginário coletivo, assim, alimentado por discursos que vinculam prosperidade e proteção divina a um governo forte, encontrou nele a personificação dessas promessas. A fusão entre *retórica religiosa* e *práticas políticas*, portanto, presente em sua atuação pública, como propõe-se aqui esclarecer, revela um movimento maior, no qual fé e poder se entrelaçam para sustentar uma visão de mundo hierarquizada e excludente.

1. Considerações preliminares acerca da hermenêutica da Teologia do Domínio

A hermenêutica da TD se caracteriza por um processo seletivo e manipulativo da leitura bíblica, no qual o literalismo e simbolismo são empregados de maneira estratégica para sustentar uma agenda política específica. Ao escolher fragmentos textuais e reconfigurá-los dentro de um discurso retoricamente construído, a TD opera por meio da transformação do texto sagrado em um conjunto de signos simbólicos que servem à sua prática discursiva. Essa justaposição e fragmentação de passagens bíblicas não apenas subverte o significado original do texto, mas também cria um mecanismo discursivo no qual a literalidade bíblica é mobilizada para reforçar simbolicamente uma estrutura ideológica pré-estabelecida.

Essa estratégia hermenêutica, por sua vez, está intrinsecamente vinculada a um processo estético-discursivo, no qual a ausência de exegese explícita favorece a interiorização subconsciente das conexões simbólicas desejadas. O deslocamento semiótico dos textos bíblicos para o âmbito político ocorre por meio de uma estetização do discurso, cuja função primordial é gerar um campo imaginário propício à legitimação da ideologia neoliberal capitalista. Dessa forma, a hermenêutica da TD se configura como um dispositivo discursivo que sustenta um sistema de retroalimentação entre a prática teológica e as exigências político-econômicas do neoliberalismo capitalista, estabelecendo um círculo vicioso no qual ambos se reforçam mutuamente.

A manipulação do imaginário bíblico constitui-se, portanto, como um elemento central para a efetividade dessa hermenêutica, visto que a projeção dos arquétipos bíblicos no discurso político depende da ampla disseminação dessas imagens na consciência coletiva (JUNG, 2020; FRYE; MACPHERSON, 2004). Como Northrop Frye (1994; 2002a) aponta, a Bíblia é o grande mito fundador do imaginário ocidental, fornecendo, assim, a base estética para a formação da ética e moral da sociedade contemporânea. Esse caráter estruturante do imaginário bíblico permite que as operações hermenêuticas da TD se insiram na formulação de narrativas hegemônicas sobre a realidade, promovendo a apropriação de passagens sagradas como ferramenta para justificar projetos de poder (FRYE, 2002b).

A instrumentalização hermenêutica da TD encontra expressão na retórica política da extrema direita, cujos líderes assumem um papel messiânico para preencher as demandas discursivas dessa teologia. Por meio da manipulação semiótica das emoções e da performance discursiva, tais políticos ajustam seus discursos para evocar imagens bíblicas e construir uma relação simbólica entre si e os arquétipos sagrados. Esse processo gera uma identificação coletiva baseada na justaposição hermenêutica de fragmentos bíblicos e na criação de uma narrativa que os posiciona como figuras providenciais para a realização dos objetivos da TD.

Ademais, a dimensão histórica desse fenômeno pode ser compreendida à luz das formulações de Max Weber (2013) e Maurizio Lazzarato (2014). Enquanto Weber destaca o papel da ética protestante, particularmente a de matriz calvinista, como fundamento do capitalismo norte-americano, Lazzarato enfatiza o modo como o neoliberalismo capitalista se estrutura a partir da formação de subjetividades maquínicas. Dessa forma, a hermenêutica da TD emerge como um dispositivo essencial na captura e subjetivação dos indivíduos (DELEUZE; GUATTARI, 2011a; 2011b; 2011c; 2012a; 2012b; 2012c), consolidando um processo simbólico de legitimação e disseminação da ideologia neoliberal. Nesse contexto, os líderes políticos que se alinham a essa teologia são apresentados como modelos paradigmáticos de discipulado social, encarnando uma visão teológico-neoliberal na qual *riqueza*, *poder* e uma *moral conservadora* se convertem em signos de autoridade e redenção (DARDOT; LAVAL, 2016).

2. Trump como resposta à demanda messiânica gerada pela Teologia do Domínio

A TD, ao estruturar sua hermenêutica sobre um modelo de crise fabricada, gera um estado de pânico coletivo que impulsiona a busca por uma solução restauradora, viabilizando a ascensão de uma figura messiânica. No contexto norte-americano, tal lógica hermenêutica, exemplificada nas proposições de Landa Cope (2021), estabelece que a crise se fundamenta na suposta falha da igreja em cumprir sua missão discipuladora, permitindo a proliferação do "esquerdismo comunista" como ameaça ao modelo neoliberal capitalista. Nesse cenário, a promessa de um líder forte, capaz de resgatar o sistema político-econômico-religioso que garante a prosperidade, torna-se imperativa. Donald Trump, ao se apresentar como o defensor dos valores cristãos e do sistema que sustenta a lógica neoliberal, emerge como o messias da TD, cuja ascensão atende à demanda criada por essa retórica.

A Teologia da Prosperidade (TP) opera como elemento-chave na articulação entre a TD e o neoliberalismo capitalista, estabelecendo um vínculo entre *eleição divina* e *prosperidade material*. Através de uma hermenêutica seletiva, a TP captura o desejo dos fiéis e os subjetiva dentro da lógica neoliberal, onde riqueza e poder são sinais da bênção de Deus. A narrativa bíblica é reconfigurada para validar a busca pela prosperidade como um imperativo teológico, consolidando a ideia de que aqueles que prosperam são os *escolhidos* para representar e cumprir a vontade divina. Dessa forma, o neoliberalismo se torna um projeto sagrado, garantindo a estabilidade de um sistema econômico-político-religioso que, na lógica da TD, é a própria manifestação da ordem desejada por Deus.

A argumentação de Cope, que toma como fundamento a necessidade de instaurar um governo alinhado à moral bíblica do Antigo Testamento (aos moldes da lei mosaica, conforme escrita no livro de Deuteronômio), impulsiona a ideia de que a igreja deve atuar diretamente no discipulado das nações segundo os preceitos da vontade divina. Esse modelo neoteocrático, baseado na legislação mosaica, encontra eco no discurso trumpista, que se apropria da linguagem bíblica para reforçar sua identidade como líder escolhido por Deus. A mediação hermenêutica da eleição divina da igreja (via 1 Pedro 2, 9) como herdeira do Antigo Israel (eleito em Êxodo 19, 4-6) legitima a proposta de um governo que deve restaurar a ordem cristã, garantindo a manutenção do neoliberalismo capitalista (que materializa o plano de Deus). Nesse sentido, a exegese anacrônica que Cope promove sobre textos bíblicos funciona como ferramenta para fundamentar a imagem de Trump como aquele que guiará a nação para a restauração dos princípios divinos.

A ameaça a essa estrutura vem do "esquerdismo comunista", associado, na retórica da TD, às causas do declínio de Israel na Bíblia, como idolatria, corrupção moral e infidelidade espiritual (2 Reis 17,7-18; Jeremias 2,11-13; 3,6-9; Ezequiel 16,35-43; Oséias 4,11-19; Isaías 1,4-6; Amós 2,6-8; entre outros). Essa construção discursiva fomenta um estado de crise permanente, no qual o "esquerdismo comunista" é posicionado como inimigo do plano divino e da prosperidade do povo eleito. A extrema direita, então, se apropria dessa lógica e projeta sobre a esquerda os "pecados" que, segundo a narrativa bíblica, levaram Israel à ruína. Esse processo cria uma mobilização política visceral, onde o combate às pautas progressistas se apresenta como uma guerra espiritual, justificando ataques ferozes contra qualquer ideologia que ameace o sistema neoliberal consagrado como expressão da vontade de Deus.

A manipulação semiótica empreendida pela TD visa estruturar um imaginário coletivo que naturaliza a identificação entre o líder político e a figura do messias redentor. Ao instilar a ideia de que a perda da hegemonia cristã nos Estados Unidos representa um colapso iminente da prosperidade, gera-se uma demanda por um líder capaz de disciplinar as nações segundo os princípios do domínio divino. Trump, ao articular um discurso que resgata valores tradicionalistas, combate inimigos da fé cristã e promete restaurar a grandeza da nação, opera dentro da lógica dominionista ao se autoconstruir como aquele que cumpre a missão da TD. Essa retórica, ao projetar a crise como resultado da secularização promovida pela esquerda (democratas), reforça a ideia de que sua liderança é necessária para preservar a ordem divina.

O modelo hermenêutico da TD, ao inculcar nos fiéis a necessidade de apoiar uma liderança forte para manter a prosperidade, subjuga subjetivamente as massas a um processo de adesão automática ao projeto político de extrema direita. O engajamento nesse modelo não se dá por uma escolha autônoma, mas sim por um mecanismo de subjetivação que vincula a defesa do neoliberalismo capitalista à própria obediência à vontade divina. A crise fabricada, ao estruturar uma sensação de urgência e ameaça, impulsiona os indivíduos a reconhecerem em Trump o governante necessário para garantir a continuidade do sistema de bênçãos divinas. Esse processo, entretanto, à luz das proposições de Heidegger (2012), conduz à obliteração da autenticidade, transformando a adesão política em um fenômeno de automatização do desejo religioso.

A TP, ao se inserir nessa dinâmica, fortalece o discurso neoliberal capitalista ao legitimar o enriquecimento como prova da graça divina, justificando a ascensão de elites econômicas e políticas sob o argumento de que são os escolhidos por Deus. Assim, a teologia se torna um instrumento de disciplinamento social, garantindo que as massas aceitem a desigualdade estrutural como parte do plano divino. Os fiéis passam a internalizar que sua própria prosperidade depende da manutenção de líderes alinhados a esse modelo, fortalecendo a perpetuação do neoliberalismo capitalista como um projeto sagrado.

Dessa forma, Trump se consolida como o messias político da TD, pois sua figura sintetiza os anseios gerados pela manipulação semiótica das emoções no imaginário cristão conservador. Sua performance discursiva, permeada por referências bíblicas justapostas a elementos de retórica neoliberal, constrói um ilusionismo coletivo em que sua liderança é percebida como um mandato divino. A identificação das massas com sua figura decorre da subjetivação hermenêutica operada pela TD, que alinha a defesa do sistema neoliberal capitalista à luta espiritual contra o "esquerdismo comunista". Assim, o apoio a Trump torna-se, na lógica dominionista, não apenas uma opção política, mas um dever religioso que assegura a manutenção do pacto de prosperidade estabelecido pela TD.

3. Aproximação contextual à "eleição" de Donald Trump: a saga do messias

De um modo geral, é possível dizer que o mundo foi tomado de surpresa quando Donald J. Trump foi eleito presidente dos Estados Unidos da América nas eleições de 2016. Todavia, pistas já haviam sido dadas pela disseminação, à época, da ideia de que a sociedade americana mostrava estar cansada de políticos de carreira (DENNING, 2016). Tal retórica, em grande medida, constituiu-se como um elemento altamente simbólico no que diz respeito ao bilionário que foi eleito com o jargão "Make America Great Again!".

Sua administração, entretanto, acabou sendo marcada por protestos pela morte de George Floyd (HILL *et al.*, 2020) e pela pandemia do coronavírus que ceifou a vida de milhares de vítimas. Diversos analistas políticos consideram que vários outros contextos caóticos, como esses dois exemplos (que simbolizavam, naquele momento, a inaptidão de Trump para o ofício presidencial), contribuíram para sua derrota, em uma tentativa de reeleição, contra Joe Biden em 2020. Muitos acreditavam que a história de Trump como presidente estava acabada, ele era apenas um parêntese, *one-term president* (presidente de um mandato), algo considerado pejorativo na sociedade americana.

O sentimento imediato era de que agora (2021 em diante) as coisas voltariam ao "normal", de que os americanos descansariam do caos. Entretanto, não foi o que aconteceu. O trumpismo não estava morto, tampouco a luta da TD contra o "esquerdismo comunista" havia sido extirpada. Iniciou-se uma nova fase da guerra, constituída por ataques aos inimigos da TD, aqueles que estariam promovendo o pecado e trazendo impureza espiritual novamente para a nação.

De acordo com essa retórica, Joe Biden, o presidente americano mais velho a ser eleito até aquele momento, estava apresentando um declínio cognitivo espantoso. Durante toda sua administração levantaram-se dúvidas sobre sua capacidade mental (MURTAUGH, 2025). Para piorar a situação, afirmava-se que a sua administração estava sendo marcada por incompetência, sendo considerado por muitos o pior presidente desde Richard Nixon (EDWARDS, 2025) – *incompetência*, aliás, se relaciona com a inaptidão para gerir o sistema neoliberal de prosperidade.

Tais acusações ganham contornos de verossimilhança depois de um debate desastroso contra Trump pela reeleição de 2024, depois do qual Joe Biden foi substituído como candidato democrata. Kamala Harris foi escolhida às pressas, decisão esta que, na opinião de muitos (NEHAMAS, 2024), selaria a derrota democrata nas últimas eleições. O ponto de ataque passou a ser: Kamala era a pura expressão da imagem de um vice-presidente ausente e omisso (BARABAK, 2021). Outrossim, dentro dessa retórica, Kamala seria uma *DEI hire*, ou seja, ela havia sido escolhida para agradar os eleitores afro-americanos e não por suas habilidades administrativas (BUNN, 2024) – *falta de habilidades administrativas* (também) se relaciona com a inaptidão para gerir o sistema neoliberal de prosperidade.

Todavia, o *turning point* (ponto de virada) na saga trumpista de retorno à Casa Branca, de fato, ocorreu durante um comício no dia 24 de julho de 2024, na cidade de Butler na Pensilvânia, no qual o ex-presidente Donald Trump sofreu uma tentativa de assassinato. Por muito pouco ele não entrou para a história como mais um presidente americano a ser assassinado: essa era a grande manchete! (SARNOFF; SALIBA; DIMARTINO, 2024). Uma bala passou raspando sua orelha direita. Trump foi ao chão. O serviço secreto correu e escudou seu corpo para que não fosse mais alvejado. No meio daquela confusão, Trump levantou-se, ergueu o braço e gritou aos seus apoiadores: "fight, fight, fight!" Em uníssono, como resposta, a multidão bradou repetitivamente: "U-S-A!" Tal cena, na opinião de muitos, era indício simbólico de uma vitória republicana avassaladora nas urnas (SHAPIRO, 2024).

Além de perder a eleição para presidente, os democratas perderam a maioria na câmara e no senado. Todos os sete *swing states* (estados-pêndulo) que decidem as eleições votaram por Trump: Carolina do Norte, Nevada, Pensilvânia, Wisconsin, Michigan, Arizona e Geórgia. Assim, Trump ganhou no colégio eleitoral e no voto popular. Foi, de fato, um retorno sem precedentes.

O que não deve ser ignorado, no entanto, é o lado mítico dessa história. Como pontuado anteriormente, uma das principais características da TD é a produção de personagens do tipo messias. Ademais, há de se ter em perspectiva o fato de que a identificação de figuras públicas como messiânicas é algo muito bem conhecido no mundo da política.

À vista de tal panorama, por conseguinte, não deve ser espantoso o fato de que entre cristãos e judeus (principalmente os messiânicos), muitos veem Trump como uma espécie de messias. Primeiramente como um tipo de messias político no estilo de Ciro II, o Grande, aquele que libertou os judeus do cativeiro babilônico (Isaías 45). Depois do atentado a sua vida, porém, ele também tem sido visto como um sacerdote (CAHN, 2024), ou até mesmo como o próprio Cristo, já que teria "morrido" e "ressuscitado" (BLUMENTHAL, 2024). A associação de Trump com o messianismo, não se deve esquecer, se faz especialmente importante dentro do fundamentalismo americano, que tenta promover sua agenda dispensacionalista, influenciando, em grande medida, a política externa do partido Republicano.

4. Muro de separação: obstáculo constitucional ao messianismo de Trump

Como toda boa jornada de herói mítico, depois do *turning point* (ponto de virada) há sempre um *low point* (ponto crítico) antes da redenção no terceiro ato da narrativa. Trata-se de um obstáculo aos objetivos dentro do arco narrativo do protagonista. Tal contratempo pode ser gerado pela ação de um antagonista, que pode ser um vilão inimigo, um evento da natureza, um contexto social etc.

No caso da saga mítica de Trump no enredo da TD, trata-se da Primeira Emenda da constituição americana. Conquanto esteja ligada à liberdade de expressão (pauta trumpista), ela garante que o Estado não se envolverá em assuntos de religião (UNITED STATES CONGRESS, [s.d.]). Thomas Jefferson, comentando sobre a Primeira Emenda, a chama de "muro de separação entre Igreja e Estado" (LIBRARY OF CONGRESS, 1998).

Quando se conhece a história americana, a metáfora faz muito sentido, já que a nação foi fundada por peregrinos que fugiram da perseguição religiosa na Europa (GONZÁLEZ, 2010). Para que a história não se repetisse, foram tomadas providências para evitar o intercurso entre Igreja e Estado. Tais medidas, de acordo com Thomas Jefferson, são as garantias de manutenção de um estado de direito democrático e pacífico.

No entanto, por muito tempo, grande parte do evangelicalismo norte-americano vem tentando derrubar este muro de separação. Para isto, apela-se aos pais fundadores da nação, porquanto, em sua maioria, estes teriam sido cristãos. Embora isso seja algo extremamente controverso, ainda assim, continua sendo um mito fundante americano (BOYD, 2005).

Apela-se aos pais da nação porque o referente de autoridade americana, como também o era em Roma, está sempre ligado ao passado (ARENDT, 2006). Quanto mais perto se está dos líderes do passado, tem-se mais autoridade (em diversos momentos Trump se autoidentifica com antigos presidentes, tidos como exemplares pela história estadunidense). Os pais fundadores possuem um tipo de autoridade mítica. Portanto, provar que a nação foi fundada por cristãos é essencial para a agenda política de extrema direita. Este saudosismo pelo suposto passado cristão americano domina muitos republicanos.

A defesa deste ponto faz sentido na lógica dominionista porque, na mentalidade da TD, não existe a possibilidade de neutralidade. Portanto, se o Estado não está sob o controle divino, está automaticamente sob o controle de Satanás. Todas as vezes que uma nação se afasta de Deus (onde se evocam os contextos de declínio do Antigo Israel na Bíblia, como pontuado anteriormente), isto a leva ao seu declínio como sociedade.

Para que a nação volte aos trilhos, portanto, existe a necessidade de líderes escolhidos por Deus. Somente estes podem trazer cura à nação. Isto fica claramente manifesto no famoso *Project 2025*, uma agenda ou pelo menos uma proposta conservadora a ser implementada nos próximos anos. Embora Trump tenha negado a intenção de fazê-lo, indiscutivelmente existem semelhanças entre o projeto e algumas de suas ações no primeiro mês de seu segundo mandato (DURKEE, 2025).

Pode-se citar, por exemplo, a proposta de eliminação do ministério da educação (JACOBS, 2025). Agora o controle da educação ficaria com os estados e não mais com o governo federal. Por trás disso tem-se a ideia de tentar diminuir a influência do Estado na sociedade, já que este pode ser corrompido, ou seja, o governo estaria se metendo em questões nas quais não deveria. Isto sem dúvida nenhuma é uma reação conservadora a supostas políticas *woke* difundidas pelos democratas em escolas públicas (THE WHITE HOUSE, 2025).

Só o tempo dirá se Trump seguirá o *Project 2025* de perto ou não. Todavia, é interessante observar a tentativa de impor-se uma legislação baseada em preceitos bíblicos, pois o que fica patente, a partir disso, é que, para que os objetivos deste grupo de evangélicos possa ser alcançado, a retórica da TD se faz útil. Porém, a participação colaborativa do messias é fundamental, razão pela qual cria-se grande expectativa a respeito dos próximos passos do governo Trump.

Em perspectiva do enredo mítico da TD, entretanto, se Trump deseja realmente superar o *low point* (Primeira Emenda como obstáculo) e consagrar-se como herói em sua jornada, ele precisa aderir a todas as pautas teológicas que o confirmem como messias. Isso implica incorporar a ideologia da TD não apenas em seu discurso, mas na sua prática governamental. Enfim, Trump precisa se converter, de fato, à TD.

A TD, por sua vez, como ideologia originada no calvinismo holandês, em seu processo migratório para os Estados Unidos acabou tomando características apologéticas. Embora Jesus Cristo claramente afirme "meu reino não é deste mundo" (João 18,36), os proponentes da TD creem que é função da igreja governar o mundo. Esse governo, por conseguinte, equivale-se ao ofício apologético de defesa do projeto divino para o mundo, tal qual, na ótica hermenêutica da TD, encontra-se na sua própria interpretação da Bíblia.

Como fundamento retórico, a TD se baseia no significado do termo grego *ecclesia*, que originalmente descreve "o corpo governante de cidades-estados gregas" (WALLNAU, 2016, p. 137). A igreja passa assim a ser vista em uma dimensão política. Segundo o "pai do dominionismo americano" (DICKINSON, 2022) e um dos líderes do *New Apostolic Reformation* (NAR), o Dr. Lance Wallnau, "ecclesia é uma palavra governante que descreve um corpo governante de crentes chamados como cidadãos do reino para ocuparem seus assentos nos portões! Quais portões? Os portões de influência que moldam as cidades e nações da Terra" (WALLNAU, 2016, p. 137). Consequentemente a igreja deve dominar sobre sete áreas de influência da sociedade, sendo estas: religião, família, educação, governo, imprensa, entretenimento e negócios/economia (WALLNAU; JOHNSON, 2013; ENLOW, [s.d.]).

Esse mesmo pastor, que clama ser de origem judaica, diz ter recebido comunicações proféticas diretamente da parte de Deus em relação à eleição de Donald Trump como presidente. Teologicamente ele justificou isso de maneira bizarra. Segundo ele, Trump seria o presidente americano de número 45, já que em Isaías 45 tem-se a descrição de Ciro (WALLNAU, 2016), personagem famoso no mundo antigo e muito importante na história judaica que é chamado de messias na Bíblia Hebraica.

Trump, portanto, dentro desta ótica, seria um messias do mesmo tipo que Ciro foi nas narrativas da Bíblia Hebraica. Dessa forma, o projeto de Trump de construir um muro de separação na fronteira sul do país acaba sendo espiritualizado (WALLNAU, 2016). Se o leitor ficou confuso a respeito da ligação teológica entre Ciro e Trump, não se preocupe, pois tudo se resolve quando o autor da ideia diz que esta foi sussurrada pelo próprio Deus. Isto seria feito da parte de Deus para que os Estados Unidos e o mundo gozem de *graça comum* (WALLNAU, 2016), termo, aliás, teologicamente carregado e popularizado no país por Cornelius Van Til, teólogo calvinista famoso por adicionar o aspecto beligerante à TD americana.

Também se tem, dentro dessa visão, a ideia de que os Estados Unidos devem cumprir uma função profética no mundo. A nação está encarregada de espalhar o evangelho às nações (WALLNAU, 2016). Aqui, pode-se observar nitidamente um eco do *manifest destiny*, crença de que os EUA estão destinados a trazer civilização e o evangelho ao mundo. Consequentemente, não é mais a igreja de Cristo que possui esta função, mas o Estado americano. Embora, na perspectiva de muitos teólogos norte-americanos, veja-se a prostituta montando a besta no Apocalipse 17 como a união entre Igreja e Estado, constituindo assim adultério espiritual (BEALE, 1999), pelo que parece, isso não incomoda o evangelicalismo norte-americano ligado à TD.

Objetivando provar a messianidade de Trump (chamado por ele de "trombeta de Deus"), o Dr. Lance Wallnau (2016) o compara com outros líderes (proféticos) mundiais reconhecidos como: George Washington, Abraham Lincoln, Winston Churchill, Margaret Thatcher e Ronald Reagan. Tais associações, todavia, ignoram completamente coisas terríveis que alguns destes líderes fizeram, como no caso de Churchill que por suas políticas agrárias possivelmente causou uma grande fome na Índia resultando em milhões de mortes no país (WILKINSON, 2019). Ademais, em certo ponto, Wallnau (2016) reconhece outros líderes do tipo "Ciro" na política internacional (obviamente, todos políticos de direita), dentre os quais ele até mesmo chega a citar o ex-presidente brasileiro Jair *Messias* Bolsonaro (WALLNAU; SPARKS, 2020). Nota-se, assim, que a TD tem um apelo global.

Deus age no mundo para trazê-lo à sujeição, de forma que a existência de um líder messiânico é pré-requisito para que a TD funcione de maneira apropriada. De acordo com o raciocínio de Wallnau (2016), o conceito de eleição aplicado aos EUA é legitimado pelo fato de que, segundo ele, este país nunca oprimiu ou explorou nenhum povo em toda sua existência como nação. Dessa forma, de acordo com ele, o mundo necessita dos EUA (e seu messias governante) para existir e consumir 50% dos recursos mundiais ou isto traria o colapso da economia mundial.

A partir de outra perspectiva, a identificação de Trump com Ciro também foi feita pelo próprio primeiro-ministro de Israel Benjamin Netanyahu, quando o presidente americano transferiu a embaixada americana para Jerusalém e reconheceu a legitimidade israelense sobre as colinas de Golã (SILOW-CARROLL, 2018). Até mesmo uma moeda comemorativa foi cunhada com a face de Trump sobrepondo a face de Ciro (AP, 2018). O Dr. Michael Brown, apologista judeu-messiânico, embora não veja profecias diretas sobre Trump na Bíblia, de acordo com Isaías 45, reconhece sua similaridade com Ciro (THE LINE OF FIRE, 2020) – outros judeus, entretanto, chegam a considerar que Trump é a reencarnação de Ciro (HAJIOFF, 2024). Já Jonathan Cahn, rabino e pastor judeu-messiânico, vê Trump como Jeú, outro personagem messiânico da Biblia Hebraica. Jeú ficou famoso por sua campanha contra a cruel rainha Jezabel (2 Reis 9). Da mesma maneira, no âmbito das eleições de 2016, Trump-Jeú estaria em conflito com Hillary-Jezabel (CAHN, 2017).

Percebe-se, assim, que tanto apologetas da TD quanto representantes de certas correntes sionistas judaicas mais radicais têm disponibilizado escadas teológicas para que Trump possa escalar e sobressaltar o "muro de separação" erigido pela Primeira Emenda. O segundo mandato, que está em curso, parece estar acenando muito forte na direção de uma política messiânica aos moldes da TD. Talvez alguma pista a respeito de quais rumos o atual governo Trump esteja pretendendo seguir, dentro do enredo da TD, seja dada pela análise de seu movimento dentro do arco narrativo messiânico no capítulo anterior à sua reeleição, em 2024.

5. O retorno do Messias

Para que seja possível observar a evolução do processo messiânico de Trump de maneira mais proveitosa, faz-se necessário, agora, recuar um pouco na linha do tempo da saga trumpista como messias da TD, justamente para o capítulo anterior deste enredo, que começa logo após a derrota de Trump para Joe Biden nas eleições de 2020. Tal movimento analítico, depois das considerações feitas no tópico anterior acerca do muro de separação, é capaz de mostrar detalhes da escalada da personagem (Trump) no arco narrativo de seu papel messiânico. Durante este segundo ato da narrativa, Trump evolui dentro da simbologia messiânica estabelecida pela TD: de Ciro ele passa a ser Cristo.

O dia 6 de Janeiro de 2021 ficará marcado na história pela invasão de milhares de pessoas ao Capitólio. Após a derrota de Donald Trump nas eleições de 2020, circularam rumores por todo o país de que houve fraude nas eleições. Em uma tentativa desesperada, milhares de pessoas se reuniram em Washington-DC, para tentar impedir a certificação de Joe Biden como novo presidente americano. O evento ficou conhecido como uma tentativa frustrada de golpe que gerou milhões em prejuízo (a questão do prejuízo financeiro parece ser muito mais relevante do que as mortes de pessoas envolvidas).

Apesar disso, meios de comunicação republicanos afirmam que as manifestações foram pacíficas e que a invasão foi incentivada por agentes do FBI disfarçados de apoiadores do movimento MAGA (*Make America Great Again*). Naquela turba estavam alguns dos mais ferrenhos defensores de Trump. Muitos evangélicos e católicos envolveram-se no tumulto. Entre os manifestantes muitos portavam sinais e bandeiras que faziam referência ao cristianismo (OLMSTEAD, 2021). Muitos eram representantes do QAnon (KOKOTAKIS, 2023), grupo extremista que embora não seja fruto direto da TD, possui elementos ideológicos que o conectam com a TD.

Até hoje, entretanto, alguns líderes evangélicos se negam a condenar aquela rebelião (OLMSTEAD, 2021). A TD é sem dúvida nenhuma o pano-de-fundo teológico para a racionalização desses cristãos. Não importa a decisão do voto popular, o escolhido de Deus é aquele que deve legitimamente ocupar a posição de liderança.

Apesar de sua derrota, portanto, Trump não perdeu a confiança. O ex-presidente fez muitas promessas caso voltasse a ocupar a Casa Branca novamente. No discurso de encerramento do evento da CPAC (Conservative Political Action Conference, ou Conferência de Ação Política Conservadora) 2023, em Maryland, ele declarou: “Em 2016, declarei: eu sou a sua voz. Hoje acrescento: sou seu guerreiro. Eu sou sua justiça. E para aqueles que foram injustiçados e traídos: eu sou a sua retribuição” (SMITH, 2023).

Estas palavras, dignas de um messias, somadas à tentativa falhada de assassinato, no ano seguinte, solidificaram a aura mítica de Trump, agora como um tipo de messias mais importante: Cristo, ao invés de meramente Ciro. Por conseguinte, em seu discurso de posse depois de ter vencido as eleições de 2024, ele disse: “I WAS SAVED BY GOD TO MAKE AMERICA GREAT AGAIN!” (Fui salvo por Deus para fazer a América grande de novo!). Não são somente os religiosos que veem o presidente americano como um tipo de messias, mas parece que ele mesmo, agora, compartilha dessa crença. Isto é algo perigoso, porque pode estar ligado à ideia de infalibilidade, o que inegavelmente pode explicar sua postura muito mais autoconfiante no início deste segundo mandato.

Em meio às agressões entre Israel e Hamas, por exemplo, Trump expressou o desejo de tomar a faixa de Gaza e fazer dela um ponto turístico, causando fortes críticas (MILLS; MAGID; SHALABY, 2025). Na ótica de seus apoiadores, isso, sem dúvida nenhuma, demonstra sua visão aguçada para empreendimentos (sinal de sua qualificação como messias da TD, gestor do sistema neoliberal capitalista, ao qual tanto Biden quanto Kamala foram considerados incompetentes). Porém, por trás disso, aos olhos de seus parceiros geopolíticos, também se encontra o desejo de forçar um comprimento profético em relação à restauração de Israel e à construção do terceiro templo (o que é assunto para outro capítulo).

O que fica evidente, portanto, neste retorno de Donald Trump à Casa Branca, é seu comportamento obstinado, típico de quem assumiu uma missão. Talvez isso possa ser indício de que ele, enfim, se converteu à TD e pretende assumir, de fato, o papel de messias (Cristo). Tal adesão, agora, parece ser apenas uma questão de determinação pessoal, visto que, da parte dos adeptos da TD, parece que a aceitação de Trump para essa função já foi conquistada, isto é, não se trata mais de Trump se candidatar ao cargo messiânico da TD, pois atualmente seria a TD quem está clamando por Trump.

Com a frase "I was saved by god to make America great again", Donald Trump se valorizou e passou de fase dentro do enredo messiânico da TD.

Considerações finais

Em síntese, no âmbito deste breve ensaio, observou-se que a hermenêutica da TD opera como um mecanismo discursivo profundamente seletivo e manipulativo, capaz de subverter o sentido dos textos bíblicos (extraídos de seu *lócus* original) em favor da legitimação ideológica do neoliberalismo capitalista. A partir da articulação entre literalismo e simbolismo viabiliza-se um processo, segundo o qual os textos bíblicos são transformados em signos, cuja função é reforçar uma narrativa hegemônica que une *fé*, *moral conservadora* e *prosperidade material*. Nesse processo, a TD não apenas redefine o papel da religião, mas a insere diretamente no jogo político-econômico contemporâneo, criando um *ciclo simbólico* que retroalimenta a economia neoliberal capitalista, consolidando a interdependência entre *fé* e *mercado*.

A TD, ao utilizar uma estratégia de crise fabricada, cria pânico coletivo e, assim, fomenta a demanda por um líder messiânico que restaure uma ordem política e religiosa alinhada ao neoliberalismo capitalista. Ao associar *prosperidade material* com *eleição divina*, a TD naturaliza a desigualdade estrutural como parte de um plano divino, legitimando a hegemonia neoliberal capitalista como manifestação da vontade de Deus. Neste contexto, a luta política se transforma em uma guerra espiritual, em que o "esquerdismo comunista" é posicionado como inimigo do plano divino, reforçando a radicalização de uma retórica que justifica ataques às pautas progressistas e promove a figura de um líder messiânico, como Trump.

O retorno de Donald Trump à presidência deve ser compreendido, dessa forma, não apenas no campo político, mas, também, dentro do imaginário religioso construído pela TD. A tentativa de assassinato sofrida por Trump em 2024 intensificou essa construção simbólica, consolidando sua imagem como um messias político, cuja sobrevivência representaria uma ressurreição espiritual e política. Sua vitória eleitoral foi interpretada como uma consequência inevitável, reforçada pela linguagem messiânica da TD, que associa a *prosperidade nacional* à liderança de um *governante ungido*. A construção simbólica de Trump, associando-o a figuras messiânicas como *Ciro* ou *Cristo*, reflete a instrumentalização de arquétipos religiosos para legitimar sua autoridade política.

A narrativa messiânica em torno de Trump visa, também, superar o obstáculo representado pela Primeira Emenda da Constituição dos Estados Unidos, que estabelece a separação entre Igreja e Estado. A TD, com raízes no calvinismo holandês, busca reinterpretar essa separação como um equívoco, defendendo um projeto teopolítico no qual o Estado deve ser governado sob a direção divina. Nesse sentido, Trump é visto como um líder escolhido por Deus para restaurar a nação a um suposto ideal cristão original. Esse projeto é apoiado por uma hermenêutica apologética que propõe a neutralidade estatal como algo impossível, sugerindo que a ausência de governo divino equivale (automaticamente) à submissão ao maligno.

Dentro dessa lógica, Trump é associado, primeiramente, a figuras messiânicas da Bíblia Hebraica, como Ciro e Jeú, que, segundo a TD, foram escolhidos por Deus para realizar seus propósitos, para, enfim, evoluir dentro dessa matriz mitológica, tornando-se o próprio Cristo. Essa mitologia não é compartilhada apenas por setores do evangelicalismo americano, mas também por correntes sionistas radicais, que veem a liderança de Trump como essencial para o cumprimento de um destino profético. Sua ascensão, portanto, é vista como parte de um plano divino para restaurar os Estados Unidos, consolidando sua figura como um governante messiânico e alinhado aos postulados da TD. A implementação de políticas voltadas à redução da influência estatal e o movimento reacionário contra pautas progressistas são sintomáticos dessa dinâmica.

A relação entre fé e política, portanto, se estreita à medida que Trump se torna uma figura central na narrativa messiânica da TD.

Sua postura, como um líder ungido, é reforçada por sua adesão a um discurso bíblico que justifica sua liderança em termos de salvação nacional. A TD, por sua vez, ao investir na figura de Trump como messias, garante que sua liderança não seja apenas política, mas também espiritual, reforçando a interdependência entre a *fé religiosa* e as demandas do *neoliberalismo capitalista*. A retórica usada por Trump, por conseguinte, ao associar a prosperidade da nação à sua liderança, promove uma visão de mundo em que a *política econômica* se torna parte integrante da *visão divina de governo*.

A construção messiânica de Trump dentro da TD, dessa forma, representa uma tentativa de consolidar um regime político baseado em um governo teocrático, onde a política não apenas reflete, mas se subordina à vontade de Deus. Esse movimento, então, não é apenas uma estratégia política, mas um projeto de subjetivação que captura os indivíduos dentro de um sistema de crenças no qual o *apoio político* é convertido em um *dever religioso*. A perpetuação do *neoliberalismo capitalista*, nesse contexto, é vista como um *projeto sagrado* que deve ser defendido e promovido por meio de figuras messiânicas, como Trump, que se tornam instrumentos de controle ideológico e político. A ideologia, enfim, que emerge dessa dinâmica visa moldar a sociedade conforme a visão de um mundo governado pela prosperidade e pela moral conservadora.

Por fim, há de se dizer que a ascensão de Trump dentro da narrativa messiânica da TD reflete não apenas um fenômeno político, mas, também, um movimento religioso que redefine as fronteiras entre fé e política. A hermenêutica da TD, dessa forma, permite que o discurso religioso seja manipulado para legitimar políticas neoliberais e justificar a ascensão de líderes como Trump, cuja imagem messiânica serve tanto para consolidar seu poder quanto para reforçar um sistema econômico e político que privilegia a elite. Essa interseção entre religião e política, mediada pela TD, cria um regime ideológico em que a *fé*, a *política* e a *economia* se alimentam mutuamente, consolidando uma visão de mundo na qual a desigualdade e a concentração de poder são naturalizadas como parte de um plano divino.

Referências

ARENDT, H. *Between Past and Present*. Nova Iorque: Penguin Books, 2006.

BEALE, G. K. *The Book of Revelation*. [s.l.]: Wm. B. Eerdmans Publishing, 1999.

BERRY, J. "Department of labor and related agencies". In: ROBERTS, K. D.; DANS, P.; GROVENS, S. (Eds.). *Mandate for Leadership*: *The Conservative Promise*. Washington, DC: Heritage Foundation, 2023.

BOYD, G. A. *The Myth of a Christian Nation: How the Quest for Political Power is Destroying the Church*. Grand Rapids: Zondervan, 2005.

CAHN, J. C. *The Paradigm: The Ancient Blueprint that Holds the Mystery of our Times*. Lake Mary: Frontline, 2017.

COPE, L. *Template social do Antigo Testamento*: *redescobrindo princípios de Deus para discipular nações*. São Paulo: Editora Quatro Ventos, 2021.

DARDOT, P.; LAVAL, C. *A nova razão do mundo*: *ensaio sobre a sociedade neoliberal*. São Paulo: Boitempo Editorial, 2016.

DELEUZE, G.; GUATTARI, F. *O anti-Édipo*: capitalismo e esquizofrenia 1. São Paulo: Editora 34, 2011a.

______. *Mil platôs*: capitalismo e esquizofrenia 2. Vol. 1. São Paulo: Editora 34, 2011b.

______. Vol. 2. São Paulo: Editora 34, 2011c.

______. Vol. 3. São Paulo: Editora 34, 2012a.

DELEUZE, G.; GUATTARI, F. Vol. 4. São Paulo: Editora 34, 2012b.

______. Vol. 5. São Paulo: Editora 34, 2012c.

ENLOW, J. *A profecia das sete montanhas: desenvolvendo a próxima revolução de Elias*. São José dos Campos: Editora Shofar, [s.d.].

FRYE, N. *The Educated Imagination*. Bloomington: Indiana University Press, 1994.

______. *The Great Code*: The Bible and Literature. Nova Iorque: Mariner Books, 2002a.

______. *Words with Power: Being a Second Study of the Bible and Literature*. Toronto: University of Toronto Press, 2002b.

______ e MACPHERSON, J. *The Bible and the Classical Myths*. Toronto: University of Toronto Press, 2004.

GONZÁLEZ, J. L. *The Story of Christianity: The Reformation to the Present Day*. Nova Iorque: HarperOne, 2010.

HEIDEGGER, M. "A questão da técnica". In: HEIDEGGER, M. *Ensaios e conferências*. Petrópolis: Vozes, 2012.

JUNG, C. G. *O homem e seus símbolos*. Rio de Janeiro: Harper Collins, 2020.

KOKOTAKIS, G. *Into the Abyss: QAnon and the Militia Sphere in the 2020 Election*. Washington, D. C.: George Washington University, 2023.

LAZZARATO, M. *Signs and Machines: Capitalism and the Production of Subjectivity*. Los Angeles: Semiotext(e), 2014.

WALLNAU, L. *God's Chaos Candidate: Donald J. Trump and the American Unraveling.* [s.l.]: Killer Sheep Media, Incorporated, 2016.

______ e JOHNSON, B. *Invading Babylon: The 7 Mountain Mandate*. Shippensburg: Destiny Image, Incorporated, 2013.

______ e SPARKS, M. *God's Chaos Code: The Shocking Blueprint That Reveals 5 Keys to the Destiny of Nations.* [s.l.]: Killer Sheep Media, Incorporated, 2020.

WEBER, M. *A ética protestante e o espírito do capitalismo*. São Paulo: Martin Claret, 2013.

Sites

AP. "Israel group mints Trump coin to honor Jerusalem recognition". The Associated Press. 28 fev. 2018.

BARABAK, M. Z. "Column: Kamala Harris, the incredible disappearing vice president". Los Angeles Times. 10 nov. 2021.

BLUMENTHAL, S. "To his supporters, Trump is a martyred messiah, resurrected after crucifixion". The Guardian, 18 jul. 2024.

BUNN, C. "Harris' political ascent makes her the latest target of DEI insults". NBC News. 31 jun. 2024.

CAHN, J. C. "The Mystery Behind the Trump Assassination Attempt | Jonathan Cahn Prophetic". Jonathan Cahn Official (YouTube). 29 jul. 2024.

DENNING, S. "The Five Whys of the Trump Surprise". Forbes. 13 nov. 2016.

DICKINSON, T. "He Has a 7-Point Plan for a Christian Takeover — and Wants Doug Mastriano to Lead the Charge". RollingStone. 09 set. 2022.

DURKEE, A. "Here's How Trump's Executive Orders Align with Project 2025—As Co-Author Nears Senate Confirmation". Forbes. 05 mar. 2025.

EDWARDS, J. "Joe Biden Will Be Seen as Worst President Since Richard Nixon: Poll". Newsweek. 07 jan. 2025.

HAJIOFF, R. L. "Is Donald Trump a Reincarnation of Cyrus King of Persia?". Rabbi Lawrence Hajioff Official (Youtube).

HILL, E. *et al.* "How George Floyd Was Killed in Police Custody". The New York Times. 01 jun. 2020.

JACOBS, J. "Trump considering executive action to dismantle Education Department, sources say". CBS News. 03 fev. 2025.

LIBRARY OF CONGRESS. "Jefferson's Letter to the Danbury Baptists (June 1998) – Library of Congress Information Bulletin". Information Bulletin. 01 jan. 1998.

MILLS, A.; MAGID, P.; SHALABY, A. "Arab states scramble to counter Trump's Gaza 'Riviera' plan". Reuters, 21 fev. 2025.

MURTAUGH, T. "Cover-up of Biden's cognitive decline will be his legacy". Washington Times, 2 jan. 2025.

NEHAMAS, N. "Kamala Harris Says She's Running in Biden's Place". The New York Times, 21 jul. 2024.

OLMSTEAD, M. "How Prominent Evangelicals Reacted to the Capitol Riot". SLATE. 07 jan. 2021.

SARNOFF, L.; SALIBA, E.; DIMARTINO, J. "Trump assassination attempt timeline: Witnesses spotted gunman 2 minutes before shooting". ABC News. 30 jul. 2024.

SHAPIRO, B. "Election landslide proves Americans trust Donald Trump". Toronto Sun. 7 nov. 2024.

SILOW-CARROLL, A. "Who is King Cyrus, and why is Netanyahu comparing him to Trump?". Jewish Telegraphic Agency. 07 mar. 2018.

SMITH, D. "'I am your retribution': Trump rules supreme at CPAC as he relaunches bid for White House". The Guardian, 5 mar. 2023.

THE LINE OF FIRE. "Revisiting the Trump-Cyrus Prophecies". The Line of Fire. 06 ago. 2020.

______. "Ending Radical Indoctrination in K-12 Schooling". Presidential Actions. 29 jan. 2025.

UNITED STATES CONGRESS. "First Amendment". Constitution Annotated. [s.d.].

Glossário

Afinidade eletiva – categoria formulada por Max Weber que explica as relações entre distintas configurações culturais que resultam em novas configurações históricas.

Agenciamento coletivo de enunciação – Produção de discursos teológicos e políticos sem depender de um sujeito fixo ou de uma intenção centralizada.

Agenciamento maquínico de desejo – Captura e reorganização do desejo em estruturas religiosas e políticas, moldando subjetividades e comportamentos.

Agenciamento teológico – Processo pelo qual discursos teológicos emergem de interações entre instituições, textos, doutrinas e práticas sociais, e não como construções individuais isoladas.

Arqueologia do discurso – Método inspirado em Michel Foucault que investiga as condições históricas de emergência de discursos sem buscar um sentido oculto ou linear.

Arquivo teológico – Conceito que descreve a teologia não como um sistema fixo de crenças, mas como um repertório de enunciados que podem ser mobilizados de diferentes formas.

Calvinismo cultural – Expansão dos princípios reformados para além da teologia, buscando influenciar cultura, política e economia.

Calvinismo difuso – Circulação de elementos do pensamento reformado além dos círculos estritamente calvinistas, influenciando evangélicos, pentecostais e movimentos políticos que reivindicam a soberania divina sobre a sociedade.

Colonialidade – remete à manutenção do movimento (lógica) de dominação (ocidental/hegemônico) numa escala global e abrangente (ser, poder, cultura, saber etc.), mesmo após as independências.

Cosmovisão cristã – Perspectiva totalizante que interpreta a realidade sob a ótica da soberania de Deus, permeando todas as esferas da vida.

Cristofascismo – a emergência de liderança autoritária que atribui a si mesmo o papel de salvador e libertador da pátria, utilizando em seus discursos símbolos ou textos do cristianismo para reivindicar uma autoridade divina à sua atuação política.

Decolonialidade – conceito teorizado pelos autores latino-americanos que coloca em julgamento (crítica) a razão ocidental, suas formas de dominação e múltiplas violências ligadas ao colonialismo histórico.

Dispositivo de poder – Estruturas que organizam e direcionam discursos teológicos e políticos para capturar subjetividades e sustentar formas de governo e autoridade.

Dominionismo – Conjunto de teologias que promovem a atuação política ativa dos cristãos para estabelecer um governo baseado em valores bíblicos.

Escatologia intramundana – significa o esgotamento das esperanças escatológicas na figura de um líder que encarna em sua pessoa e projeto atuais todas as esperanças de libertação histórica.

Espelhamento – a percepção inconsciente de uma conexão de elementos básicos do pensamento como reflexo das aspirações do líder, com o qual as massas se identificam

Fundamentalismo evangélico – Movimento que reafirma a literalidade bíblica e combate a secularização da sociedade.

Mandato cultural – Noção teológica de que os cristãos são chamados a influenciar e transformar a sociedade em conformidade com princípios bíblicos.

Neocalvinismo – Movimento reformado que enfatiza a soberania de Deus sobre todas as áreas da vida e rejeita a separação entre religião e política.

Neopentecostalismo político – Integração do pentecostalismo com estratégias políticas, frequentemente alinhado ao discurso da prosperidade e à guerra espiritual.

Populismo – prática política baseada na relação direta entre o povo e o líder, em nome da redenção das classes populares e contra as elites e instituições entendidas como inoperantes.

Pressuposicionalismo – Abordagem apologética que rejeita a neutralidade epistemológica e sustenta que toda cosmovisão parte de pressupostos inescapáveis, sendo o cristianismo a única base racional para a realidade.

Reconstrucionismo teonomista – Corrente que propõe a aplicação da lei mosaica como base para a governança civil e jurídica.

Reformismo cultural – Estratégia apologética que busca transformar a cultura por meio da influência cristã nas artes, na política e na educação, sem necessariamente impor leis bíblicas.

Sionismo – o termo origina-se de *Sion*, um dos nomes de Jerusalém, epicentro da história judaica, especialmente davídica e salomônica. Designa historicamente a ânsia, real ou imaginária, cultural ou política, religiosa ou histórica, que emerge do povo judeu em estar em Jerusalém como sua cidade eterna, epicentro de sua vida religiosa e cultural e política.

Sionismo cristão – tendência teológica elaborada por John Nelson Darby e posteriormente amplificada por Cyrus Scofield que afirma o retorno escatológico a partir do território de Israel. Constitui uma tendência do mundo evangélico que deita suas raízes mais antigas no Dispensacionalismo e no Restauracionismo que hoje se encontra politizado quando se alinha a ideologias/ governos de extrema direita atuais.

Soberania das esferas – Doutrina que afirma que cada domínio da vida (família, igreja, Estado, cultura) opera sob a autoridade divina, sem interferência indevida de outras esferas.

Teologia da prosperidade – Doutrina que associa fé, riqueza e sucesso material como evidências da bênção divina.

Teologia do domínio – Movimento que defende a soberania de Deus sobre todas as esferas da vida e a necessidade de estruturar a sociedade segundo princípios bíblicos.

Teologia do domínio neopentecostal – Variante da teologia do domínio que enfatiza guerra espiritual, batalha cósmica e conquista de territórios espirituais e políticos.

Teologia dos Sete Montes – Doutrina que defende a necessidade de cristãos ocuparem e transformarem sete esferas da sociedade: governo, mídia, educação, economia, religião, artes e família.

Teologia política – conjunto de conceitos e imagens que fundamenta o poder de governantes em princípios, regras e estratégias fundamentadas na divindade.

Teonomia – Doutrina que propõe que a lei civil deve ser baseada na Bíblia, submetendo o governo e as instituições às Escrituras.

Teopolítica – Articulação entre teologia e política que busca reorganizar o poder estatal e social a partir de princípios religiosos.

Ungido – Do hebraico *maschiach* (*christós*, em grego), representa o ritual de derramar óleo sobre uma pessoa, expressando a sanção divina a uma missão na função de profetas, patriarcas, sacerdotes, reis.

Índice remissivo

Abraham Kuyper, 25, 28, 43-44, 50, 52, 59-61, 87, 98.
Agenciamento, 45-49, 58, 66-67, 75, 92, 106-107, 225.
Aliança (covenant), 32.
América Latina, 105, 113.
Amilenismo, 83.
Antigo Testamento, 36, 74, 81, 83, 113, 117, 120, 123, 151, 176, 188, 236, 336.
Apologética, 64-66, 74, 86-87, 168, 179, 181, 199, 352.
Autonomia, 26, 29, 76, 78, 87, 199, 214, 237-239, 241, 262, 290.
Autonomia das esferas, 57, 87, 246.
Autoridade, 28, 50, 52-53, 55, 57, 74, 78, 81-82, 92-93, 96, 99, 106, 113, 117, 120-121, 124-126, 152, 161, 165, 167, 169, 171, 174-175, 180, 199, 243, 267, 273, 299, 313, 323, 343, 352.
Autoritarismo, 88, 132, 196.
Bandeira de Israel, 201, 270-272, 274, 282, 284-285, 291.
Batalha espiritual, 37, 72, 92, 96, 100, 113-116, 119, 136, 144, 270, 282, 298, 314, 316.
Bíblia, 16, 25, 27, 64, 78, 82, 114-115, 118, 125, 142, 145, 165-169, 171-175, 177-180, 182, 187-188, 199, 200, 234, 279, 315, 334, 336, 343-345, 347, 352.
Bolsonaro/Bolsonarismo, 37, 111, 118-121, 127, 135-136, 145, 150-152, 154, 156, 203, 205, 214, 227, 247, 270-271, 275-276, 282, 285-290, 296, 298, 305, 315, 319-322, 324-325, 346.
Brasil, 23, 85, 92, 99, 101, 105, 111, 114-116, 120, 135, 141, 144, 148, 150-156, 187, 191, 227, 241, 269-273, 275, 281, 285, 287, 290-291, 304, 307, 313, 315.

Burocratização, 17.
Calvinismo, 36, 44, 49-50, 52, 58, 66-67, 72, 75, 80, 88, 90-95, 97-106, 141, 149, 344, 352.
Capitalismo, 13, 83, 93-94, 142, 163, 192, 213, 217-218, 253, 308-309, 313, 322, 334.
Catolicismo popular, 72, 104, 137, 142, 148-149, 187, 189, 192, 238, 306.
Colonialismo, 211, 218-219, 226-228.
Comunismo, 138-140, 144, 151-152, 178, 200, 207.
Conflito, 91, 96, 115, 124, 196, 255, 316, 347.
Conquista, 23, 44, 71, 96, 98, 104-105, 147, 215, 218-222, 224, 245, 255.
Conservadorismo, 15, 141, 281, 301.
Controle, 29, 31-32, 35, 115-116, 122, 179, 182, 193, 201, 211, 223, 225-229, 272-274, 289-290, 311, 343, 353.
Cornelius Van Til, 25-26, 28, 35-36, 44, 58-68, 72-76, 79, 81, 86-88, 91, 96, 100-101, 105, 345.
Cosmovisão cristã, 49, 65-66, 76, 85, 90-91, 100-101, 104, 106, 147, 240.
Crença, 19, 56, 131, 167, 196-197, 279-282, 285, 314, 346, 349.
Crise, 10, 12-18, 51-52, 58, 77, 85, 89, 163, 182, 188, 191, 196, 199, 228, 234, 243, 297, 309, 335, 337, 351.
Cristandade, 16, 234-237, 239-243.
Cristofascismo, 164, 188-191, 193-195, 198.
Decolonial, 360.
Democracia, 11, 14, 17-18, 27, 38, 74, 84, 103, 119, 121, 128, 131, 195, 228, 237, 244, 265, 270, 300, 304-305, 312, 326.
Desejo, 46-48, 67, 73, 106-107, 130, 182, 193, 215, 219, 224-225, 228, 247, 310, 331, 335, 338, 350.

Dispensacionalismo, 83, 277-280, 361.

Ditadura, 119, 139, 152, 195, 207.

Dogma/dogmatismo, 54, 90, 142, 238.

Dominionismo, 23, 31-33, 36, 102, 113, 128, 143, 211, 214, 345.

Donald Trump, 37, 111, 136, 140, 143, 156, 205, 214, 227, 249, 286, 296, 298, 305, 307, 319, 321, 324, 331-332, 335, 339-340, 345, 348, 350-351.

Economia, 28, 35, 37, 47, 50, 73, 78, 80, 83-84, 91, 100-102, 115, 147, 161, 163, 201, 218-219, 245, 298, 308-309, 331, 345, 347, 351, 354.

Educação, 25, 28-29, 33, 35, 50, 52-53, 72, 79-80, 84, 87, 96-97, 100-101, 113, 116, 146-147, 150-154, 225, 245, 262, 309-310, 320, 343, 345.

Escatologia, 20, 81, 163, 178, 251, 273-274, 280-281, 360.

Estado, 28-29, 50-51, 53, 55, 57, 79, 90, 97, 100, 102-104, 106-107, 122-131, 138, 143, 228, 245-247, 264, 269, 281, 284, 295-296, 298-299, 304, 308, 310, 312, 316, 320, 322-323, 326, 342, 346, 352.

Estado de Israel, 201, 255, 262, 264-265, 267, 269, 271, 279-281, 284, 291.

EUA, 12, 23, 24, 30-32, 34-38, 92, 163, 167, 205, 227, 296, 303, 305-308, 314-317, 320, 331, 346, 347.

Evangelicalismo, 58-59, 84, 88, 91, 94, 141, 199-200, 284, 288, 342, 346, 352.

Evangélico, 12, 34, 58, 68, 95, 99, 101, 103, 106, 127, 129, 140, 142, 144, 150-151, 153-154, 156, 187, 189-190, 195, 200, 203-204, 226, 271, 281-282, 284, 288-290, 320, 348.

Extrema direita, 13, 16-17, 19, 136, 145, 185, 199, 202, 251, 265, 295-309, 312, 314, 316-317, 325-326, 334, 337, 343.

Família, 12, 14, 25, 28-29, 33-36, 50, 53, 55, 57, 59, 79-80, 113, 116-118, 123, 139, 145, 147, 152, 195, 207, 217.

Fascismo, 193-198, 297-298, 308.

Fé, 9-10, 15-16, 18, 44-45, 49-51, 56, 59, 61, 64, 67, 81-89, 91, 97, 100, 106, 115, 126, 128-129, 131, 136-139, 142, 145-146, 152, 167, 173, 181-182, 187, 208, 212, 219-222, 233, 238-240, 251, 268-269, 271-273, 275, 278, 282, 285, 288-290, 292, 314, 316, 325, 327, 331, 333, 337, 351-354.

Filosofia, 11, 14, 50, 53-54, 76, 80, 85, 89-90, 142, 212, 233, 235, 238.

Fobias, 306, 308, 312.

Fundamentalismo, 18, 85, 138-139, 141-143, 149, 151-152, 163, 165-166, 168-171, 174, 177-183, 244, 295, 331, 341.

Gary North, 23, 27, 34-35, 59, 68, 72, 75, 78, 80-81, 146.

Globalização, 11, 307, 310.

Guerra Cultural, 143, 145, 147, 178.

Guerra espiritual, 97, 137, 140-141, 143, 145, 147, 151, 153-155, 199, 273, 276, 337, 351.

Guillaume Groen van Prinsterer, 44, 50.

Herman Dooyeweerd, 44, 50, 53-58, 62, 66-67, 73, 87, 91, 94, 100, 105.

Hermenêutica, 12, 18-19, 48, 122, 163, 165-166, 179-182, 187, 199-200, 202-203, 208, 229, 233, 251, 331-336, 338, 344, 350, 352-353.

Hierarquia, 37, 181, 226, 229, 235, 237-238, 241, 301.

Identidade, 45, 112, 127, 140-141, 147, 194, 199, 216-217, 221, 226, 235, 269, 271-275, 277-278, 286-287, 291, 298, 305, 310, 316, 336.

Ideologia, 15, 17, 24, 33, 84, 112, 131, 146, 150, 153, 179, 188, 190,

194, 214-215, 217, 222, 227-228, 269, 282, 298, 325, 333, 335, 337, 344, 353, 362.

Idolatria, 80, 82, 336.

Igreja Católica, 125, 137-138, 144, 149, 241.

Inimigo, 10, 13, 29, 114-115, 130, 137, 139, 144-145, 151-152, 155, 182, 199-200, 202, 204-205, 215, 234-236, 246, 252, 254, 264, 270, 292, 295-296, 320-321, 337, 339, 342, 351.

Isolamento, 17, 195.

Jerusalém, 201, 204, 254-256, 262, 278, 280, 283, 285-286, 347, 361.

Johnny Enlow, 21, 33, 245-246.

Judaísmo, 190, 204, 253, 255-256, 262-264, 277-278, 291, 318, 324.

Justiça social, 102, 119, 305.

Laicidade, 11-12, 103, 228, 241, 244.

Landa Cope, 161, 245-246, 335.

Legitimação, 43, 100, 106, 166, 182, 220, 274, 276, 284, 289, 291, 333, 335, 351.

Liberalismo/neoliberalismo, 25, 49, 59-60, 66, 73, 101, 137-138, 181-182, 213-214, 295, 298, 300-301, 305, 308, 310-313, 316-317, 326, 331, 333-338, 351, 353.

Libertação, 113, 119, 120, 194, 213, 246, 360.

Literalismo/literalidade, 166, 182, 333, 351, 360.

Marxismo cultural, 148, 207, 320.

Medo, 11, 136, 169, 193, 199-200, 202-203, 206, 251, 309, 316, 321, 323.

Messias/messianismo, 18, 188-191, 193, 197-198, 200, 213, 252, 256, 259-260, 264, 295-296, 298-299, 318, 322-327, 335, 337-339, 341, 344-351, 353.

Mídias, 33, 135-137, 139-141, 148, 150-151, 153-155, 296, 321.

Modernidade, 10, 49-52, 58, 67, 76, 85-86, 127, 140, 142, 189, 196,

212-213, 215-222, 227, 240-241, 243, 296, 298, 300-301, 325-326.

Morte, 14, 27, 36, 60, 82, 190, 205, 233, 261, 339, 346, 348.

Nazismo, 297, 308.

Neocalvinismo, 18, 43-44, 48-50, 53-54, 58, 66, 68, 73, 75, 87, 91, 93-96, 100, 187, 361.

Neointegrismo, 149, 234.

Neopentecostalismo, 37, 72, 99, 361.

Novo Testamento, 24, 27, 117, 202-203, 280.

Ocidente, 9-10, 13, 16-17, 20, 89, 94, 213, 217-218, 222-223, 233-234, 246, 251.

Partido republicano, 12, 23, 30, 111, 140, 143, 341.

Pauta de costumes, 201.

Pentecostalismo, 72, 92, 99, 101, 104, 144, 146, 273, 361.

Pobres, 17, 71, 192, 195, 198, 202, 303.

Poder, 9-18, 44-45, 47-49, 51, 55, 57, 68, 72-73, 79, 93, 100, 106-107, 113, 117, 119, 123, 129, 138-139, 143-144, 147, 149, 154, 161, 163-164, 166, 171, 178-182, 187-189, 191, 193, 195-196, 200-208, 211, 214-215, 218-220, 224-229, 233-237, 239, 242-247, 251, 263-265, 267-268, 270, 273-276, 289-292, 296, 301, 304, 315, 317-319, 321, 323, 326, 332-336, 353-354, 359-360, 362.

Política, 10-12, 14-15, 17-20, 25, 30-32, 35, 43-45, 47, 49-51, 53-54, 57-58, 61, 71-73, 75, 78-81, 83-84, 87-89, 91, 93-94, 97, 99, 101, 103-105, 107, 111, 115-117, 119-120, 122-123, 129, 135-140, 146-147, 150-151, 155, 163, 180-182, 187, 189-190, 194, 197-199, 201, 207-208, 212, 214, 218-219, 224, 233, 235, 237-238, 240-241, 243-245, 247, 253-254, 260, 265, 268-273, 275-276, 278-282, 284-286, 288, 290-292, 299, 301-302, 308, 315,

322-323, 325-326, 331, 333-334, 337-338, 341, 343-344, 346-347, 351-354, 359-362.
Pós-milenismo, 83.
Povo eleito, 144, 152, 245, 337.
Pré-milenismo, 32, 39.
Protestantismo, 49, 73, 88, 93, 137, 141, 179, 192, 194, 198, 313.
Reconstrucionismo, 23-26, 29-36, 38, 59, 68, 72-75, 78, 81, 84, 86, 88, 92, 97, 100, 103, 113-114, 117, 128, 146-147, 151, 153-155, 214, 361.
Redes digitais, 9, 251.
Redes sociais, 94, 101, 106, 155, 297-298, 307, 316, 321.
Reforma, 33, 37, 44, 53, 68, 83, 90, 96, 104, 105, 123, 146, 167, 259, 310.
Rei, 99, 120-121, 190, 193, 236, 255, 263, 318.
Reino de Deus, 32-33, 72, 83, 97, 99-100, 105, 113, 116, 118, 120, 139, 233, 267, 278, 283, 313, 315, 323, 327.
Revelação, 25, 54, 61, 63-65, 67, 74-76, 82, 116, 138, 180, 222, 224.
Revolução, 29, 49-51, 191.
Rousas Rushdoony, 23-25, 30, 33-36, 59, 68, 72, 74-81, 100, 102-103, 105, 113-115.
Salvação, 10, 13, 16-18, 60, 138, 199, 212, 220-221, 224, 246, 251, 264, 323, 325-326, 353.
Segurança, 182, 195, 264, 295, 306, 310, 320, 326.
Sete Montes, 23, 32-33, 92, 95-96, 98, 100, 106, 146, 362.
Sionismo, 253-254, 256-265.
Sionismo cristão, 201, 267-271, 273, 275-282, 284-287, 289, 291-292, 361.
Soberania, 43, 45, 50-53, 56-57, 66, 68, 72-79, 81, 84, 86, 90-97, 100-104, 106, 260, 322, 359-362.

Soberania das esferas, 44, 52-53, 55, 58, 61, 87, 96, 362.
Subjetivação, 49, 215, 227, 335, 337-338, 353.
Teocracia, 11, 26, 86, 102, 147, 214-215, 226, 238, 315, 318, 323.
Teonomia, 23, 26, 32, 74, 81, 92, 102, 118, 215, 362.
Todo-poderoso, 15-16, 18, 188-189, 194, 203, 206-207, 233, 235-236, 238, 251.
Tradicionalistas, 234, 238, 241, 243, 337.
Violência, 29, 124, 130, 196, 199, 201-202, 207, 215, 219, 220, 223, 226, 272-273, 275-276, 288-290, 360.
Virtual, 14, 17-18.
Westminster Theological Seminary, 59, 159, 170.

Esta obra foi composta em sistema CTcP
Capa: Supremo 250 g – Miolo: Pólen Natural 70 g
Impressão e acabamento
Gráfica Santuário